經典哲學名著導讀
013

休姆與《人性論》

Routledge Philosophy GuideBook to Hume on Morality

詹姆斯・貝利（James Baillie）◎著
李政賢◎譯

五南圖書出版股份有限公司

致謝辭

本書之研究、撰述與完成，首先得感謝波特蘭大學大力支持，惠允一學期休假。撰稿期間，同僚 Jeff Gauthier 多次費心幫忙校閱草稿，在此向他表示誠摯謝意。初稿完成之後，Routledge 出版社邀請休姆哲學研究專家 Geoffrey Sayre-McCord 和 Paul Russe 兩位教授，對本書初稿惠予評閱，提出諸多中肯回饋與建議，在此向他們表示眞誠的謝意。最後，感念主編 Jonathan Wolff 博士，慨然惠賜機會，邀請我撰寫此書，此期間，多次熱心襄助，惠我良多，特此付梓之際，謹致上由衷謝意。

休姆作品縮寫對照表

本書導讀休姆原典英文（中譯）書名、篇名與縮寫對照

T 《人性論》（*A Treatise of Human Nature*），L.A. Selby-Bigge & P. H. Nidditch主編，Oxford: Clarendon, 1978。全書共三大卷（*Books*），每卷分成若干章（*Parts*），每章再分成若干節（Sections）。我在本書使用縮寫，比方說：「*T*3/2/5」代表《人性論》第三卷・第二章・第五節。

A 《人性論摘要》（*Abstract of the Treatise*），Selby-Bigge & P. H. Nidditch主編，Oxford: Clarendon, 1975。

1E 《人類理智研究》（*An Enquiry Concerning Human Understanding*），收錄於《人類理解與道德原則研究》（*Enquiries Concerning Human Understanding and Concerning the Principles of Morals*）前半冊，Selby-Bigge & P. H. Nidditch 主編，Oxford: Clarendon, 1975。

2E 《道德原理研究》（*An Enquiry Concerning the Principles of Morals*），收錄於《人類理解與道德原則研究》（*Enquiries Concerning Human Understanding and Concerning the Principles of Morals*）後半冊，Selby-Bigge & P. H. Nidditch 主編，Oxford: Clarendon, 1975。

ST 〈品位鑒賞的標準〉（Of the Standard of Taste），收錄於《道德、政治與文學散文集》（*Essays, Moral, Political and Literary*），E. F. Miller 主編，Indianapolis: Liberty Classics, 1985。

目錄

第一章　導論

第一節　生平與年代背景

一七一一年，大衛・休姆（David Hume）出生於蘇格蘭首府愛丁堡。家族世居貝里克郡的寧威爾區（鄰近英格蘭邊界），在地方小有名望，但家境不算特別富裕。根據紀錄顯示，家族姓氏原本正確拼寫是Home，蘇格蘭語發音和Hume相同，中文譯音都近似「休姆」（[hjum]）。但是，當時地方戶政較爲鬆散，所以也有部分人家登記爲Hoom、Hum，以及許多其他相近寫法的變體字。雖然，早在十二世紀，宗親族人就已落戶貝里克郡，但直系祖先則到了十五世紀之後，才定居寧威爾區。一七一三年，休姆兩歲，父親約瑟夫去世，由寡母凱瑟琳獨力撫養他和一兄、一姊。《大衛・休姆的人生》（*The Life of David Hume*）傳記作者莫斯納（Ernest Mossner）寫道：

> 休姆家族在宗教方面，信奉蘇格蘭國教長老教會；在政治方面，則追隨輝格黨，堅定支持一六八八年光榮革命，一七〇七年蘇格蘭與英格蘭的共主聯邦制度，一七一四年漢諾瓦王朝入主蘇格蘭，並且強烈反對詹姆士黨的各種流派。
>
> （Mossner 1980: 32）

一七二三年，休姆十一歲，和兄長約翰同時進入愛丁堡大學就讀，這並不代表他特別早慧，因爲當時學童多半十一歲上下就進入大學就讀，照現前的學制，約莫就是念中學的年齡。大學核心課程包括：拉丁文、希臘文、邏輯、形上學、自然哲學（亦即物理），另可選修數學和歷史等科目。一七二六年前後，休姆輟學，這在當時頗爲平常，只留下甚少的在校學業紀錄。在〈我的人生〉（*My Own Life*）一文，他只簡略記下「我順利通過教育學普通課程」（1980: 40）。

關於未完成大學學業，他寫道是在家庭經濟壓力下，只好中輟離校投入法律相關職業，並且開始自學法律這方面的知識，

> 算是相當紮實……這讓他有機會在一七四六年受委聘，出任遠征軍的隨行法務參議，再者也讓他在有生之年，陸續撰寫諸多類型的法律文件，以及提供法務專家評論見解。
>
> （Mossner 1980: 55）

雖然，他形容自己「年少篤信教義」，但是在這段年歲前後，他下定決心，和宗教分道揚鑣。箇中緣由或許可從他後來對弗朗西斯．哈奇森（Francis Hutcheson）的說法窺見一班：「我渴望從西塞羅著作，尋找建立美德條目的源泉，而不再取法自幼篤信的宗教讀本《人的完全責任》（*Whole Duty of Man*）」（1980: 64）。此一階段，堪稱休姆學思能量突飛猛進的時期，到了一七二九年間，他就已經登上思想洞見初綻的入門峰頂，奠定了日後博大精深哲學體系的基

礎。

在大量研讀與反思此一〔新材料，藉此可望奠立眞理的基礎〕，終於在我十八歲上下的年紀，似乎敞開了思想的新天地，把我轉渡向無可估量的遠方，讓我發諸少年人自然的孺慕之心，毅然決然拋開一切尋歡作樂或其他志業，全心全意貫注其中。法律，我本該認命追尋的志業，似乎只讓我滿心作噁，我無法設想，除了學者和哲學家之外，這世上還有其他我應該去努力追尋的前途。

（Mossner 1980: 65）

一七二九至三四年間，休姆全神貫注探索「**思想的新天地**」，身心健康大受影響，飽受憂鬱之苦，還染上敗血症之類的生理病症。醫生給他開了偏方，建議每天喝一品特的紅葡萄酒，外加適量運動。後來，休姆自己也歸結，療癒心病的良方就是棄筆從商，暫時擱置嚴肅的學思志業。於是，他前往港滬商城布里斯托，找到一家糖業進口商行，做起營業員的工作。這期間，因爲蘇格蘭姓氏「Home」（蘇格蘭發音[hjum]）老是被英格蘭人錯念成「霍姆」（英格蘭發音[hom]），讓他不勝其擾，最後索性改寫成「Hume」（蘇格蘭、英格蘭發音同爲[hjum]），比較不會被念錯。不過，他這從商之路也沒有維持太久，因爲工作的時候，他老愛糾正老闆的文法和書寫風格，有一回，老闆被惹得火冒三丈，當場就把他解僱了。

一七三四至三七年，休姆旅居法國，開始投入寫作《人性論》。其實，他心中理想的居住地點是巴黎，但礙於一年家裡只能給他五十英鎊，難以支應當地的生活開銷，退而求其次，只好選擇落腳安茹省的拉弗萊什（La Fleche, Anjou）。除了住宿便宜之外，還有一個優點就是，當地有一所相當不錯的耶穌教會學校（Jesuit College），圖書館藏甚爲豐富，笛卡兒曾在此就讀。

休姆回到倫敦之後，找了一家出版社，一直待到一七三九年初。一七三九年一月，John Noon 出版《人性論》第一卷、第二卷；一七四〇年，Thomas Longman 出版第三卷。他依循慣例採用匿名出版，只有過世後出版的作品，才正式列印出自己的姓名。他還特別刪除了其中爭議性最大的章節〈論奇蹟〉，希望能夠避開「狂熱之士」的怒焰，以免波及他在書中神學觀點賴以建立的主要理論基礎。

後來，休姆自覺，如此委曲求全並沒有發揮任何效果。他改編了教宗的弔唁，自嘲：「**甫從印刷機落地就夭折**，還沒來得及讓世人看清楚，甚至在狂熱分子當中也沒能激起一聲半響。」不過，更多證據顯示恰好相反。發行初期，銷量固然不熱絡，但不久之後，充滿敵意的反撲勢力就如野火燎原，猶待啓航的學術生涯岌岌可危，終其一生，飽受各方人馬對其人格攻擊，還有對他論著曲解汙衊。除了極少數圈內行家，包括教會「溫和派」之外，他淪爲眾人眼中的「叛教異端休姆」，而不再是「溫良大衛」。

初期批評聲浪一面倒：(1)幾乎完全聚焦第一卷；(2)嚴重誤解該卷旨意；(3)語氣充滿敵意，用詞遣字極盡羞辱。沒有任何公開回應來自有能力理解者，諸如：柏克萊或哈奇森。爲了扭轉此一情勢，休姆於是決定出版一份《文摘》（*Abstract*），摘錄《人性論》第一卷的主要論述，但此舉也沒能發揮預期效果。失望之餘，他轉而嘗試以散文形式改寫，希望能將理念有效傳達給一般大眾。於是在一七四一年，他完成了《道德與政治散文集》（*Essays Moral and Political*），普遍反應頗佳。不過，甚至時隔二十數載之後的一七六六年，休姆還是迭有怨言：

> 反對我的群書和簡冊，擺滿偌大廳堂的地板，我不可能照單全收，沒一本我想投注絲毫心血去回覆，這不是出於鄙視（其中有些作者，我心存敬重），只是渴望安心、平靜。
>
> （Mossner 1980: 286）

第一位出書嚴肅看待休姆哲學體系的是，格拉斯哥大學邏輯講座教授，湯瑪斯·里德（Thomas Reid），休姆也應徵過此一講座，不過沒能成功。里德的《人類心靈研究，論共通感原則》（*Inquiry into the Human Mind, on the Principles of Common Sense*）出版於一七六四年，時隔《人性論》初問世已過了二十又五個年頭。不過，連他似乎也沒能確切把握休姆旨意，沒有看出兩人在許多重要地方，所見並無二致。

休姆在世時，批評他最有名的就是詹姆士·貝帝（James Beattie），馬修學院（Marischal College）的道德哲學與邏輯教授，該校位於蘇格蘭東北部的亞伯丁（Aberdeen）。一七七○年，貝帝的《真理本質與不可變性：反詭辯術和懷疑論》（*Essay on the Nature and Immutability of Truth: in opposition to Sophistry and Skepticism*），甫上市旋即大受歡迎，在一七七六年，休姆辭世之前，狂銷五版，但時至今日哲學評價不高。而貝帝身後也只留名於休姆的墓誌銘，「那個狂妄愚蠢的傢伙，貝帝」。雖然，休姆從未公開反駁貝帝，但是長年飽受窮追濫打肯定也讓他受夠了，後來還給未來出版的著作寫了前所未聞的書序「廣告」，自我貶斥《人性論》是輕佻草率的不成熟之作。不過，如此評斷目前少有人認同就是。

一七四五年，休姆申請愛丁堡大學倫理學與精神哲學（Pneumatical Philosophy）講座教授。這英文「Pneumatics」不是現今所指的氣體動力學，而是涵蓋自然神學、證明上帝不朽，以及研究非物質存有，感官無從覺知的「幽微實體」。休姆怨嘆道：「異端邪說、自然神論、懷疑論、無神論，不足爲外人道的指控罵名，開始朝我步步進逼；但城內的好夥伴，在當權勢力壓制下，始終緘默無聞」（1980: 156）。

這番怨言其實也不全然屬實，至少反對任命他的人士當中就包括哈奇森。此君當年致力推廣蘇格蘭各大學的課程現代化與自由化，用心之深可說無人出其右。再者，自從一六九〇年開始，凡是任教於蘇格蘭各大學的教授，按照規定，都必須宣誓恪遵《西敏寺信仰宣言》（Westminster Confession of Faith），而這卻是休姆絕無可能昧著良知，虛與委蛇的違心之舉。麥金泰爾（Alasdair MacIntyre）就寫有長文討論，當年在蘇格蘭，大學的道德哲學講座對大眾文化，確實有著前所未有的影響力。

> 在十八世紀的蘇格蘭，大學道德哲學教授的任務，是要捍衛那些基本道德原則，那是所有正當法律和社會組織形式的先決條件，也是定義蘇格蘭獨特體制和態度不可或缺的構成要素。
>
> 在捍衛蘇格蘭文化這方面，哲學尤其是道德哲學肩負的權威地位，鮮少見於其他時代、地

區。

（MacIntyre 1988: 239）

整個社會對於捍衛與倡導長老教會神學，是非常嚴肅看待的，即便虔誠如哈奇森者，也可能因爲道聽塗說的傳聞詆毀，而面臨審判，情勢之險峻，由此可見一斑。事實上，就在不到五十年之前，就曾經有教徒學生因爲這類無妄之災的指控，而慘遭處決。實在無法想像，休姆是打哪來的自信，認爲自己適合擔任此一講座教授，更別說有絲毫順利獲聘的機會。在此，我們也很難不同意麥金泰爾的看法：

> 休姆不適合擔任此一講座教授，舉例來說，這需要講學者能夠服膺理性宗教，至少要能夠支持基督神啓，或與之相容。事後回顧此期間的發展，似乎證明了此言不虛。
>
> （MacIntyre 1988: 286）

這段期間，休姆獲邀前往安南岱爾（Annandale）侯爵府上擔任家庭教師，侯爵對於《道德與政治散文集》甚爲賞識，但是這段經歷後來不甚如意，因爲侯爵心神喪失。歷經這場風波不久之後，休姆受聘出任外派加拿大遠征軍團的隨行軍政祕書，不過後來因故未能成行。爾後，他又隨著該名軍團將軍前往維也納和圖靈，任職軍事使節副官。

接下來數年間，休姆密集投入寫作。首先，一七四八年出版《人類理智研究與哲學散文》

（*Enquiry Concerning Human Understanding, plus Philosophical Essays*），此書收錄先前因顧忌而刪略的〈論奇蹟〉乙章。一七四九年，返回寧威爾區老家，區區幾年之間，陸續完成《道德原則研究與政治論述》（*Enquiry into the Principles of Morals, Political Discourses*），以及過世後出版的《自然宗教對話錄》（*Dialogues Concerning Natural Religion*）。同時，他也開始投入研究撰述《英格蘭史》（*History of England*），這部內容浩瀚、卷帙繁多的鉅作，成書於一七五四至六二年間，全書六大卷，是他生平工程最繁浩的學術巨構。發行之後，名利雙收，直至二十世紀，仍然名列史學領域的標竿經典。

時序來到一七五一年，休姆年歲已過四十，他慎重其事，鼓起精神，奮力最後一搏，希望能在學術界謀得一席之地。格拉斯哥大學邏輯講座教授亞當．史密斯（Adam Smith）轉任道德哲學講座，他獲悉此一空缺之後提出申請。無奈，和先前在愛丁堡的遭遇一樣，敵對神職人士再次橫加阻撓。這一回，不只長老教會神職人士群起攻訐他的觀點。一七六一年，梵蒂岡甚至將其著作全部列入禁書名單，不過，此舉反倒讓他備感受寵若驚。

一七五一年，回到愛丁堡，他變成當地文化圈的核心人物，一舉將愛丁堡推向僅次於巴黎的文化重鎮。他獲聘任職於蘇格蘭律師公會圖書館（Faculty of Advocates，位於格拉斯哥），在職長達五年。這職位雖然薪俸微薄，但是讓他得以坐擁堪稱全蘇格蘭之最的藏書，對他的歷史研究可謂千金難買的好工作。工作之餘，他還參與了許多文人社團活動，擔任愛丁堡哲學學會祕書，並出版了富蘭克林雷電實驗的論文。

在該等社團的會員當中也有「溫和派的神職人員」，他們在休姆生前不乏挺身義氣相挺，戮力捍衛休姆，對抗其他衛道立場之教會弟兄。比方說，他們當中許多都是德高望重，並且強烈支持休姆出任大學教席。再者，當福音派提出將休姆從教會逐出的提案時，這些朋友耐心指出，此舉荒謬矛盾，因爲「該案一開始就指控，辯護者否認和不信從基督教，然後又試圖對他施以身爲基督徒的懲罰」（1980: 347）。

雖然，休姆筆下作品對於神職人士語多貶斥，形容他們僞善、狡猾，心中充滿仇恨、報復之火。但是很明顯，他這主要是講福音派和其他狂熱信徒。儘管如此，他其實應該更謹言慎行才好，畢竟朋友和盟友當中不乏神職人士，他們多的是他所謂的「自然」美德，而不全然是他鄙夷不屑的那種岸貌道然、假道學的「僧侶美德」。

休姆終其一生英語帶有濃厚口音，談話不時脫口而出蘇格蘭特有的用語，這似乎讓他頗感尷尬，連帶也造成頗多不便，因爲他這樣怪裡怪氣的英語，每每讓英格蘭人不知所云。不過，在英文寫作方面，他特別費心，認真掃除「蘇格蘭」的語言痕跡。此外，他和圈內好友也特別下功夫，鼓勵學用清晰的英語發音和散文書寫，甚至還爲此在愛丁堡大學成立了「英語發音和英文寫作」的講座。就歷史發展脈絡來看，此一設事其實也有其必要，因爲一七〇七年，蘇格蘭和英格蘭成爲聯邦之後，蘇格蘭人在倫敦位居要職的人數大幅增加。

休姆在英國動輒得咎的難堪處境，易地到了巴黎，卻變成備受禮遇的名流，兩相對照恰成強烈反差。一七六三年，休姆前往巴黎履新出任英國駐法公使的私人祕書，旋即成爲上流社會熱情邀約的座上嘉賓。這惹得沃波爾（Horace Walpole）頗是吃味，妒忌說他根本就是「時尚潮流的化身。雖說他的法語幾乎和英語一樣，不是很容易聽懂」（1980: 445）。他在當地名流沙龍如魚得水，尤其鍾情布弗列爾（Boufflers）伯爵夫人；無奈地是，名花有主的夫人同時也是貢蒂（Conti）王子的情婦。休姆餘生，仍與她保持聯繫。

除了上流社會之外，休姆也和法國頂尖知識分子往來甚密，包括歐爾巴赫（Holbach）男爵、狄德侯（Diderot）和達朗貝爾（D'Alembert）。伏爾泰（Voltaire）稱呼他，「我的聖大衛」（St. David），只可惜，伏爾泰那時候住在鄰近瑞士邊境。諷刺的是，休姆懷疑論的無神論立場，和當時法國盛行的獨斷式無神論哲學，或是英國教條式的神學論者，同樣格格不入，無分軒輊。

也就是在這個時間點上，休姆認識了盧梭（Jean-Jacques Rousseau）。盧梭的著述讓他在法國處境艱難，支持者建議休姆伸援，幫忙他遷居英國。不料，後來發展卻變得有些荒誕詭異，因爲生性偏執多疑的盧梭深信，休姆就是跨國陰謀聯手要摧毀他的核心主腦。休姆雖然當時頗爲火大，不過年歲漸長之後也就釋然，只是悲嘆表示：盧梭應該是「徹底失心瘋」，「明明白白的神智不清，天地寄予最高悲憫的對象」（1980: 536）。即使不談集體共謀，聊天時，休姆眼神咄咄逼人的習慣，對於盧梭心神耗弱的狀態，恐怕也是太沉重了。

在他生命的最後階段，休姆在愛丁堡新城區買了房子，和姊姊凱瑟琳同住，直到終老辭世。女朋友南西．歐德（Nancy Ord），他當時還認眞想過娶她爲妻，以「聖大衛街」暱稱他住家所在的街道，一來是讚許他的純良本性，再者也是語帶反諷他的反教會觀點。後來，這也成爲官方正式採用的街名。

一七七二年，休姆健康每況愈下，此後再也沒有好轉。「我肚子的病痛」，依照他在〈我的人生〉的描述，有可能是癌症或大腸潰瘍。即便如此，他還是撐著工作到人生盡頭，修訂舊作，準備尚未付梓的手稿，最主要就是《自然宗教對話錄》（*Dialogues Concerning Natural Religion*），以便過世之後，能夠順利出版發行。

許多人得知他不久人世的消息，特地趕赴他家中探訪，抱著最後一絲希望，他能夠轉念修正懷疑論觀點。然而，他面對死亡毫無妥協，一如他面對人生一樣，始終維持耿介無欺的正直態度。在此，我們得感謝詹姆士．包斯威爾（James Bowswell）留下的休姆臨終前數日的記錄。從這份描述我們可以看到，他的看法堅持到死，不曾稍有動搖：

> 他說，自從讀過洛克和克拉克之後，對於任何宗教信仰，就再也沒有興趣了……然後，他又直白地說，所有宗教的道德觀都很糟糕，而且他雖然認識不少好人，都是虔誠的教徒，但是當他說只要聽到有人篤信宗教，就可以肯定那人是虛情假意的混蛋，我眞的相信，當他這樣說的時候，絕對不只是開玩笑而已。
>
> （Mossner 1980: 597）

包斯威爾尤其感到困擾的是，休姆拒絕來世信仰的態度，竟是那般處之泰然。他認爲，死後沒有來世，這道理就如同他在娘胎受孕之前不曾存在一樣，沒什麼好覺得困擾不安。包斯威爾勉爲其難承認：「我很訝異，他談論這些事情，竟然可以如此心平氣和，頭腦清晰，古往今來，眞的沒有幾個人能達到這般境界」（Mossner 1980: 598）。

〈我的人生〉出版於一七七七年，同時還收錄了亞當・史密斯（Adam Smith）寫給休姆朋友和遺囑執行人威廉・史崔翰（William Strahan）的書信：「總的來說，不論他生前或過世後，我一向都認爲，他的智慧和人品，依照衆所承認的不盡完美的凡人標準來看，都可算趨近完美」（1980: 604-5）。亞當・史密斯在信裡還寫了，他因爲美言讚許這位叛教者，而慘遭圍剿的遭遇：

> 僅只一張紙，寥寥數語，我順筆寫到故友休姆君過世乙節。我當時認爲，本該無害的，哪裡料想得到，這事給我招來的羞辱謾罵，比起我針對大不列顛全國商務系統最激烈的攻擊總量，還要多出十倍有餘。
>
> （Mossner 1980: 605）

如今看來，反諷得很，這情況似乎也間接顯示了，當時蘇格蘭文化程度之高，畢竟我們實在頗難想像，現今社會對哲學家所言是不會投以如許之多的關注，更別說是認眞去了解了。莫斯納對休姆的品德評價，有如後描述：

> 有機會認識他的法國人，稱呼他「好大衛」（*le bon* David）。不過，這法語 *le bon*，用英語三言兩語很難翻譯到位。說他好，那又不太實在，因爲他明顯不是聖人。不過，在許多方面，他在世的時候，的確稱得上是個好人。他個性仁厚，好善樂施，處世待人多所包容，不

吝鼓勵，個性耿介不阿，治學至誠無欺。

（Mossner 1980: 605）

我可以更進一步說，若依照休姆人性論模式推薦的美德來看，他是很好的人；但是，衡量標準如果換成謙卑、自我否定之類的「僧侶美德」，那他就是乏「善」可陳了。不過，休姆希望大刀闊斧徹底重建道德論述，依他所見，十八世紀蘇格蘭公認的「善良」品性，依照他致力發展的切實可行的人性基礎理論來看，很明顯就應該給予相反的評價。

第二節　方法與目標

休姆身後哲學評價定位歷經多番起伏，不過影響因素多半和其學術成就本身無直接關連。有一點必須留意，在休姆寫作當年，科學與哲學尚未有今日的嚴格體制化分野。因此，當二十世紀中葉，實證論哲學和日常語言哲學統一將哲學定位爲先驗層次的分析，對於許多人而言，《人性論》有相當大的部分似乎稱不上眞正的哲學，而比較像是某種早期形式探索經驗層次的實徵心理學。這樣的態度或許比起其他因素更能解釋，學界對於休姆著作的選讀，往往剔除其中特定的題材（例如：第二卷的大部分內容一直備受冷落），即便到了今日，如此作法仍然相當普遍；影響所及，對休姆的評價扭曲自然不在話下。不過，現在鐘擺已經轉向有利休姆的方向。在分析哲學家奎因（Willard V. Quine）的年代，自然主義當道，嚴格界定哲學與非哲學的作爲，則顯得不合時宜。如此看來，休姆不只符合時代精神，而且還是前所未有的摩登。

人性的研究，有時也稱爲「心靈科學」（譯者按：英文字面是「moral science」，廣義泛指人類心靈，狹義指道德），和「自然科學」區隔。人類一方面可視爲物理、化學或生物的系統；另方面也可視爲有意向的系統，或有意識有目標的行動主體，休姆研究的就是屬於這些面向。所以，「心靈科學」或「心靈哲學」（moral philosophy），不只包括狹義探討道德的倫理學，還納入廣義人性心靈或精神面向，包括：心理學、政治學、社會科學、歷史與美學等等。當休姆試圖建立人性「**科學**」，他明顯是把心靈視爲純粹自然現象，把人類行動主體（**agents**）視爲自然界的一部分，因此必須對實徵本位研究相同的程序保持開放。而其目的也就是所有科學的核心目標：找出解釋原則，說明紛雜現象如何產生秩序。

休姆止步於對基本原則的**描述**，以茲對人類所有現象提出**解釋**。換言之，他致力發掘的是該等原則是**什麼**，而不是那些基本原則**爲何**與**如何運作**。理由一就是，進一步探究乃屬自然科學領域。再者，更深層原因則是，他相信，哲學「不能超越經驗，任何誇口妄稱發掘人性終極根源的假說，理當以狂妄痴想斷然拒斥之」（*T* xvii）。不過，他也堅稱，人性研究未竟全功之前，其所提供的基礎就不夠充足。

沒有任何重要的問題，其論斷不需要仰賴人性的科學；而且在尚未熟悉該等科學之前，無一論斷可能達到確然無疑的肯定。因此，我們只能虛心提議，打造一座幾乎全新的穩固基礎，以期建立一套可茲解釋人性原理的完整科學體系。

(*T* xvi)

牛頓自然界物理定律 vs. 休姆精神主體人性論

休姆有自覺地試圖建立人類精神主體的研究，使其平行於牛頓對於自然界的研究，亦即提供心靈現象的準確分類，以及人類精神行爲背後的解釋原則。比方說，相對於牛頓的物理原子，我們發現，休姆人性論的心靈「原子」——簡單印象和觀念。牛頓定律的原子之間有萬有引力，相對地，休姆人性的觀念之間有連結原則，而其基礎則在於相似性、連續性和因果連結的自然關係。休姆認爲，研究歷史，以及檢視所有已知的社會就可顯示，人性的原則是普遍且恆常不變的，就如同有關自然世界其餘部分的原理一樣。他的機智顯現在，含蓄挖苦那些以可觀察得知的虛妄人性理論爲基礎，所建立起來的博大精深哲學體系：

假設從遙遠國度來訪的旅人，告訴我們說，他在北緯五十度看過一個地方，水果都是冬季成熟，夏季枯萎，和**英國**的情況恰恰相反。他肯定找不到幾個人會呆呆地相信他。還有，我想，如果有旅人向我們說，有個民族與柏拉圖《理想國》的人物性格完全相像，或是與霍布斯《利維坦》的巨靈長得一模一樣，他這話也不會有多少人採信。

（*T* 402）

休姆在描述他的「思想新天地」發展過程時，形容自己赫然發現，

由古代流傳至今的道德哲學，就像我們在自然哲學發現的一樣，也是孕育自同樣的麻煩起源，完全都是假說，仰賴的多半是無稽發想，而不是實際經驗。每個人都想請教如何打造美德體制、幸福園地，卻又完全不理睬人性，而所有道德的結論本該以人性爲本。因此，我決心研究人性的基本原則，那才是得以推導出所有批評和道德眞理的源泉所在。

（Mossner 1980:72）

休姆目的是要徹底揚棄任何關於人性的先驗成見。尤其是，他要拆除傳統上把人類視爲理性動物的概念，理性是抽象思維的能力，是人之所以爲人的眞正本質，而理性的運作則要求把情感置於其控制之下。在此概念下，理性和情感就被視爲在本質上對立的兩極，相互爭奪對行爲的統籌主控權，而人類行爲就應該謹遵理性原則，絲毫不受情感汙染，如此才算順應人之爲人的眞正本分。因此，人類做決定和行動時，都應該依循純粹理性原則，且理性原則的實效性完全獨立於人性其他的面向。

《人性論》全書採取的策略

休姆在哲學方面一項最大的成就即是，摧毀了理性和情感之間的這種虛謬對立，指出情感滲透到所謂理性活動的核心。休姆主張，與其把情感視爲打擊理智的非理性力量，倒不如重新回復情感在人性本質不可或缺的地位，且具有潛在的正向價值和益處。就此而言，《人性論》全書採取的策略就是，先展開破壞傳統立場的「負面」任務。他採取兩種進路的策略：

1. 直接顯示，該等傳統立場不可能與無從否認的事實相容；
2. 間接從該等傳統內部展開攻擊、破除其源頭概念，一路追溯揭發該等概念是如何導向錯誤的結論，從而證明該等傳統理念不足以提供所意圖描述與解釋的諸多結果。

所以，舉例來說，笛卡兒認爲，信念處於意志控制之下。休姆反駁指出，如果理性之人需要透過強烈理由來相信任何事，而該等信念的強度乃是客觀地根植於我們心智之外的事實，那麼根據**笛卡兒自己的假設**，這樣一個人永遠不可能證實他相信任何事，即便是在最理想的條件或情況之下，也不可能證實。再者，他也絕不可能有充分的理由基礎來做任何事。當然，實情當然不是這樣的。休姆的結論不是說，我們的信念是不可證實的，而是說該等理性論的模式站不住腳。這個例子就是休姆的第一進路：直接顯示，傳統立場不可能與無從否認的事實相容。

其次，再來看休姆如何執行第二種進路。長久以來，休姆往往被歸類爲懷疑論者，一路順著經驗主義，最後推論出負面的結論。不過，目前在諾曼．坎普史密斯（Norman Kemp Smith）和巴瑞．史特勞德（Barry Stroud）素負盛名的評述學者重新詮釋翻案之下，休姆的自然主義傾向已經逆轉超越了原先懷疑論的定位。現在普遍的詮釋是，休姆讓我們看到的是，任何將經驗主義純粹建立在人類理解原則的做法，勢必會遭遇失敗。換言之，純粹只根據感覺證據，再加上演繹和歸納的推論能力，要來證實信念（這兒是指，關於具有因果結構之世界當中與心智獨立之對象的信念），無可避免會遭遇懷疑論的徹底質疑，而走上自我毀滅之途。

他再三重申，對那些標準的懷疑論憂慮，興趣缺缺，在他來看，根本就是徒勞和「怠惰」，因爲他們找錯了方向，白費力氣要去證實那些根本沒有商量餘地的研究假設。基本信念是人性自然強加給我們的，不是可有可無的選項，懷疑根本就是毫無意義。這是他「用懷疑論的方法來解決懷疑論的問題」。證明了不可能透過觀察或論證推理解決這些懷疑論疑惑之後，休姆接下來挑戰的任務就是要解釋，儘管在缺乏相關「證據」之下，我們究竟是如何相信這些事情（並且還是不可能不如此相信）。

> 自然，憑藉一種絕對且不可控制的必然性，不但決定我們呼吸和感覺，而且也決定我們判斷。同樣地，由於對象和現前印象有一種習慣性的連結，因此我們也不能避免自己將對象看成彷彿在光線充足、明亮下的常態樣貌；這情況就像，醒著的時候，不能阻止自己思維，或是在光天化日之下，眼睛朝向周遭對象，就能看得一清二楚。誰要是煞費苦心，反駁懷疑論的吹毛求疵，他就是在無的放矢，並且努力透過論證來建立一種官能，而其實自然早已植入吾人心靈之中，並且是無從阻避的。
>
> （*T* 183）

所以，休姆不是懷疑這些基本信念本身，只是希望我們能看清楚，哲學家把目標定在客觀證實該等信念，根本就是前景無望。自然確保我們自動且無反思就相信這些事情，這是永遠不可能迴避的。要證明此點，不但沒必要，而且也不可能。終究而言，我們不得不搬出維根斯坦（Wittgenstein）的名言：「我們就是這個樣子」，凡不可說處，就保持沉默。換言之，休姆懷疑的不是人類的知識，而是科學家試圖超越科學證據，把人類最基本信念的基礎，建立在人性和人類實踐以外的任何東西。如前所述，他對於人性基本層級的說明純粹是描述性質的：探究人們取得該等基本信念的心理機轉和條件。

接受基本的第一層級信念，再加上對哲學保持批判態度，乃是《人性論》全書反覆不斷出現的主題。比方說，雖然常被錯誤歸類爲道德懷疑論者，但休姆實則認爲，道德論述本身是完全合法的。換言之，使用諸如是非善惡之類的道德概念，就其本身，並不會構成形上學的錯誤。因此，我們必須清楚區分，休姆和麥基（J. L. Mackie, 1977）提出的現代「錯誤理論」（error theory）。此理論主張，使用道德概念的言談實踐，在本體層面上，就使人們投入承擔客觀的價值，辨識到這點就會自動趨策我們，實踐符合該客觀價值的行動。相對地，休姆的觀點則是，我們日常處理各種事情時，完全有理由使用道德語彙。但是，當我們頂著哲學家的大帽子，開始**理論化**道德本身，譬如宣稱道德是獨立於人類心靈的屬性，那我們就會深陷層出不窮的錯誤泥淖，而這類危機其實都是可以避免。

休姆對因果關係的態度也是相同的。我宣稱，x 引發 y 可能是眞的。當事實顯示並非如此，那就可以更正說，可能是其他的原因 z 引發 y。所以，因果論述是沒有問題的；儘管哲學針對因果關係本質的理論化，可能很容易出錯，譬如：對於因果相連的現象，歸因爲獨立於心靈的某種必然連結。休姆的因果關係論述，會在下一章討論。

第三節　道德感

本章結束之前，容我再提出幾點說明，以釐清當年時空脈絡下，休姆道德理論的定位。在哲學分類上，休姆通常被歸類爲**道德感理論家**（*moral sense theorist*）。此一流派的始祖是沙夫茨伯里伯爵〔Lord Shaftesbury，安東尼．亞悉利．古柏（Anthony Ashley Cooper），沙夫茨伯里三世〕。不過，主要影響休姆的則是哈奇森的著作，他是當時格拉斯哥大學的道德哲學教授。

道德感理論旨在提出**道德理性主義**（*moral rationalism*）和托馬斯．霍布斯（Thomas Hobbes）的激進**利己主義**（radical *egoism*）之外的第三條路線。

道德感理論 vs. 道德理性主義

道德理性主義宣稱，理性單獨就可確立道德善惡，道德判斷的主要角色歸於知性，透過知性能夠分辨情況良善與否，從而產生趨善避惡的行爲動機。所以，理性主義可以說是把情感視爲理性的「奴隸」。相對地，道德感理論則把道德判斷視爲情感反應，那是接觸或沉思品格特質所激發的各種快樂或痛苦的感覺。此兩類情感分別相應於美德和悖德的判斷。

首先，哈奇森對休姆最大的影響就在於，把道德判斷的概念立基於**感覺**而非理性，以及主張道德感自足而立，不需要理性基礎的證成。換言之，道德感的成立與發生是不需要仰賴任何理性的理由——不是關於善之信念的結果——而是本身就是善的源泉。所有激發行動的理由或動機，都被視爲立基於情感，而該等情感就是行動追求的終極目標。理性的功能限縮爲提供關於達成目標之手段的資訊。

其次，哈奇森堅持主張，「證成之理由」，亦即證明對行爲讚許或譴責乃屬正當的理由，需要有道德感作爲基礎。理性只能用來證成達成目標之手段乃屬合理可行，而目標則是由道德感決定。非常有可能，就是休姆對於哈奇森這些觀點的體認，促使他提出了那惡名昭彰的宣稱：理性是情感的奴隸。

道德感理論 vs. 利己主義

道德感理論學者和霍布斯的關鍵分野在於，他們否定所有作爲動機的情感都是發諸自利，並堅持徹底的利己主義和可觀察到的事實不符，不論該等事實是由個人內省或人類行爲研究取得。哈奇森論稱，人類道德行爲必須設定一種欲求慈善的自然傾向，亦即對於他人的無私關懷。「道德感」的運作，一方面要有讚許合乎慈善行爲衝力的自然動能，另一方面還要有相當的自然動能譴責相反的行爲衝力。

哈奇森的人性論有神學基礎，換言之，人類慈善動機乃是來自絕對至高至善者的創造。相對地，休姆的科學人性論則是以觀察人性的結果作爲基本事實，拒絕跨入對於人性根源的玄虛臆測，他認爲那純屬徒勞。

同休姆一樣，哈奇森也是希望，他的道德心理學能夠相容於洛克的經驗論，而這需要所有的心理再現其終極根源都來自於感覺經驗：

> 我們不是要想像，此種道德感比其他官能感知，更能置諸任何先天觀念、知識或實踐命題之上。我們的意思只是，當我們觀察行爲時，且在利弊得失意見尚未回報給自我之前，這種道德感即浮現在我們的心靈，決定該等行爲心怡與否的觀念。
>
> （*Inquiry* 135）

道德感，連同審美感，被認爲是「內在感」。這些內在感的印象皆屬於次級印象，依繫於首級印象，並且是首級印象的反應結果。相對地，首級印象則是「外在感」的印象。道德讚許是人們對於某些品格特質之良善品質，所發出的一種反應，而該等良善品質立基於慈善。直到相當晚近，學界通常認爲，哈奇森主張如此的良善品質類似洛克所謂的次級感覺屬性，諸如：紅色或苦味，這類屬性的觀念與對象的內在屬性並無相似之處。不過，目前大多數學者駁斥如此詮釋（請參閱Norton 1982）。

早在巴特勒之前，哈奇森就已經提及，雖然道德讚許是一種歡快的反應，但我們並不是出於目標事項的歡愉而選擇讚許之，我們之所以能夠做出道德讚許行爲，其能力就在於，「瞭然於心的道德感，利弊觀念尚未形成之前，很平常地浮現，而且利弊觀念是建立在該等感覺之基礎上」（*Inquiry* 152）

哈奇森強調，道德感基本上乃是無可隨心所欲決定的，這也就是道德感判斷的非意欲本質（involuntariness）。我們不可能在經歷腿骨折痛徹心扉時，透過意志促使自己覺得樂不可支；同樣地，我們也不可能透過意志，在看到自知邪惡的事物，卻還眞心斷言那是道德良善之事。這種非意欲本質就可用來反駁霍布斯：如果，道德情感的歡快本質是由人性不可變異的美德，以「硬體線路」的形式植入我們的心靈，而且道德情感如果本質上乃是無私的，那麼該等道德感就不可能經由意欲刻意塑造，來配合利己的目標。換言之，任何人如果可以被賄賂收買，去嚴刑拷打無辜的孩子，或許就不需要如此一種誘因。

再者，教育也不能根本地塑造該等道德情感，頂多只能使其擴展，或是使其適應於環境因素與時代的習俗慣例。要獲得更精進的道德判斷能力，前提條件就是必須先具備基本能力。如果，先天缺乏道德感，後天再多的道德教育，也不可能讓人學會道德判斷；這就好比天生失聰者，不可能透過後天學習，而發展出鋼琴調音師的高超音調敏感度。

礙於篇幅有限，不容許本書深入詳談哈奇森對於休姆的影響，也不可能鉅細靡遺列出，哈奇森有哪些著作早已成爲休姆道德心理學的核心主題。不過，很多人認同諾曼·坎普史密斯廣爲人知的宣稱：休姆「思想新天地」的核心洞見拓展了哈奇森主張激情高於理性的學說，將其運用超越傳統的美學和倫理學領域，進而擴及運用到所有「事實和存有的事物」，而其中最主要就是關於信念的取得。

延伸閱讀

1. Ernest Mosser 的《大衛·休姆的人生》（*The Life of David Hume*），敘事精彩、資料豐富，堪稱必讀的休姆傳記。另外，休姆自述的兩篇自傳短文，〈我的生平紀事〉（A Kind of History of My Life），《我的人生》（*My Own Life*），收錄在 David Fate Norton 主編的《劍橋大學休姆文選全集》（Cambridge Companion to Hume），這也是想要認識休姆的讀者，不容錯過的重要讀本。
2. 關於休姆哲學的一般討論，我特別推薦 Stroud（1977）、Norton（1982）、Baier（1991）。在期刊方

面，我推薦《休姆研究》（*Hume Studies*），讀者可以參閱，廣泛吸收與日更新的高品質論文，探討休姆各面向的題材。

3. Stephen Darwall（1995）、J. B. Schneewind（1998），有章節討論休姆、同時代人物，以及影響其思想的前輩人物。

4. Raphael（1991）第一卷、Schneewind（1990）第二卷，收錄沙夫茨伯里和哈奇森的文選。Downie（1994）哈奇森精選集也不錯，入手相對容易些。

第二章　人類理智的背景介紹

本章導讀休姆原典

✓《人性論》第一卷　論理智

■第一章　論觀念與其起源、組合、抽象、連結

■第三章　論知識和概然推論

■第四章　論懷疑主義哲學體系和其他哲學體系

幾乎毋庸贅述，至少得整本書，才足以適當處理休姆的人類理智（human understanding）論述；而這方面，確實也已有許多優秀作品。不過，由於休姆哲學體系極其錯綜複雜，各主題彼此息息相關，不可能分割單獨理解。因此，本書主要焦點雖然是休姆的道德理論，但不可能單獨只處理他的「道德論述」，另外還得顧及其他相關部分。由於本書定位爲自足而立的單行本，希望讀者只需要按照導讀協助，就能循序漸進，順利掌握休姆道德理論的梗概論述。所以，本章目的即是要，選擇介紹《人性論》第一卷相關主題，以期幫助不熟悉休姆的讀者，認識其道德理論的背景。其次，由於對休姆的詮釋幾乎沒有毫無爭議的，因此本章另一附帶功能就是，幫讀者挑選介紹休姆的形上學和知識論要點，透過這樣的準備導論，希望讀者會比較容易切入釐清，休姆道德理論爭議的來龍去脈。

第一節 印象和觀念

休姆以「知覺」（perception）的統稱用語，涵蓋人類所有精神狀態，亦即「凡能呈現於心靈的一切」（*A* 647）。基本上，知覺可分爲**印象**（*impression*）和**觀念**（*idea*）兩大類。觀念相當於目前所謂的**想法**（*thoughts*），或**心理再現**（*mental representations*）。起初，他將印象分爲感覺、激情和情緒，不過後來通常只分爲感覺、激情兩大類，而將情緒納入激情的範疇。

《人性論》第一卷，將印象區分爲**感覺**的印象和**反思**的印象；到了第二卷，則改寫爲**本源**的**首級**印象和**衍生**的**次級**印象。不論何種稱法，這兩類印象的基本差異如後：(1)前者包括諸如：顏色、聲音、氣味之類的感覺與料，以及疼痛之類的身體感覺；(2)後者包括欲望和情感狀態，諸如：快樂、憤怒或恐懼。

由於感覺「本源發自靈魂，成因未明」（*T* 7），休姆將其視爲人性理論的基本與料。

> 至於源自**感官**而起的那些**印象**，其終極成因，依我之見，乃是人類理智無法完全解釋，並且絕無可能確切決斷，那些印象是直接源自對象，抑或通過心靈的創造力而產生，還是從我們的造物主那兒得來。
>
> （*T* 84）

所有觀念，其終極源頭都來自感覺，而激情則「有相當大數量，源自於我們的觀念。」首先，感覺（某些種類的痛感或快感，諸如：熱冷、口渴、飢餓感）產生相符應的觀念，繼而導致某種激情，諸如：欲求、嫌惡、希望或懼怕。比方說，看到蘋果，可能促使我想吃。至於感覺，他認爲，激情是「不過是一種自然本能，是人類心靈的原始構造產生出來的，此外別無其他來源」（*T* 648）。

不論印象和觀念，都有可能**簡單**或**複雜**，簡單的判準在於**不可分割性**（*indivisibility*）；換言之，簡單就是「不容許區分或分割」；反之，可分割的就是複雜。複雜是由若干不同的簡單元素結合而成，比方說，任何觀念若能從中分割出若干不同面向，那就是複雜觀念。休姆把單一顏色，例如：一片藍色，當成簡單印象的典範，簡單印象能夠產生簡單觀念。這有種一目瞭然的表面可信度，是其他感官所不存有的，因此促使休姆把簡單性視爲哲學上透明的概念。不過，怎樣算是簡單的味道？簡單的聲音呢？

休姆把觀念視爲印象的**複印本**（*copies*）。比方說，看我家裡的寵物貓麥克追著蒼蠅跑，然後閉上眼，在我的「心靈之眼」形成幾乎雷同我那貓咪窮追不捨的複印本。在如此例子中，觀念是由與其相像的印象產生的。不過，我們顯然可以考慮某些事物或情況，那是我們不曾有過印象，或不可能有過印象的。比方說，我可以想像，贏了樂透彩，或是榮任普林斯頓大學講座。在這些例子當中，想像力將若干較簡單的觀念，結合成爲新的結構。唯一的規定就是，每一觀念必須，**在某層級上**，立基於印象。所以，印象和觀念必須一對一符應，這樣的嚴謹規定，只適用於**簡單觀念**。至於複雜觀念，唯一的要求就是，作爲其構成元素的簡單觀念必須滿足這項嚴謹規定。再者，我們還可以有「次級觀念，亦即首級觀念的意象」，換言之，就是關於想法的想法，這可以回溯到感覺經驗當中的相同基礎，作爲經驗關切的第一層級想法。

休姆提出一條通用假說如後：「**所有簡單觀念，初次出現時，都是源自簡單印象。簡單觀念符應於該簡單印象，且精確再現該簡單印象**」（*T* 4）。他的證據就是，在他所能覺察的每一事例，在簡單觀念出現之前，都有與其相符應的簡單印象。在此基礎上，任何人若是沒有某特定簡單印象，就不可能有與之相像的簡單觀念，也不可能有進一步組成的複雜觀念。例如：天生盲人不可能設想紅色。

很清楚地，他這個論點：所有觀念都必須有先行的印象與其對應，而這乃是一種**因果連結**的宣稱（*causal* claim），也是檢驗有無**意義**（*meaningfulness*）的基礎條件。誠如他在《人性論摘要》所言：

> 當他懷疑，任一哲學語詞可能沒有觀念與之相連結（這很常見），他總是會問，**那個意想呈現的觀念是從什麼印象推導而來**？而且，如果沒能找出任何印象，他就會歸結說，此語詞是完全沒有意義的。
>
> （*A* 648-9）

休姆最受爭議的一個宣稱就是，印象和觀念的區別只在於「激盪心靈的強度和生動程度之差別」。印象是比較生動的知覺，而觀念則是「思考和推理當中知覺的平淡意象」。在此段引文中，休姆不只是說，兩者會傾向維持如此的程度差異，他更要強調的是，兩者之間不可混淆的**構成性**（*constitutive*）種類差異。

不過，他隨即推翻了這種區別，比方說，先前覺得沒有意義的事件，在後見之明審視下，可能變得充滿重要意義，而回想的驚人生動程度，也可能遠遠超過當初經驗的感受。相對地，先前印象可能非常淡薄，以至於錯過了沒有注意。稍後我們會見識到，這類現象的一種重要例子就是**平靜的激情**（*calm passion*）。對此，最善意的詮釋就是，即便他的「正式」理論另有堅持，但休姆其實是承認，此種活潑生動程度的差異，這堪稱我們現在所說的「**但書**」（*ceteris paribus*）條款吧。

事實上，休姆的行文風格有一點頗惹人疑竇，那就是他會先提出通則，但隨即又舉出反例。比方說，最惡名昭彰的例子，和他把簡單觀念等同於印象的看法有關。他寫道，「每一個簡單觀念都有一個與其相應的簡單印象」，而且這是一條嚴格的規則，「不容許任何例外」。然後，他又寫道，某人從未見過某特定色調的藍色，但是他曾看過許多其他色調的藍色，包括比色圖卡上鄰接該特定色調兩側的藍色。這樣一個人，休姆讓步承認說，有基礎可以透過想像，彌補該缺失的特定色調。甚至更奇怪的是，他立刻又表示，這個令人難以置信的例子，在理論上沒有什麼重要性；而實際上，這個反例顯然會破壞休姆理論賴以建立的基礎，亦即「簡單—複雜」的區分。他說：「這個例子可以用來證明，簡單觀念並非總是從相應的印象得來；但是，這種極爲特殊且罕見的個例，幾乎不值得我們注意，也不值得單爲它而改變我們的通用準則」（*T*6）。不過，這樣的說法明顯是不對的搪塞遁辭。我們可以舉出無限多的反例，包括類似缺失色調的紅色、黃色等等，還有其他感官，諸如痛感、味覺、嗅覺的類似缺失反例。

如前文指出，休姆認爲，印象和觀念的差別只在於強度不同。這可能讓人設想，要作出如此的區分或許可以從不同的因果關係著手。因此，比方說，我們可以定義，感覺是接受感官刺激的直接結果。不過，這條進路對休姆並不可行，因爲他認爲因果關係外在於事物本身，毋須設想因果，就可以感知對象。因此，他被迫只能以內在屬性來描述知覺。但是，知覺的唯一內在屬性即是現象的屬性，只能透過內省來辨識，如此一來，他別無選擇，雖然不是很滿意，也只能訴諸「**強度**」（*force*）、「**生動程度**」（*liveliness*）或「**活潑程度**」（*vivacity*）的差異，來區分印象和觀念。另外還有一條進路，可以避免立基於因果關係的區分：爲了要維護「第一通用原則」（簡單觀念是從簡單印象推導而出），他必須能夠從獨立於該項原則的方式，來釐定印象和觀念的本質，否則將會淪爲套用邏輯。

在觀念的領域內，他把**記憶**的功能等同於**想像**的功能。兩者差異在於，記憶「重新播放」事件的原始秩序和結構；而想像可以透過重新安排組合元素，創造新的複雜觀念。「記憶的主要運作不是去保存簡單觀念，而是去保存該等觀念的秩序與位置。」相對地，休姆又主張如此的原則，「**想像有自由，去轉移和改變觀念的秩序和位置**。」這種功能上的區分，很清楚仰繫於簡單—複雜的區分，因爲「無論在何處，只要想像能覺察觀念當中的一種差異，那就能輕易做出分別。」這突顯出他的複雜性判準即立基於想像：若我們能想像兩個更簡單的觀念可以分離出**X**的構成面向，那麼**X**就是複雜觀念。

我很謹慎，不把記憶和想像描述爲**官能**（*faculties*），因爲休姆反對訴諸官能或心理能力的任何作法，他認爲看不到有何經驗基礎可以支持此類官能和其運作之間的區分。同樣地，在個別心靈狀態或思維過程中，也不存在任何上位的理性「**官能**」或激情「**官能**」；這就如同諸多知覺之外，也不存在位居其上的一個自我。因此，任何提及官能的說法，只能當成討論知覺的方便之道。另外，在他的道德理論，也有涉及此類形上學的例子。雖然，休姆被歸類爲道德感理論家，但他目的是要提供一種因果陳述來說明道德評價，而不訴諸任何**特殊**（*sui generis*）的道德感。稍後我們就會看到，道德評價是浮現自我所謂的「道德立場」，這種道德立場乃是理性和想像力的複合產物，它會修整基本的前道德傾向，而作出讚許或譴責自己和彼此的反應。

想像從一個觀念流向另一個觀念，賴以中介的是連結觀念的三種原則：「類似、時空連續、因果」。所以，兩個觀念或想法之間，要不是以這三類原則直接連結；就是透過一連串的關係鍊，形成間接連結。如前所述，這些原則只能被辨識或描述，而且必須視爲基本性的解釋。**理解**固然可以運用來主動形成觀念之間更廣泛類型的連結；但是，想像負有責任，在思維不受精心控制的時候，推動思維的「自然」運行。

休姆引進這些連結原則，可說是對洛克「觀念之路」（way of ideas）的重大發展。雖然，洛克承認觀念的連結，但是他將之視爲病態現象，偏離於觀念之間眞實且理性立基的連結，後者才是正當理性思維的核心。與此強烈對比，休姆提出該等連結歷程的基本原則，並賦予該等原則在其心靈科學的基礎地位。

第二節　因果連結

《人性論》第一卷．第三章，是要回答以下問題：

第一，我們有什麼理由可以說，任何一物其存在若有一起始，那就必然有一個起因？
第二，我們為何斷言，該等特定原因**必然會**導致該特定的後果呢？我們從一物推至另一物的該等**推論**，其本質是什麼？我們對於該等推論所抱持的信念，其本質又是什麼？

（*T* 78）

哲學關係 vs. 自然關係對照

休姆開章明義，列出一份總共七大類的清單，窮盡所有統攝觀念之「哲學關係」。在此，**哲學關係**乃是與**自然關係**相對照。兩個觀念，當想到其中一個觀念，就經由自然的連結關係（亦即相似、連續或因果），而導向另一個觀念，如此就是自然的關係。換言之，自然關係描述的是，日常生活當中，想像連結觀念的方式。相對地，哲學關係則是，理論運思時，理智主動精心在兩個事項之間形成的連結關係。他釐定了七大類的哲學關係，其中包括與前述自然連結原則類似的形式。所以，相似、連續和因果等連結原則，都適用於自然關係和哲學關係；在前者，是自然連結的原則，在後者，則是理論運思的工具。以下，我會舉相似原則的例子，來說明箇中差異。

理論運思容許我們，隨處都得以設想相似的觀念，因爲不挑剔的話，任何兩事物都有某些相似點或共通屬性。然而，這些還不必然確保，我們會在心裡產生自然的連結。比方說，搖滾明星史汀和我之間，有著難以數計的相似點，我們身上都沒有體毛，都屬於兩足動物，也都出生於沃特福德北部。但由於還有數以百萬人也都擁有這些相似點，所以也就不會引人注意了，自然也不致於讓人在心裡把我們兩人連結起來。不過，我如果碰巧長得相貌翩翩，活脫希臘神話的金髮美少年阿多尼斯，而且對亞馬遜雨林又很關心，和我相見，或許會讓你連想到史汀。

七大類哲學關係

休姆區分這七類哲學關係，所根據的分類基礎就是，該等關係是否「完全決定於我們所比較的各個觀念，不經由觀念的任何變化而變化」（*T* 69）。休姆似乎是把這七類關係分成兩大區塊：第一大區塊，該等關係是屬於對象的內在、構成元素；第二大區塊，該等關係在思想中可與對象分割。

第一大區塊包括：相似、相反（亦即擁有不相容的屬性）、數量或數目的比例（比較數量或數目的「多或少」）、性質的程度（比較共同屬性的「多或少」）。這些關係「完全決定於觀念，可以成爲知識和確定性的對象」（*T*70），因爲根本無從設想否定該等關係。

第二大區塊包括：**因果關係**、**同一關係**（最嚴謹的意義，對象之間恆常不變的同一關係）、時空關係（這是無數多比較關係的來源，諸如：**距離**、**連續**、**下面**、**前面**、**後面**等等）。因此，他的意思是說，任何涉及對象之因果關係的想法，都可以與該事項本身的觀念分割，至少在原則上可分割。換言之，我們可以在理論上設想任何對象，而毋須將之視爲其他事物的因或果。兩個事項X、Y之間的任何因果關係，是不可能先驗證明的，因爲否定該命題並不構成自相矛盾，而且我們總是可以設想出反例。知道X存在，並不在邏輯上蘊含X有任何的原因，也不能從X演繹有任何特定原因或結果Y的存在。

再者，由於我們毋須加入原因的觀念，就可以想像，任何對象在某時間點t_1不存在，而後在後面的某時間點t_2成爲存在，因此任何對象X本身的觀念和X作爲原因或結果的觀念，兩者是可分離的。由此可見，即便觀念的關係是可以設想的，單只憑這點也不能絕對保證就可以宣稱，所有事項都有一個原因。（雖然，休姆在行文當中，把因果關係歸給對象，而不是現今比較普遍地歸給事件，但是如果使用「事件」這個用語來替代「對象」，應該也無損於休姆原本的用意。）

因果關係

對於因果關係普遍性的信念，也不可能從經驗方面找出證據而予以證成。如我們先前所見，休姆的體系要求，所有觀念其終極都必須由印象導出。但是，我們並沒有因果關係本身的**感覺印象**：換言之，不存在原因或結果的清晰可感受的特質，因爲該等關係可適用於所有對象和品質。由此可見，我們對於因果的觀念必然是由**對象之間觀察到的關係**衍生而來。對於因果關係的個別案例，他只注意當中的兩個共通因素：(1)所謂的原因，**在時間上**，是出現在結果之**前**；(2)原因和結果是**連續的**，可能是直接相連，或是通過某一無斷裂的中介項間接相連。然後，休姆從個別案例往前推進關鍵的一步，補充說道，只有當觀察到若干**類似的**事件滿足前述兩條要求，我們才可論稱任何個案有該等因果關係。他進一步又補充說明，此種適當事件之間觀察到的不變連結，或「恆定交集」（constant conjunction），也是預測未來事件和普遍因果信念的基礎。

在此階段，所考量的假說就是，要達成「X引發Y」的判斷，必須符合以下先決條件：(1)X在Y之前發生；(2)X和Y在空間和時間上相連出現；(3)過去諸多觀察顯示，類似X的印象出現之後，總是尾隨出現類似Y的印象。（請注意，休姆很快又提出關於原因的第二種「定義」。）但是，如此推論的本質是什麼？當我們根據此種恆定交集而作出因果關係的推論，這是來自理解，抑或來自想像？請回想，理性是有意識的反思能力，根據證據做出推論；相對地，想像則是自動且非反思的能力，透過連結機轉，從印象移至觀念，或從一觀念移至另一觀念。所以，問題就是，「我們是出於理性而做出這種轉移，抑或是基於知覺的某種連結和關係」（*T* 88-9）休姆會論述支持後面這種立場。

任何支持此種因果推論的**理性基礎**，會要求如後的普遍前提：「我們未經驗過的例子，必須類似於我們所經驗過的例子，而且自然的進程永遠齊一，繼續不變」（*T* 89）。這就是所謂的「自然的齊一性」（*the uniformity of nature*）。但是，如此前提絕不可能先驗證明，因爲毋須矛盾就可以否定之。休姆以心理學的方式來闡明此點，他說，此命題之否定是可以被設想的，因此就此條件來看，該命題就有可能成立。

再者，任何試圖以**歸納**方式來證明自然的齊一性，就會落入循環論證。換言之，要推論說自然未來會繼續保持齊一，是因爲過去一直以來都是如此保持齊一，但是這用來做爲證據的例子，其本身就是當初所要證明的問題點，因此就犯了循環論證的謬誤。事實上，即便休姆願意退一步承認，過去某些A事件和B事件總是恆定交集出現，可以顯示存在有一種「生產的力量」，始終將這兩者相連結，但這也不能提供先驗或經驗的基礎，支持相信未來該等力量還會**繼續維持如此施爲**。

休姆並不是否定法則必然性的存在，他其實是論稱，不可能在經驗論原則之下，合理證成支持該等必然性的信念，因爲不可能從經驗觀察或論證推理，得出如此的結論。換言之，我們不可能證明，任兩對象或事件以任何獨立於心智的方式相連結；我們也不可能從任一對象或事件，推論另一對象或事件的存在。再者，他也沒有否定，我們擁有此種必然連結的**觀念**；他其實是正視有必要去解釋此一信念的起源，因爲這似乎是反例，違背了其基本原則（所有觀念都源起於印象）。

所以，我們在看過類似事件恆定連結出現之後，事實上固然做了X—Y連結的因果推論，但是他堅稱，這並不是我們基於好理由（甚或任何理由），而有意形成的行動。因爲這並不是我們選擇去做的某事，且落在理性和合理證成的範圍之外，就像呼吸一樣，根本談不上理性或非理性。再者，休姆很清楚指出，「歸納問題」只存在於哲學家，而不存在於日常生活的一般人。換言之，這問題只出現在，我們試圖以理論思考來證成事物如何自然發生的時候，因爲不可能透過某些獨立於人類本性和施爲作爲基礎，以茲證成該等「自然」信念的正當性。該等因果關係的信念，純粹是成俗或習慣的產物，由連結原則浮現而來，而且必須被視爲一種基本的信念。既然沒有任何證成是可能的，那其實也就不欠缺或不需要任何證成了。

相信／信念 vs. 構想／概念的對比

表明完理性不能作爲證成因果推論的基礎之後，休姆接下來任務就是要解釋，連結原則是以何種方式導致因果信念的形成。他首先是帶領讀者檢視信念的本質。「強度」或「活潑度」的差異，不只出現在印象和觀念之間，也出現在印象和觀念各自內部。因此，休姆認爲，僅只是構想某情境 *p*，和相信 *p* 已經發生或將會發生，這兩者的差別與區分，乃是「歷來哲學家未曾思索過的嶄新問題」（*A* 652）。

他建議，箇中差別完全在於，後者有較高的活潑程度，從而定義信念就是「**和現前印象相關連或連結的一個生動的觀念**」（*T* 96）。此種區分也相應於該兩類的不同成因：信念是由印象導出；相對地，構想只是由一連串概念組成，且只能導出於其他如此的觀念。由於印象和觀念的差別只在於，印象有較高的「活潑度」，此一差異也會傳遞到各自的效果。因此，信念會承襲到較高的生動度，因爲是從印象導出；相對地，構想導出於觀念，所以生動度就相對較低。

休姆頗有說服力地闡明，相信（believing）與構想（conceiving）某事項（或情境）之間的差異，「不在於我們所涉及觀念的組成部分，而在於我們所用的方式。」（*T* 95）所謂的相信，不可能是在某個概念（conception）上，附加某些普通成分，從而轉化成相應的信念（belief）。不過，休姆這種相信／信念 vs. 構想／概念的對比區分，也可能衍生若干問題：

1. 如果，可以透過附加某些成分到 *p* 的想法，而將該想法轉化成信念，那麼後續的那個觀念就不再是 *p* 了。休姆正視到這點，（二十世紀分析哲學家弗雷格（G. Frege）進一步強調發展），當我相信某宣稱 *p*，而你只是單純想著該情況 *p*，而不涉及眞實或可能發生過程的任何問題，我們兩人都在運作著相同的內容，也知道彼此是處於這樣的心思狀況。所以，差別不在於相信或構想的內容（同樣都是 *p*），而在於心智和該「觀念」所採取的不同關係。

2. 如果，可以透過附加某些東西到概念中的觀念本身，從而將概念轉化成相應的信念，那麼由於想像可以隨心所欲加添、混合任何成分，如此一來，我們豈不是可以透過意志而相信任何事了，這卻是休姆正確且堅決否定我們可能做到的。

3. 不過，堅持區分相信 vs. 構想的差別，在加上先前對於印象 vs. 觀念的區分，如此一來，也嚴重限縮了單純的構想所能涉及的成分，只剩下相對活潑但爲數稀少的內容可供運籌。實際上，如此的缺陷也可說是承襲自印象 vs. 觀念原始區分作法的窘境。

現在，讓我們回到因果連結問題。休姆認爲，他關於信念的說明，可以用來解釋，爲什麼重複多次經驗到Y尾隨X的事件，可以導致我們相信，X**造成**Y。換言之，Y不只**將會**，並且**必然會**尾隨X而出現。持平而言，重複多次經驗X與Y的恆定交集出現，並沒有給出任何新的**感覺**印象，只是較多次的相同印象。不過，僅只是這兩者重複共同出現的經驗本身，也會導致心靈自然把這兩個觀念連結起來，而創造出一種**反思**（*reflexion*）的新印象（亦即次級印象）。這種重複就在心靈造成一種改變，創造出一種自然的傾向，把觀念連結起來，使人想到X就會聯想到Y。這還會伴隨一種反思的印象，就像是「決定」相連的印象，而且只要看到或想到前者，就會跟著**預期**後者的出現。

現在，拿我們的眞實境況，和心靈是一片白板者，相互比較。換言之，想像某人擁有與自然人類相同的完整認知能力，但從未接受過任何感覺印象。起初，他會徹底茫然失措，因爲初始印象不能讓他預測任何其他的印象。比方說，第一次，當他看到物體浮在半空中，他不會知道它會墜落、升高、停在原處，或轉圈圈。我們和這種不幸境況的差別，不在於我們擁有任何新的印象，而在於擁有大量的相同印象，使得我們能夠從中辨識形態，從而容許連結機轉開始運作。

這種心理決定，是我們認爲事項之間具有物理必然性之觀念的根源。休姆隱約暗示（*T*

167），理論家把這種心理的「必然（聯想）作用」（*psychological* "necessitation"），錯誤投射歸因爲X和Y本身之間，獨立於心智之外的物理必然性（physical necessity）。

休姆修正他原本對於信念的定義：「和現前印象相關連或連結的一個生動的觀念」，改而說是，信念不是由單一印象本身造成，而是在過往觀察到的諸多相關印象恆定交集的歷史脈絡下，考量現前印象而產生。因此，記憶在信念的產生方面就扮演了至爲關鍵的角色，負責提供過往印象的資訊。然後，他針對原始理論做了一項更重大的修正，他說，觀念每體驗一次，其活潑度就會增高，達到一定程度之後，只需重複出現，即便沒有作爲基礎的印象，也足以「活化」成爲信念。這可以解釋，爲什麼即便證據基礎薄弱，教育還是可以灌輸信念，而且幾乎不可能移除。

因果信念的活潑度，以及人們的確信程度，仰賴於該等信念所立基之印象恆定交集的廣泛和完美程度。當交集夠大，而且沒有反例，信念相對就比較強。當信念百分百確信無疑，就是獲得了**證明**。低於此，就是高低程度不同的**或然率**。

於是，他在結論提出兩種原因的定義，分別相應於哲學關係的原因定義，以及自然關係的原因定義：

> 對於這種關係，或許可以給予兩種定義，差異在於兩者只是對於同一對象呈現了兩種不同的觀點，使我們把它看作是**哲學**的關係或**自然**的關係；前者是兩觀念間的比較，後者是兩觀念間的連結。我們可以定義**原因**就是：「先行的事項延續至另一事項，而且凡與前者類似的

其他事項，都與後者類似的其他事項，處於類似的先行和延續關係。」……〔或者第二個定義〕：「原因是先行的事項，且延續至另一事項，兩者如此聯合起來，以致於其中一事項的觀念，就決定心靈去形成另一事項的觀念；而其中一事項的印象，就決定心靈去形成另一對象較為生動的觀念。」

（T170）

所以，普遍認為休姆否定因果關係的存在，那其實是誤會了。事實上，他認為自己的論述是讓人看見，人們所接受之因果關係想法當中潛藏的缺陷，並且提出更正。如果，真的沒有所謂的因果關係，那麼因果論述就沒有意義，基礎既已不在，整部《人性論》也將隨之傾覆。

第三節　否定物質實體和精神實體

前一節關於因果的討論，背景是設在假設時間上連續之事物所構成的世界，在其中，同樣在時間上連續之人類對該等事物所作因果推論。在《人性論》第四章，休姆承認，這種假設在理論上是有問題的。所謂理論上有問題，他強調，就是當哲學家運用理智來探究理智本身功能和基礎時，才會構成**問題**。由於人類本性已經決定，我們不由自主就會相信，有一個外在於我們思想與知覺的世界，裡頭充滿了在時間上連續的事物；基於此點，休姆認爲傳統上懷疑論對於「外在世界之存在」的憂疑，只是虛妄空談的假議題，因爲這方面的任何論辯都是空洞、毫無意義：如果結論是否定的，那將會無可置信，對我們也毫無影響；如果結論是肯定的，同樣也是毫無影響，完全沒必要。至於因果關係的問題，他寧可選擇去追溯我們對於外在世界之**觀念**和**信念**的起源，揭顯該等觀念和信念並非如傳統認爲的單獨來自感官或理性，而是從統籌想像的連結原則浮現而來。

首先，宣稱單獨憑著感官，而且是在感官未知覺對象事物的情況下，產生外在事物持續存在的觀念，這明顯就是自相矛盾。再者，由於感官知覺必須透過印象方可直接習得，這在本質上就是有賴於心靈的實體，當然不可能產生獨立於知覺之外的對象觀念。其次，關於理性，休姆指出，一般人相信有一個外在對象世界，而如此信念不可能建立在他們毫無所悉的哲學論述。至於哲學家，由於(1)他們已經建立了一條普遍主張，任何從印象導向信念的推論就是因果推論；(2)從A到B的因果推論，需要觀察到類似A與B事件的恆定交集；(3)我們直接經驗到的就只是印象和觀念，而不是對象事物，因此從知覺導出如此對象事物的因果推論，全都無法得到合理的證成。

和他處理因果關係的討論一樣，休姆放棄把該等基本信念扎根於任何外在於人類本性和施爲的東西，擱置客觀證成的做法，轉而投向詳實描述人們的相關施爲本身。換言之，他尋找與該等信念（亦即相信有外在對象世界）有著恆定交集的印象內在性質。結果找出兩種因素：(1)**恆定性**（*constancy*），**印象之間維持質性相似**；(2)**融貫性**（*coherence*），**循序漸進的變化**。

舉例而言，我離開電腦去回沖咖啡，S_1和S_2分別表徵我離開之前和之後發生的知覺系列。**S_1或S_2內部**，個別的任何差異具有高度的融貫性，主要就是電腦螢幕上逐漸增加若干字。**S_1、S_2之間**，差異甚小，可以忽略不計。休姆設想如下的畫面：在這時間點上，心靈產生了一種潛意識的張力，一方面，這些印象的強烈恆定和融貫促使我們說，S_1、S_2的印象是相同的，亦即數量是同一的；另一方面，我們知道當我離開，知覺已經爲之中斷，因此排除此點可能性。

如何化解此一張力呢？他說，一般人是透過假設一個客觀的因果心理基質（substratum），可以包含獨立於心靈之對象事物，我們被中斷的知覺系列就是從該等心理基質浮現而出。這種方式其實是立基於先述同樣未得證實的舉動，把一系列**未被中斷**的知覺（諸如：S_1或S_2）視爲單一單元，也就是相同的一個對象事物，而不是一系列離散的諸多當下印象。我們有一種自然傾向，會把一系列離散但相似的印象，誤認爲一個連續而相同的對象事物。請注意，休姆以上只在以臆測的方式，描述大自然事物發生的情形，而不是當事者果眞如此投入心力所做的理論思考。他也沒有宣稱，人們有意識地覺察任何如此的思考。

哲學家化解此一衝突的做法，則是建立一種「雙重存在」（double existence）的理論，根據此一理論，一方面，知覺可以容許獨立於心靈之外，而且是短暫即逝的；另一方面，知覺又可以和外在持續存在之對象世界清楚區隔。雖然休姆認爲，如此理論本身不可能從理性方面獲得支持，他還是承認，抽象推論無可避免會導向如此想法，但緊接著就會產生懷疑。人很難不陷入進退失據的困境，一方面人性使然，不由自主就是會相信，有一個外在對象世界；另一方面，我們又有哲學思考的傾向，試圖做出一番解釋，好讓我們的經驗合情合理。相較於同代與前輩學人，休姆獨到之處在於，他並沒有賦予後面這種自然衝動特殊的地位。

同樣地，我們自然而然相信，存在一個獨立於人類精神之外的對象世界，我們也相信，每個人都是個別的**精神實體**（*mental substance*），是一個**自我**（*self*），是我們所有知覺底下的同一實體，並且是該等知覺的來源或容器。但是，感官並不能證成，在時間上連續之自我（得以跨越時間而維持同一）的信念，因爲感官只能揭顯一系列離散的當下印象。

> 這觀念可能從什麼印象得來呢？……但是，自我或人格並不是任何一個印象，而是我們假設印象和觀念所指涉的一種東西。如果，是任何印象產生了自我這樣一種觀念，那麼該印象在我們一生當中必然持續同一而不變，因爲自我理當以如此方式存在。但是，並沒有任何印象是恆定而不變的。
>
> （*T* 251）

和先前處理物質對象的情況一樣，休姆診斷道，我們自然而然，就把一系列恆定且融貫的當下知覺，誤當成一個具有連續性的精神實體。我們混淆了一連串離散但相關連的知覺，而誤將其等同於擁有該等知覺的一個單純的同一東西。然而，內省檢視就會顯明，那只不過是一系列的知覺，別無任何他物：

> 對我而言，每當進入我稱之爲**我自己**的那個最親密的東西時，我總是栽撞上這樣或那樣的特定知覺，冷熱、光影、愛恨、苦樂之類的。沒有任何一次，我能在沒有諸如此類的知覺下，就碰觸到**我自己**。我也從未在觀察到任何東西的同時，卻沒有出現該東西的知覺。
>
> （*T* 252）

這迫使休姆在《人性論》第一卷結尾，只能勉爲其難提出結論如後：自我只不過是一堆知覺，別無他物；這也就是目前我們所知的「**人格同一性化約論**」（*reductionist theory of personal identity*）。他在附錄寫道：「當我把反思對象朝向**我自己**，我從未能感知不帶有某些知覺的這樣一個**自我**；除了知覺之外，我從未感知到任何東西。因此，正是這些知覺的組合，構成了這個自我」（*T* 643）。最後，他提出讓他聲名狼籍的結論：「我可以大膽說，所有的人類也都一樣，不過是一大堆知覺的匯聚，彼此緊緊挨接，無以察覺的迅速，不斷聚合離散，流轉不息」（*T* 252）。

和處理物質對象的情況一樣，我們從一系列恆定且融貫的知覺，自然而然，滑向心靈或自我的觀念。這些關係是建基於相似和因果連結原則（在這兒，空間連續性並不適用，而時間連續性已涵蓋在因果連結原則當中。）在這個例子當中，運作的關鍵是記憶。當然，基於休姆否定物質實體與精神實體，他就需要重新建構記憶的本質。「記得某事件」不能僅止於持有某些永久的心理再現，還必須恆定呈現與原始印象相似的一連串觀念，而且最初的觀念就是由該原始印象所引發。請回想，當我離開電腦去回沖咖啡時，我自然而然設想，我的電腦依舊在原位。同樣地，當思考被睡眠中斷，我們無從反抗也會被導向「填補空隙」，並假設在睡眠過程中，某些東西持續而無有間斷。我們「虛構感官知覺的連續存在，移除該等間斷；並滑向了**靈魂**、**自我**、**實體**的概念，用以掩飾箇中變異」（*T* 254）。總之，我們僅只是感受到一系列知覺（從而發想出一個對象世界）；而且，除了**知覺自身運轉**，從離散的知覺當中，創造出一個有秩序建構的產物，此外別無任何居於上位的東西。

如此的化約論，精神實體的觀念就成爲荒謬不實。傳統上，實體被設想爲，獨立於任何外物或屬性而自足存在的東西。但是，既然所有簡單印象都是「可清晰區分的存在」（distinct existence），那就全都有資格稱爲實體，如此一來，實體的概念就毫無用處了。

> 但進一步而言，依照此一假說，我們所有的特殊知覺又必然成了什麼樣子呢？所有知覺都是不同的，並且可以清晰區分，互相分離，也因此可以分別考慮，分別存在，而無需任何東西來支持其存在。
>
> （*T* 252）

延伸閱讀

1. 本章關於休姆的介紹討論，完全聚焦《人性論》第一卷・第一、三、四章。其中部分主題，休姆的另一部著作《人類理智研究》，有提供較精簡的說明。
2. 有關討論休姆**人類理智**主題的專書，請參閱 Pears（1990）。另外，請參閱 Stroud（1977）第一～六章；Baier（1991）第二～六章；Norton 主編（1993），John Biro、Alexander Rosenberg、Robert Fogelin 等人的篇章。
3. 針對**因果連結**議題的詳盡討論，請參閱 Beanuchamp & Rosenberg（1981）；晚近幾年，關於休姆在這方面的觀點，Galen Strawson（1989）提出重新詮釋，引起頗多爭論；針對該等爭論，Simon Blackburn（1990）提出清楚的評述。

第三章　激情

本章導讀休姆原典

➤《人性論》第二卷 論激情

■第一章 論自豪與卑微

■第二章 論喜愛與憎恨

■第三章 論意志與直接激情

◆第九節 論直接激情

第一節 社會自我

要適切領會休姆對於**人格同一性**（*personal identity*）的觀點，不能單只仰賴《人性論》第一卷的負面結論，甚至也不能以之作爲主要基礎，因爲該部分的討論只是提供一個例子，藉以說明人類理智探究理智自身的情形。其本質上乃是採取早期經驗主義非社會、個體式的出發點，思想家獨自一人致力從感官輸入的基礎上建立起一個世界。此過程，毫不誇張地說，導向其本身的毀滅，不僅止於較顯而易見的唯我論危險，更邁入了自我的瓦解。

就此而言，休姆論稱，人類有一種自然傾向，會相信一個持續存在且獨立於人類心靈的對象世界；但此信念不可能得到合理證成，而且當非自然主義的經驗論推到極致，最後就只剩下一系列的當下知覺，再由想像組合成一個世界，此外別無其他上位者。如此一來，他就被推向一個乍看之下幾乎不太有道理的結論：此一設想創造世界的過程，並不是持續存在且擁有思考和其他心智程序之心靈的產物，而是和該等知覺本身有著相同本體地位的某種東西，以至於終究而言，唯一存在的就僅只是知覺在感知知覺而已。因此，

> 心靈像座劇場，各樣知覺連番亮相，來來去去，流轉不息，交織出無窮盡的斑斕身段和場面。任一時間點，心靈絕無單純可言；跨越不同時間，也無可能同一，不論我們有多大的自然傾向，喜愛想像有如此的單純和同一。我們絕不可因為拿劇場來比擬心靈，以致於發生錯誤的想法。箇中只有接續出現的知覺，心靈就是這樣構成的；對於上演這些場景的那個所在，或是構成該地方的種種材料，我們連一點概念也沒有。（*T*273）

*T*1之後的篇章，休姆從未直接反駁精神實體；不過，對於所有人都只不過是「一堆知覺」的觀點，他也沒有提出挑戰。反之，他擴展了知覺主體的概念，不但包括激情，也納入理智。此舉徹底翻轉了自我和同一性的圖象，不過基於他對於理性限制的堅持，會有如此發展，倒也

不足爲奇。拜爾（Annette Baier）說得頗好：

> 如果，理性是且應該是激情的奴隸，由於理性只是自我諸多「官能」當中的一種，激情則是更重要且占有主導地位的官能，試圖以理性將激情抽象來取得自我的觀念，那樣的自我觀念必然難得確當。
>
> （Baier 1991: 130）

T 1顯示，理性不足以發現純粹笛卡兒論式的自我；到了*T* 2，自我則是置身世界之中。此種發展關鍵就在於激情。這種社會建構的自我，也是反思關切的對象，是與感受自豪、卑微等自我導向之激情的能力一併發展浮現的，且還需要先具備喜愛與憎恨他人的能力。社會生活是滿布鏡子的廳堂，我們在其中歷經無窮盡的彼此反覆凝視與反射，從而創造出共生的自我與他人。如同麥金泰爾所言：

> 因此，要描述每個人的激情，無可避免，得將其視爲人我之間相互回應的一部分。在激情相互往來之中，不論和諧或抗拮，每一自我都將自身視爲諸多自我組成之社群中的一員，各自擁有他人歸因所賦予的人格同一性。此種社群賦予的人格同一性就是從該等激情的描述徵定而浮現，直到激情原始觀念已經不在，人格同一性仍舊保持下來。
>
> （MacIntyre 1988: 292-3）

本章稍後將會解釋，自豪或卑微是將某事物（物體、心理或身體技巧、特質等等）看作是屬於我的，或是和我有某種關係，從而產生快感或苦感的結果。箇中想像的推論，還會受到當事者對於他人讚許或譴責的感受，而獲得支持或增強。對於休姆第二卷描述的人，要能夠經驗到這類和他人觀感有關的自豪或卑微的感覺，他人的存在乃是必要條件，所以不容許開啓傳統懷疑論的「他心」問題。要感覺自豪，就要看到自己成爲他人喜愛的對象。就此意義而言，自我可以視爲一種特殊種類的非個體化二級屬性，因爲「我們的自我，如果獨立於所有其他對象事物的知覺，實際上就一無所是了」（*T* 340）。

第二節　直接激情

T 2〈論激情〉，休姆首先就是回顧檢視，*T* 1開頭提出的心理系統。心理狀態若非**印象**，即是**觀念**。而感覺 vs. 反思印象，在此則改寫爲原始 vs. 次級印象。身體感覺和感覺印象是「原始的」，亦即不是衍生自先行知覺的結果，而是「在靈魂沒有任何先行的知覺產生」，所以必須當成心理學的解釋基礎，因爲其原因的探究乃屬於「解剖學和自然哲學」。

休姆給所有次級印象的集合名詞是「激情」（passion）。此一術語，乃至於其他理論術語，應視爲休姆個人特殊用法，或許不太合乎（當年或目前）日常語言的用法，但我們也無需太過苛責。比方說，他所列舉的「激情」有許多似乎不是特別的「激切熾熱」，但這對於他的理論並無重大影響。休姆稱這些激情爲次級印象，意思是指，激情乃是原始印象衍生而來。激情是「立基於苦感或快感」，可能經由感覺，譬如：感到痛苦，隨即促使人產生想要避開的欲望，或是透過觀念，譬如：光想到痛苦感覺，就引發侷促不安的心情。

休姆把激情分爲**直接**、**間接**兩大類：

> 直接激情，我的理解是，沒有中介而發自善惡或苦樂等原則。間接激情，也是發自這些相同原則，但是同時有連結其他的心理屬性……間接激情包括：自豪、卑微、企圖心、虛榮、喜愛、憎恨、嫉妒、憐憫、惡意、慷慨等等。直接激情包括：欲望、嫌惡、悲傷、喜悅、希望、憂懼、失望、安全。
>
> （*T* 276-7）

雖然，直接激情有遠爲更簡單的原因基礎與心理結構，休姆選擇把《人性論》第二卷的前兩章，專注探討間接激情，直到第三章接近結尾，才呈現直接激情的主要討論。我在此處不會遵循如此的順序。

直接激情的清單，第一件引人注意的就是，激情兩兩成對，其一與快感有關，另一與苦感有關。這種成雙成對的激情，我在本書以「苦／樂雙極」（hedonic opposites）稱呼之。當原初的快感／苦感襲上心頭，明確而無可迴避，我們就會分別感受到**喜悅**／**悲痛**（*joy-grief*）。當情況不是那麼明確，亦即兩種方向都有可能，我們就會衡量哪種結果可能性比較大，從而感到**希望**／**憂懼**（*hope-fear*）。休姆形容此兩種心理狀態混合著喜悅／悲痛，心情沒辦法平靜下來，在兩種潛在可能結果之間起伏不定。**欲望**／**嫌惡**（*desire-aversion*）則是產生於「單純構想」，也就是抽象思索某狀況，而觀念中該等狀況並沒有真正發生。所以，欲望／嫌惡，有別於其他直接激情，當中區別約莫相應於第一卷當中單純**構想**／**相信**的差別。

除了苦感和快感之外，直接激情還可能產生自若干種朝向他人或外物的心理基本衝力，包括：「欲求敵人受懲罰，希望朋友得到幸福快樂，還有飢餓、性欲，以及其他若干的身體欲望」（*T* 439）。這兒可能需要略施寬容，才得以保住休姆立場連貫一致。前引文把「欲求敵人受懲罰，希望朋友得到快樂」，歸類爲直接激情。但是，本章稍後會看到，他早先的**間接**激情清單當中，**憤怒**和**慈善**分別定義爲，欲求傷害降臨敵人，以及希望朋友得到快樂。事實上，這一對衍生型的間接激情，是憎恨和喜愛的後續結果。在此，能夠保住休姆連貫一致的唯一方式就是，當作他是在討論不同類型的欲望和嫌惡。所以，人們或許可以說，憤怒和慈善這兩種間接激情，具有動機的主動性，欲求降下禍害或福樂給特定人；另方面，在直接激情的章節，則是討論較爲抽象的欲望，比較適用於假想的情況，而不是具體的人或事。有一點值得注意，他將欲望－嫌惡的描述，和意志的討論放在一起來處理，似乎是有意要做對照：「**欲望**發起於單純的福，厭惡發起於禍。當身心行動可能達到趨福避禍的目的時，**意志**就會發動起來」（*T* 439）。

意志是導向我可能主動完成的快樂，或可能設法避免的痛苦。不論趨樂或避苦，都是我立即就能掌握的。它有一種非常主動的感覺，不只是「純粹想要做某事」，而是有意現在就去做。所以，欲望和嫌惡是被動狀態的經驗，是影響我動向的激情；相對地，意志的印象則具有主動性，視自我爲立即促成事件發生的動力來源。我會在下一章再來討論意志的主題。本章接下來，將會專注於休姆關於間接激情的長篇討論。

第三節　自豪和卑微

間接激情可分爲基本型和衍生型。基本型包括：自豪／卑微、喜愛／憎恨。請注意，如同直接激情一樣，這些基本型的間接激情也可分爲苦／樂雙極。衍生型則包括：慈善、憐憫、惡意等等，是前述兩對基本型在某種境況衍生的結果。這當中，基本型與衍生型的區分，並沒有蘊含簡單、複雜的差別意思（因爲上述全屬簡單例子），只是意指，基本型態是形成衍生型的因果前提條件。

自豪／卑微，在本質上，乃是**自我導向**（*self-directed*）的心理狀態，是因爲和我自己有關的某種事物而感到榮耀或羞恥。休姆定義自豪爲，「當我們在察覺自己擁有某種美德、美貌、財富或權力時，對自己滿意而由衷興起的愉悅印象；而所謂卑微，則是指相反的印象」（*T* 297）。所以，分別而論，自豪／卑微乃是有見於自己擁有高或低自尊，而興起的快樂或痛苦的心理狀態。相對地，喜愛／憎恨則是關於他人而產生的快樂或痛苦的心理狀態。請參見下列圖式：

	愉悅感	不悅感
自我為目標	自豪	卑微
他人為目標	喜愛	憎恨

在此，我遵循休姆原著順序，本節先聚焦自豪／卑微；本章稍後，再處理喜愛／憎恨。我會以自豪作爲範本，來闡明休姆關於間接激情是爲「簡單且齊一之印象」（simple and uniform impressions）的論旨。他開宗明義寫道，如此印象無可分析，也無法定義，我們所能企求的就只能盡力而爲，「列舉伴隨該等情感的諸多條件，以茲標誌」（*T* 277）。不過，話說回來，任何人只要語言能力勝任，對於這些語詞應該都能「形成確當觀念」，畢竟都是日常通用的字詞，意義也相當清楚。只是，他後來卻又進一步說明，自豪和其他心理狀態的因果關係。「我所謂的自豪，是指我們在察覺自己擁有某種美德、美貌、財富或權力時，對自己滿意而由衷興起的愉悅印象」（*T* 297）。換言之，自豪是個人沉思自身擁有的任何愉悅屬性，從而產生的感

受經驗。

如此一來，休姆是否給了自豪一個定義，而他先前不是才說，這是不可能的？確實不是如此，當他說，自豪簡單且不可分析，意思是說，其**現象**性質乃是一非複合物（non-composite），若無親身經歷，絕無可能憑空想像。當他說：「我們甚至不可能，透過文字，再大量的文字也絕無可能，提供恰如本分的定義」（*T* 277），他這意思是指，透過參照有經驗過的**其他**激情，都不可能讓人得知，未曾感受過的激情像什麼。箇中理由在於，激情是簡單印象，不是其他激情建構而來，因此不可能透過重新爬梳想法裡熟悉的激情而獲知。套用羅素（**Bertrand Russell**）很有助於清晰區別的用語來講，要知道激情，就需要直接獲得它們本身，只「透過描述的知識」，例如：針對激情的口語說明或比較，都不足以達成目的。

不過，且讓我們回想，在*T*1，他針對顏色之類的首級印象，也曾做過類似論證。然後，他又往自己理論挖漏洞。他指出，某人從未見過特定色調的藍色，但有看過鄰近其他色調，因而能以此爲基礎，推想該等缺遺色調的確切觀念。如果此說屬實，那對於未曾經驗的激情，應該也有可能透過相似運作，和其他類似的苦樂印象作比較而予以定義，如此豈不是又推翻了原本論點。

不過，容我再次重申，當休姆說激情無可定義，他是採取笛卡兒的立場，特定的心理狀態之所以稱爲激情，乃是持有特定質性的「感覺」，而且只能經由親身經驗而得知。因此，「自豪」的構成要件就在於，感覺到值得引以爲傲的獨特面向「**像什麼**」。但相對地，當他對自豪的描述是從和自我的關係等等來著手，他的用意並不是要作**分析式的定義**，也不是要說自豪本身是什麼。他的用意毋寧說是要提供一種陳述，來說明自豪**產生的因果條件**。箇中關鍵之處在於，在他來看，這兩回事並非同一：說某事物**是如何原因造成的**，並不等同於，說該事物**是什麼**。所以，休姆是說，印象的**主觀性質**，亦即「**像是什麼**」，是不可能化約分析的。話雖如此，我們還是可以描述說明該等因果關係，因爲這些是**客觀**屬性。

只不過，如此一來，可能會導致混淆，因爲當代**確實**有許多哲學家把這兩者等同看待。功能論，最近數十年心靈哲學的顯赫立場，定義心理屬性的方式，就是切入與其他心理狀態的關係，再加上和知覺輸入與後續行爲的關係。雖然沒否定，不同種類的心理狀態可能有清晰分別的性質，但這些並不是決定其本質的要素。換言之，該等性質並不是使心理狀態是其所是的關鍵。

休姆常被指控論述前後不一致，他一方面說，每一種激情都是**獨特且簡單**的印象，但另方面又在不同種激情之間，使用**相似性**的概念。有人或許會抗議，兩事物可爲相似，若且唯若兩者有某些共同屬性。如果兩個不同激情有共同屬性，兩者就不可能都是簡單的，因爲其中必須有一種激情擁有**第二種**屬性，如此這兩種激情才算是不同，可是既然有兩種屬性，當然就不是簡單的了。

不過，休姆拒絕宣稱，相似性需要互相擁有共同屬性。他在〈附錄〉是這樣說的：

> 顯而可見，即使兩個不同的簡單觀念，也可能有相似性，或彼此類似；再者，類似的點或情況，也不必然應該要在它們相異之處，有所清晰分別或分隔。**藍與綠**是不同的簡單觀念，

> 但相較於**藍與紅**，前二者是比較相似的，雖說完美的相似理應排除所有分隔或清晰分別的可能。（*T* 637）

如果，休姆關於相似性不需要擁有共同屬性的說法是錯的，那就算他讓步承認這點，對他的理論也沒有多大傷害。他可以承認，每一種激情若非快樂，否則就是不快樂，所以在其他方面都是獨特的兩個印象，可以在苦/樂方面擁有類似性。這就容許他可以維持原先的主張，每一種激情還是擁有獨特且**自成一類**（*sui generis*）的感覺，在沒有親身經歷過之前，是不足以單純領略到其普遍性的苦/樂感。再者，他也可以承認，清晰分別的激情可以在成因方面擁有共通的元素，好比喜愛和自豪共同擁有一種本質快樂的性質所引發的屬性。此種路線可以讓他的快樂概念，巧妙連結上目前所謂的「家族相似性」（family resemblance）名詞，一種寬鬆的集合名詞，可以涵蓋許多不同類的印象：「在**快樂**這名詞下，我們納入了許多相差甚遠的感覺，彼此間只有那樣一種疏遠的類似，這也是它們可以用同一抽象名詞來表示的必要條件」（*T* 472）。

休姆呈現的論述，還有一點必須略作條件限制。他關於自豪是簡單印象的觀點，不可視為蘊含所有情況的自豪全都無可區分。如同戴維森（Donald Davidson）所言，「這明顯是錯的，因為果真如此，那就無法區分，對自己天資聰穎的自豪，和善待袋鼠的自豪」（Davidson 1980: 278）。在此，我們可以幫休姆稍作解圍，在這兩種激情的經驗之間有主觀的差異，而該等差異乃是源起於原因的差別，分別就是相信自己是聰明的，和相信自己對袋鼠很友善。其次，還有另一種經驗的差異，出現在對自己聰明引以爲自豪和感到羞愧之間，此等差異乃是來自激情本身的差別。

第四節　間接激情的對象與原因

休姆把間接激情的**對象**和**原因**予以區分，「刺激出激情的是原因，激情一旦被激起，引其注目的則是對象」（*T* 278）。自豪或卑微的對象是**自我**，喜愛和憎恨的對象則是**他人**。因此，休姆使用「對象」乙詞，粗略等同於「意向的對象」（intentional object），也就是激情的目標所在。我的自豪或卑微感主要是關於我自己，其他元素都只是跟我有關係而已。所以，我或許會對**我自己**的吉他技巧感到自豪，或因爲對同事口出惡言而感到羞愧。雖然，休姆並沒有明確地說，但他也算很機靈，他所陳述的這些心理狀態，頗爲接近目前有些人所謂的「**第一人稱呈現模式**」（*first personal mode of presentation*），我的自豪感總是因爲**我**所做的某事，而不是因爲他人的作爲。

自豪或卑微的原因，可能是心理特徵、身體特質，或是與個人有關的物質，譬如財產。

> 心靈的每一種有價值的性質，不論出於想像、判斷、記憶，或屬於性情特質，諸如：機智、見識、學問、勇敢、正義、正直，所有這些都是自豪的原因；反之則是卑微的原因。自豪或卑微並不限於發生在心靈方面，而也將對象擴展到身體方面。個人也可能由於美貌、體力、敏捷、體態、熟練的舞技、騎術、劍法，以及在體力勞動和技藝方面的靈巧而感到自豪。還不止於此。往更遠處看時，還包括了一切與我們有絲毫連繫或關係的事物。我們的國家、家庭、兒女、關係、財富、房屋、花園、犬馬、衣服，任何一樣都可能成爲自豪或卑微的原因。（*T* 279）

休姆進一步針對原因內部做出區別，「那些發生作用的**屬性**，以及該等屬性所在的**主體**」（*T* 279）。所以，如果我對於自己的新吉他感到虛榮，這虛榮感的**對象**就是我自己，**原因**是吉他，**屬性**可能包括吉他的設計、美妙的音色，**主體**則是該把吉他被認爲是**我的**。漂亮的吉他本身可能激起喜悅快感，而沒有自豪感。我們可以看到，主體/屬性區分與直接/間接區分之間的清楚連結：事物透過擁有某種能激起直接激情（喜悅快感）的屬性，從而引發喜愛或自豪，且不論後續是否會引發間接激情。原因/對象的區分使我們能夠更清楚看見，爲什麼自豪和卑微會是一種成雙的激情，這兩者構成苦樂雙極，一端是快樂，另一端是痛苦，而且有著相同的對象。

不過，如此說法似乎迫使休姆，必須把自我視爲自豪和卑微的**內容**，因爲事物只有在被認爲**和我有關係**的情況下，才可能引起我產生該等感覺。但是，這就會和另一個宣稱（通常認爲是休姆的主張），激情缺乏任何有意向的內容，相互衝突。我會論稱，他如果眞有如此宣稱，那應該是出於疏忽所致，必須加以反駁，才得以維護休姆理論體系的完整性。

我強調，自豪是當個人認爲某些值得快樂的事物和自我有關而產生的。至於是否有**眞實的**關連，那就不是自豪能否發生的充分、必要條件了。比方說，有可能是我出於幻覺認爲有如此關係，因此誤導別人如此看待我，從而感到自豪。也有可能是我遇到有妄想症的人，他們眞的認爲我才高八斗，所以我就信以爲眞而感到自豪了。還有，我們都知道，有些名人自大張狂，令人不敢恭維，但根本就是名過其實。反之，我或許做了某些理應感到自豪的事情，但卻絲毫無感，因爲可能自覺小事一樁，不足掛齒吧。

還有一個重點必須記住，*T* 2討論的自豪，乃是一種前道德期的心理反應，必須和*T* 3討論的自豪美德，清楚區分。後者是一種獲得**證成**的自豪，得透過非個人或「衆人觀點」，來衡量個人所擁有的特質是否值得引以爲傲。因此，我對於他人讚許我的看法，還得站在衆人觀點來檢視佐證，才算是得到證成的自豪。

所以，社會科學家身分的休姆在*T* 2，只是描述正向自尊感的發生條件。此階段，並沒有試圖作道德評價。他很清楚，這種前道德期的自豪引以爲傲的對象，從道德觀點來看可能惹人反感。比方說，痛恨同性戀的地痞流氓可能因爲成功主導「痛打死同性戀」活動，受到同夥英雄式崇拜，而引以爲傲。

雖然，原因和對象的區分，在理論上，可說完全連貫一致；但是休姆所作的辯論，則有不少商榷餘地。比方說，他說自豪和卑微雙極對立的證明就在於「人不可能同時既自豪，又卑微」（*T* 278）。這話對，也不對。首先，雖然人不可能對於同一事物，同時感到自豪又羞愧；但卻有可能對於同一事物的某些面向感到自豪，而對另外面向感到羞愧。竊賊可能會敬佩自己犯案過程的威風氣概，但也可能對自己造成的傷害感到懊悔。其次，他論稱，我們不可以把自豪的原因和對象等同視之，因爲自豪和卑微是對立雙極，相同原因不可能引發相反結果。

> 由於此等激情既是恰恰相反，且有共同對象；所以，假使其對象也是原因，那麼一旦產生了任何程度的一種激情，同時就不能不激起相等程度的另一種激情來。
>
> （*T* 278）

此一論辯似乎得仰繫於，把自我視爲簡單且不可分割的實體，但這卻是休姆否定的。然而，自我如果不過是一堆知覺的組合，那不同的組合元素就應該會對自豪和卑微的產生有所貢獻（前後序列或同步）。

他描述原因和對象的對比角色，如後：

> 自豪和卑微一旦激發，立即就把注意力轉向自我，並把自我視爲終極目標對象；但這還需要

某種東西才得以發生，那就是僅與這兩種激情其中一種有關的獨特東西，而且不可能同時同一程度激發這兩者。心靈呈現的第一個觀念就是原因（或生產原則），這會激發與之連結的一種激情；該激情一旦激發，就把我們的關注點朝向另一觀念，即自我。在此，激情就處於兩個觀念之間，第一觀念表徵該激情的**原因**，第二觀念表徵其**對象**。

（*T*278）

此一令人混淆的段落，突顯出休姆激情理論當中，現象和意向層面之地位對峙張力。這似乎是說，自豪或卑微可以獨立存在於自我的任何印象之外，且與之有所分明區別，因爲它「使我們的關注點朝向另一觀念，即自我」。這確實看起來像是，他針對自豪和自我之間給予一種因果關係，而且如同*T*1所言，因果總是「分明區別的存在物」。所以，這種說法就使得，自我導向的內容分明區別於自豪本身，因爲自豪的激起是在關注點轉向自我之前。不過，自豪的觀念當然是和自我有關的。當我對自己的音樂創作或演奏感到自豪，這是因爲該音樂**被認爲是屬於我的**。基於這層關係，自我的觀念總是已經包含在他人眼中我的音樂展現之中。

有時，休姆把自豪/卑微和自我的關係，視爲因果和適然偶發的關係，而不是構成性的關係。他認爲，自我的地位就是自豪/卑微的對象，此乃**自然**且**原始**的事實。所謂「自然的」意思是指，那是人類本性的一部分，而不是人爲的選擇或創造。他認爲，找不出反例，因此可說這種自然的地位獲得證實，這顯示他是基於歸納證實經驗本位的假說而提出如此主張。至於「原始的」，則可以證諸，該等激情總是關於自我，此乃不可分析也無需解釋的基本事實。自豪的經驗總是快樂，而卑微的經驗總是痛苦，這也同樣是原始的事實，因此必須視爲人性科學的根本基礎。

休姆想說的，或許可以整理如後：我遇上某些本質讓人有快感的屬性，該等屬性引發我的快感（**喜悅**），由於認爲該等屬性和我有關，快樂因而轉化成**自豪**。休姆以線性方式描述此一過程：快樂→自豪→自我觀念，這可能會有誤導之虞。不過，他意思其實是指，不論是否認爲和我有關，該主體仍然會引起我感覺快樂，這乃是自豪的根本來源。所以，給予快樂的能力和給予自豪的能力，是相互分隔的。如果，我對自己的車感到自豪，那是因爲該輛車有若干激起自豪的性質，是**獨立於我的自豪**之外的快樂來源，即便不屬於我所有，仍然會讓我激起愛慕之情。

這些困惑的根源有可能來自兩種不相容的立場，而休姆似乎都有承認。一方面，他有些論述經常讓人覺得激情是類似首級印象，只具純粹的質性而無有意向內容。另方面，他在區分各種激情時，又運用到意向關連的成語。最寬容的開脫方式或許可以簡述如後：我們可以承認，自豪和自我的概念之間存在一種語意關係，而涉及這兩種概念的若干語句，則有一種邏輯連結關係。不過，如此一來可能還是得宣稱，就外延而言，我們稱爲自豪的印象，既是一種純粹的適然偶發事實，由若干涉及自我參照的事件所引發。因此，有可能，但不必然確實，對他人感受到這種個殊的質性（主觀感覺）。所以，我們所謂自豪的印象，這種不指涉內容的**快感心理狀態**（*qua pleasurable state*），就有可能擁有不同的對象。

休姆斷言，所有人類都有管理間接激情的因果機轉在運作。人性是普遍且恆定的，跨越時間和文化的界線而不變。他認爲，這種普遍性可作爲強有力的證據，支持自豪和卑微的原因機轉乃是**自然的**。但另一方面，原因的多樣化，又使其不可能是**原始的**。換言之，不太可能自然先天就命定，這所有事物能夠各自引發快感，尤其是許多創新、發明，都是在我們之後才出現的。雖然，引發自豪的事物可能有所轉變，其基本因果結構則始終不變，都是源起於看到某種在本質上愉悅的元素和自我有所關連。比方說，吸引人的外貌向來是自豪的一種來源，但判斷標準則可能隨著時空而有所變異。紫色天鵝絨喇叭褲，在一九六七年倫敦，可能讓你成爲時尙圈寵兒，但是來到一九七七年，卻可能淪爲衆人奚落的笑柄。所以，並沒有特定的機轉能夠決定哪些事物必能引發自豪；不過倒是存在一種機轉，立基於「這些激情所共有的境況，並且是其效能所仰繫的」（*T* 282）。此一心理機轉就是印象和觀念的雙重連結關係。

第五節　印象和觀念的雙重連結

休姆關於間接激情之產生最詳盡的解釋，涉及到**印象和觀念的雙重連結**。**觀念**可因相似、鄰近、因果關係，而形成連結；相對地，**印象**要形成連結，則只能經由主觀性質的相似。休姆引介此理論時，完全專注在苦樂層面的相似，如後段引文所示：

所有相似的印象都連繫在一起，一旦其中某一印象發生，其餘就立刻尾隨而至。悲傷、失望之後，憤怒就升起；發怒之際，忌妒隨即襲來；忌妒緊跟著就是惡意；惡意之中，悲傷又浮上心頭，直到整個循環完成爲止。類似地，當我們心情歡欣亢奮時，自然而然就進入喜愛、慷慨、憐憫、勇敢、自豪，以及其他類似的情感。

（*T* 283）

間接激情產生的條件

間接激情的原因必須有能力，在旁觀者產生快感或苦感的**直接**激情，姑且不論之後能否產生另一間接激情。如果之後有間接激情產生，就必須在苦樂層面類似於該直接激情。比方說，如果激情的原因是某種能夠讓遭遇者激發**快感**的屬性，這就會局限後續而起的間接激情，只能是自豪或喜愛。同樣地，如果旁觀者產生不安感，那間接激情就只能是卑微或憎恨，端賴該對象是自我或他人。所以，再次重申，**印象的連結**在於原始直接激情和後續間接激情之間的苦樂相似性。

間接激情產生的第二個條件是，**觀念的連結**，這要求獨立的快感或苦感必須被視爲與某人有關。如果這人是我自己，那我就會感到**自豪**；如果是別人，我就心生**喜愛**該人之情。

> 我們可以說，任何性質若屬實，且其本身不能使擁有者內心產生自豪感，那麼就不會有人因爲擁有該等性質而獲得讚許……因此，可以確定，當一個人在旁人欽佩的觀點下看待自己時，依照上面的說明，他首先會獲得一種旁觀的快感，隨後就會油然產生一種滿足的自豪感。
>
> （*T* 320）

總之，間接激情的原因必須能夠產生某種快感或苦感（以引發印象的連結），並且和自我或他人有所關係（以產生觀念的連結）。所以，初始的快感產生自豪，是通過(1)快感和自豪的苦樂相似性；(2)主體和自我的因果關係。

我的阿曼尼西裝，純粹就其本身來看，由於剪裁精湛、布料高級，因此能產生討喜的印象。即使我不考量是否爲我所有，仍然可以感受如此的感覺。不過，當我考量到這不只是某件西裝，而是**我的**西裝，我的自我印象就會由此產生，成爲這件服裝呈現模式的一部分，而原先的印象也就會轉化成自豪。

在此階段，休姆只有描述最簡單、最基本的自豪、卑微例子。我們很快會讀到，這些激情可以和其他間接激情交互作用，而在人群中產生複雜的互動反應。他很清楚，許多人可能不會對我的西裝，做出如我描述的那些反應，反而可能因此而對我抱持憎恨、嫉妒或鄙視的態度。他知道，受「僧侶美德」宰制的任何人，應該都會認爲我深陷虛榮罪孽。比方說，當代清教徒可能會認爲，布衣襤褸才是敦厚眞誠者該有的面貌，講求衣著美觀則顯露品格膚淺，他們在鄙視我的同時，心中也會浮現自命清高的自豪感。我稍後會再回來討論這些議題。

我們引以爲自豪的，除了自己的特質、能力、成就之外，也可能擴及與我們有密切關係的人士。顯著的例子就是，爲人父母者以子女的成就爲榮。事實上，自豪的感覺也可能發生在與自己沒有特別密切關連的人事物。比方說，我記得小時候，一九六七年，格拉斯哥塞爾提克贏得歐洲盃冠軍，那可是全英國第一次的紀錄。即便我還沒有機會親眼見過家鄉的這十一位英雄，在我心目中，他們就是我的球隊，而他們的榮耀當然滿溢投射到我全身。所以，只要能夠找出某種重要的連結，即便是相當牽強的關係，陌生人的成就也可能讓我們感到自豪。

第六節　自豪產生通則的配合條件

至此，休姆已經提出通則如後：「任何事物凡與我們有關，且能夠產生快感或苦感，隨之也會產生自豪或卑微感」（*T* 291）。換言之，任何本質能引起快感的事物，當我發現和自己有關係，就可能引發自豪感。不過，在 *T* 2/1/6，他就對此作出條件限制，他說還需要其他因素配合，才有可能發生。

通則的配合條件

第一，更密切的關係

單純暴露於某些愉悅的事物，可能讓所有人引發「喜悅感」，但要產生自豪感，則需發現自己和該等事物有更密切的關係。休姆舉例說，宴會上，所有賓客都會感受到喜悅，但只有主人會感到自豪。

第二，稀罕性

對象事物必須有**稀罕性**，自豪會與特殊程度成正比：「愉快或不愉快的對象，不但要與我們自己有密切關係，而且要爲我們所特有，或至少是只屬於我們少數人所擁有」（*T* 291）。判斷對象的稀罕性與自豪的關連時，休姆訴諸**比較原則**，「大多根據於比較，而較少根據其內在實質的優點」（*T* 291）。我的阿曼尼西裝讓我感到自豪，不純粹是因爲布料高級，剪裁一流，或是突顯我卓越不凡的品味，或是讓人誤以爲我財力高人一等，而是因爲讓我在典型大學校園恐怖衣著的環當中脫穎而出。相對地，許多事物會讓人心生喜悅，但不會有自豪感，原因就在於那些乃是常態。休姆舉例說，人們通常不會因爲健康而感到自豪，即便這比起衣著出衆還要更重要得多。事實上，人們會爲健康而感到自豪的唯一情況就是涉及某些不尋常的因素。比方說，百歲長者或是癌症倖存者、器官移植手術患者。

第三，他人認同

對象令人讚佩的性質，不只自己覺得如此，也必須他人認同。「我們在他人眼裡如果是幸福、有品德、有美貌，我們便會想像自己更爲幸福、有品德與美貌」（*T* 292）。休姆可能是首位確認，自我形象與他人看法之間的複雜共生關係，稍後討論同情機轉時，我會再來檢視此一議題。休姆當然不會否定，人們也可能對於不爲人知的成就感到自豪，他要求的是，一旦他人知悉了，必須對其表示讚許。這兒更深層的重點在於，要產生自豪的感覺必須知道自己是他人眼中讚許的對象。

第四，自我與自豪對象的關鍵性質關係必須相對穩定且持久

「似乎有些可笑，某些事物的存在的時間非常之短，並且只在我們一生當中短暫伴隨我們，而我們居然就從如此對象產生優越感」（*T* 293）。這可能有點奇怪，怎麼會對某種純粹「僥倖」或天外飛來的事物感到自豪呢。假設有足球員對自己踢進決賽致勝球感到自豪。這一踢頂多幾秒鐘的時間，而整場球差不多兩個小時，但自豪的眞正來源就在這幾秒鐘的表現，因爲這決定性的一踢才是決定稱冠的展現，也是值得恆久歌頌的關鍵屬性所在。這也鋪陳了*T*3一項重要主題的基礎：道德稱許或譴責的首要主體是個人的品格，行爲是否值得稱許或譴責，終究取決於是否發自當事人的恆定品格特質。

第五，「通則」可能受文化差異影響

能夠產生自豪的特定質性，會因文化差異而有所不同。比方說，在某地方稀罕的東西，換到別處，不見得也會同樣稀罕。因此，不同文化的人就不可能先驗確定哪些特徵必然可以引發自豪。休姆補充說，即使對人性有徹底了解的人也無法應付如此問題，因爲這涉及到約定成俗或慣例，箇中毫無道理可言。對於自己的。休姆舉例說，有人長久以來把快樂建立在財富之上，連帶也成爲喜愛和自豪的連結對象，這樣的人就會對有錢人抱以敬佩之心，即便該等富豪不見得有因爲自己的財富而感到快樂。

自豪的三種來源

自豪的三種來源：令人愉悅的心理特質、身體特徵、物質財物。

1. 心理特質：這是三種來源當中最重要的。在可能引發自豪的心理特質當中，最顯著的則是對於我們「*virtues*」的肯定。在*T* 2，休姆使用「virtue」，不是*T* 3專指道德意涵的「**美德**」，而是取其「**優點**」的意思，不限於倫理領域的美德，還包括：「我們的機智、幽默或其他任何成就」（*T* 297）。再者，「vice」則約略等於心理方面的「**缺陷**」、「**缺點**」，而不是專指「**悖德**」。

2. 身體特徵：休姆表示，「舉凡有用、美好、或令人驚奇的」（*T* 300）都有可能讓我們

引以爲自豪。這兒訴諸有用、美好的屬性，重申他的立場如後：我們自然會讚許那些本質會讓人感到愉快的事物，或是能夠確保獲得該等事物的可靠途徑。至於驚奇，定義是，「由新奇所引發的一種快感，此外無他」（*T* 301）。他這宣稱不是說，任何不尋常的身體特質都可以引發自豪，而是只有那些能夠滿足其他兩項標準的事物才可能有此效應。同樣稀奇的特質，如果令人不舒服或無用，就可能引發卑微感。所以，比方說，象人就屬於這樣的例子，任何人只有經由比較原則，慶幸自己沒有他那樣慘不忍睹的外貌，才有可能從中感受到幸災樂禍的快感。

3. 物質財物：在這方面，自豪產生的時機是，「當外在事物取得與我們的任何特殊關係，而與我們結合或連繫起來時」（*T* 303）。這兒的關係可能是因果或鄰近性，因爲物質和我們個人之間並沒有相似性，可作爲原始的自豪來源。比方說，我感覺自豪是因爲我和某位偉人有些類似，但相似本身並不是我自豪的基礎，因爲值得自豪的是該等類似的性質。

> 我們不會因爲在瑣碎細節方面與某人類似，而感到虛榮自負，除非該人擁有某些輝煌特質，使我們尊敬、景仰。因此，確當而言，這些特質是因爲與我們有關，才成爲我們虛榮自負的原因。（*T* 304）

物質產生自豪的最普遍方式就是透過所有權的關係。休姆給的財產定義，明顯具有因果意涵：「財產或可定義爲：**人與物的一種關係，此種關係當中，在不違反正義法則和道德公平的**

範圍內，允許個人自由使用並占有某物品，並禁止其他任何人有同等權力使用和占有該物品」（*T* 310）。因爲財產本身是自豪的一種來源，同樣地，取得財產的權力因而也是自豪的一種來源，因爲想到如此的權力就會聯想到，行使該權力進而取得財產而產生的快樂，「這種快樂的預期本身就是一種很大的快樂」（*T* 315）。

第七節 同情

本章開始時，曾提過，自豪有賴於他人的讚許。這種讚許傳達的途徑則是同情（*sympathy*）的機轉：

> 但除了自豪和卑微的這些原始原因之外，還有一種次級的原因，那就是他人的意見，這對於激情也有相等的影響。我們的名譽、聲望、名聲，都有極其重大關係的一些考量。甚至自豪的其他原因，諸如：美德、美貌、財富，如果沒有他人的看法和意見配合，其影響力也就很小了。（*T* 316）

同情是同理心的能力所構成，能偵測他人的心理狀態，從而感知類似該人的經驗。舉個頗有助於理解的類比例子：印度西塔琴有所謂的主弦和「共鳴弦」（sympathetic strings），撥奏上層的主弦，下層的共鳴弦就會產生共鳴。所以，我們可以說，同情容許我們對他人的內心狀態產生「共鳴」。即便沒有眞正看到受難者，只要想到該人，就可能發生同情的反應。甚至讀小說也可能引起同情反應，雖然這類例子得預設先有基本情況的同情反應能力。

> 一般而言，我們可以說，人們的心靈是相互反映的鏡子，這不但是因爲心靈相互反映情緒，而且是因爲激情、心情、意見的那些光線，可以多次相互反射，並且可能淡化到不知不覺的程度。（*T* 365）

同情是我們在看到或想到他人時，內心模擬該人當下經驗的能力。當中涉及**想像**的操作，主要印象（諸如：顯示痛苦或快樂之行爲的印象）會引起關於他人經驗的觀念，進而轉化成相應於該等看到或想到之狀態的苦/樂印象。同情不是我們有意欲所做的行爲，而是不由自主自然發生在非反思的層級。同情不是理性的產物，例如：基於某人行爲表現，歸納推論其內心狀態，也不是刻意操用想像來設身處地的那種心理歷程。（雖然，我們稍後會讀到，這種設身處地的想像在道德判斷當中確實占有一席之地。）

> 當任何感情經由同情注入心中時，最初認知的只是其結果，以及表情和談話中傳遞該等感情觀念的外在標誌。該等觀念當下轉變爲一個印象，並取得足夠大程度的強力和活潑性，使其變爲該等情感自身，得以引起同等的情緒反應，就如同任何原始的情感一樣。
>
> （*T*317）

同情機轉的運作歷程

舉例而言：對於某人煩躁不安的同情反應，其運作歷程大致描述如後：

1. 我看到某人的行爲表現流露出心情不安的自然且可靠指標。
2. 我形成該等心理狀態的觀念。
3. 在這兒，相似原則上場了。所有人彼此都有高度的相似性，因爲大家都同屬於人類。因爲「我們的自我總是密切對我們呈現」（*T*320），看到某人心情不安，促使**我自己**也感到同樣不安的觀念。換言之，我會被感動乃是因爲看到**像我的某人**正在受苦。
4. 此想法引發的額外痛苦，「活潑化」原初的觀念，使之轉化成一種印象，促使我感受到一種類似我原初感知他人所經歷的不安。「在同情中，顯然有一個觀念轉化爲一個印象，這種轉化是從對象與我們自己的關係發起的」（*T*320）。

不過，同情不是**無偏私的心理機轉**。雖然，人類的相似性容許彼此有基本程度的同情作用，但是超出基本強度以上，則與三類連結原則呈現相對比例的消長。換言之，我們自然比較容易和相似的人產生同情作用；同樣地，對於和我們處於時空連續、因果關係的人，也有類似效應。最顯著的例子就是，我們對於親朋友好的苦難，比較容易感同身受，對於遠在世界另一端的陌生人，相對就比較不容易發揮同情心。

> 我們與任何對象的關係越強固，想像就越容易轉移，而將我們形成自我觀念時經常帶有的那種概念的活潑性，轉送到相關的觀念上。
>
> 類似關係並不是產生這種效果的唯一關係，而是也能由可能與之相伴的其他關係得到新的力量。別人如果與我們距離很遠，那麼他們的心情對我們的影響就很小，需要有鄰近關係，才能把該等心情完全溝通給我們。血緣關係因爲是一種因果關係，有時也可以促成這種效果；相識關係與教育、習俗也起著同樣的作用。
>
> （*T* 318）

同情是一種心理機轉，藉此可以達成知覺（激情或意見）的溝通。事實上，休姆後來即稱之爲「同情或溝通的原則」（*T* 427）。同情本身並不是激情，因爲不具有清晰分明的本質屬性。所以，如前所述，不可將同情混淆成憐憫。依溝通的心理狀態不同，同情可能產生快樂或痛苦。同情對於個人**意見**的影響顯見於同儕團體壓力的現象：我們的觀點會因爲重複曝露於身邊人士的意見而受到影響，以致於很難維持獨立觀點。不過，這種機轉在情緒強烈的例子上特別顯著。比方說，如果你出席某人的喪禮，你和該往生者並無深交，聽聞他過世的消息也沒有讓你特別難過，但是看到喪家親友悲慟的情形，你不由自主就跟著悲從中來。換言之，同情作用在溝通類似的苦樂狀態方面是有相當局限的。比方說，如果我看到有足球員摔斷腿，我的腿部並不會傳送激烈神經衝動到大腦。或許我會感到急遽的不安感受，強烈到足以讓我身體也感到不舒服，但我的腿並不至於會跟著痛不可支。

更複雜的衍生型例子可能涉及苦/樂雙極的反應，箇中涉及**比較原則**。比方說，與精明幹練的成功人士爲伍，同情機轉會使得我感受到她的優越自尊，相形之下就會產生自慚形穢的不好感覺。稍後，我會再回來討論這方面的議題。在此，箇中關鍵就在休姆的如後體認：我並不只是直接觀察自我特徵，而是經由同情機轉，感知他人對我特徵的觀感，如此才產生自豪或卑微的感受。箇中有一種複雜的回饋機轉在運作，我們經由感知他人對吾人的讚許或譴責，從而建構或轉化自我概念。所以，如同休姆在*T* 2/2/5的討論，同情的效應會產生迴響：透過同情的共鳴效應，我會感同深受體會到富人因其財富而來的快樂；因爲我對他財富的肯定流露出的喜悅、敬佩、喜愛之情，使他原本的快樂和自豪又隨之向上翻升。而這點又會進一步讓我更看重他的財富。

> 因此，可以確定，當一個人在欽佩者的眼光下反視自己時，依照前述說明的假設，他首先會感到快樂，隨後又產生一種驕傲或自滿的感覺。在這種情況下，我們接受他人的意見是再自然不過了：一方面，經由**同情**，這使他們的心情全部密切展現於我們心上；另一方面，經由

推理，這使我們認爲他們的判斷就是其肯定事實的一種論證。（*T* 320）

我強調，在休姆來看，傳統懷疑論的「他心問題」，並不構成眞正問題。相信社會世界乃是人類的本性，因此得視爲理論之根基，不可能也不需要進一步證成其正當性。透過同情機轉，我可以偵測或模擬他人對我抱持的想法和感覺。或許有人會從理論角度指出，旁觀者只能直接觀察他人的行爲，而無從透視其想法，但是我們的自然經驗的社會世界，卻是充滿他人，這些人有著想法、感覺、情緒等等。

第八節　喜愛與憎恨

T 2第二章的結構和主題，與第一章類似。自豪與卑微是以自我爲對象的苦樂雙極間接激情；相對地，喜愛與憎恨則是以他人爲對象。和前述自豪與卑微的情形一樣，休姆使用間接激情一詞乃是技術性的用法，分別對應於對自我或他人的重視或輕視。就此而言，喜愛某人就是

因爲其個人特質而報以重視的觀感。如前所述，此等間接激情簡單得無從加以「定義」，只能透過直接體認才得以知悉，但是這樣一種語言的運作是不必要的，因爲「透過我們平常共通的感覺和經驗就得以被人充分認知」（*T* 329）。喜愛與憎恨的原因恰恰就是產生自豪與卑微的相同屬性。任何品格特質、身體特質或物品，若爲我所有，則可引發自豪，若爲他人所有，則會相應產生對該人的喜愛感。換言之，要產生喜愛與憎恨感，也需要相同歷程的印象和觀念雙重關係，唯一差別就在於，觀念連結相關屬性的對象是他人而不是自己：

> 自豪和卑微的直接**對象**是自我，或我們親密意識到其思考、行爲和感覺的那個同一的人格；而喜愛和憎恨的**對象**，則是我們意識不到其思考、行爲和感覺的某個他者。
>
> （*T* 329）

休姆提出一系列的思想實驗，用以證實印象和觀念的雙重關係假說：間接激情的產生需要以下兩條件：(1)原因必須和當事人有某種密切關係；(2)本質能夠產生快感或苦感，且獨立於任何如此的關係。

實驗一

想像你和一個陌生人，來到一塊石頭或某「普通物體」之前。在此情況下，沒有任何間接激情會產生，這是由於：(1)此物和我們兩人沒有任何關係，因此不會產生觀念連結；(2)這石頭太稀鬆平常，以至於沒能產生任何快感或苦感，所以印象的連結也就不可能啓動。

實驗二

現在，假設該石塊屬於我或同伴所有，因此「與激情的對象取得了觀念的一種關係」（*T* 334）。不過，要形成印象的連結還有個絆腳石得跨越，因爲這石塊本身沒有能力產生任何直接激情，因此也阻礙了任何間接激情的發生。

實驗三

現在，反轉前述境況：假設我們發現某漂亮事物，且與我們兩人都沒有任何關係。比方說，我們路過一處瀑布。這優美的景色或許能引發愉悅感，但是與我們兩人缺乏任何親密關係，這就會阻礙直接快感轉化成自豪或喜愛。

實驗二、三的例子證明，**單獨**只有觀念連結或印象連結，不足以產生間接激情。下面實驗四闡明，這兩個條件必須**同時**呈現，才足以產生間接激情。

實驗四

以下幾個例子當中，個人的品格特質分別涉及以下情況：

首先，假設該項人格特質是美德：

(1) 若是我擁有，我就會感覺自豪。

(2) 若是我同伴擁有，我就會感覺愛她。

其次，假設該特質是悖德：

(3) 若是我擁有，我就會感覺卑微。

(4) 若是我同伴擁有，我就會感覺憎恨她。

當對象換成身體特徵或個人擁有的物品，也會產生相對應的結果。

接下來，我僅扼要陳述其他的實驗，簡介這四類基本間接激情的交互作用，特別是自豪從喜愛衍生而來的條件。

實驗五

假設我同伴不是陌生人，而是「有血緣關係的親戚或朋友」（*T* 337）。就說是我兄弟好了。現在，讓我們設想實驗四的例子(2)。我對我兄弟心生喜愛之情，因為他是我兄弟，而他值得引以為榮的優良品德，引發我對他的喜愛之情。我感到自豪，因為我兄弟擁有該等令人欽佩的特質。在此，喜愛與自豪的印象連結乃是立基於其間的苦樂相似性，而觀念連結則是立基於我和我兄弟之間的因果關係。再者，還可舉與此平行的例子，我兄弟令人嫌惡的品格缺陷，讓我感到卑微，進而導致我對他心生厭惡之情。

> 據此假設，那人和我自己有一種觀念的關係；而以他為對象的那種快感或痛感的激情，對於自豪或卑微又有一種印象的關係。因此很明顯，自豪或卑微的激情必然會由喜愛或憎恨衍生而起。（*T* 338）

實驗六

現在，休姆就面臨一種不對稱性，亦即雖然喜愛可能導向自豪，憎恨可能導向卑微感，但如此轉移作用通常不會反向發生。比方說，我因個人優點而產生的自豪感，並不會因此增強我對親友的喜愛；但是當我意識到他們的優點，卻會讓我的自尊或自豪感隨之上升。箇中涉及的雙向關係都是對稱的（例如：x 若是 y 的血親，y 對於 x 的關係就相等於 x 對於 y 的關係），然而前述不對稱性何以可能發生？

休姆試圖以其連結原則來解釋此一異例。由於「我們在任何時候，都密切意識到自我」（*T* 339），這種自我意識的活潑度，比起甚至是最強的對於他人的同情作用都要來得更大些。換言之，因爲「想像難以由鄰近轉移到疏遠」（*T* 346），想到和我有關係的任何人會聯想到我自己，這遠比反向聯想要來得容易許多。

> 某人若是我兄弟，反向而論，我當然也是他兄弟。這類關係雖是雙向對等的，在想像上卻有很不相同的作用。想到和我們有關係的任何人，再進而想到我們時刻意識到的自我，這過程順利且通暢；但是當激情轉向我們自我時，則想像便不能同樣順暢遞移到其他任何人，不論那人和我們有多麼密切的關係。
>
> （*T* 340）

關於自豪與喜愛之間的不對稱傳遞，有一個明顯的例外，那就是自尊的原因是認知到某人對我們抱以敬佩之情。如此一來，自豪就會促使我們去喜愛該等人，因爲他們是導致我產生自豪的部分原因。休姆頗爲滿意，這對於他的理論體系不算是眞正的例外，而只是通則之外的特例：只要他人讓我們感覺良好，我們就會喜歡他們。

> 沒什麼比這更明顯了，我們對於任何人的好感或惡意，其程度深淺都是與我們由該人所獲得的快感或痛感成正比，而且該等好惡感亦步亦趨隨著該等苦樂感起伏變化。任何人只要通過其服務、美貌、或奉承，而有益於我們，或使我們感到欣喜，就一定能博得我們的喜愛。（*T* 348）

這兒，已經簡單觸及了，關於間接激情的產生需要有「觀念和印象的雙重關係」，此一通則的一個明顯例外。對於他人的喜愛之情，特別是有血緣關係的親人，可以只通過此等關係，亦即只需要觀念的連結即可。此種無條件的喜愛，還會隨著關係的親密程度，呈現正比的效應。因此，

> 喜愛可以單獨由一種獨特的關係，即我們自己和對象之間的關係，而激起……不論是什麼人，只要與我們有某種關係連繫，就總是會依該等關係遠近，而博得我們成正比的喜愛，當中並不考慮其他性質如何。（*T* 352）

我同意奧達爾（Ardal）的看法，休姆似乎忘了他是把「喜愛」當成技術性語詞來使用，代表對於他人品德或其他優點的正向評價，而不是日常用語所指的那種「愛」，純粹基於親屬或其他親密關係，而**不考慮其他品格優點**。

「權力、財富」對於自豪、卑微感有強大的影響，同樣地，這些也是導致喜愛或憎恨他人的顯著原因：「再沒什麼比個人的權力、財富，更容易使我們對其人尊重；也沒什麼比貧窮、卑鄙，更容易引起我們對他的鄙視」（*T* 357）。關於喜愛與社會地位的相關，休姆考量三種可能的解釋：⑴可能是立基於若干持有物令人「愉悅」的本質，從而導致經由「雙重連結」而對該所有者的讚許；⑵我們對於有錢有勢者的正向觀感，可能衍生自希望或期待，我們個人能夠從他們身上獲得某種利益；⑶可能是立基於同情機轉。

休姆拒絕第二種理論解釋，理由有二：⑴我們可能對古人或某些人抱持高度景仰，但完全沒有可能從他們那獲得任何個人利益；⑵任何因果推論必須立基於該等關鍵特徵的恆常交集，但是富人可沒有隨便散財於人的習慣，我們幾乎不太可能受惠於如此慷慨雨露均霑的經驗，這也就排除了我們會抱持如此的自然期待。「在我所遇到的百位名人、富人當中，或許沒有一個人我能期望從他身上沾到任何利益，所以顯然任何習俗都極不可能出現如此的期待廣爲流行」（*T* 362）。

他認可第一種解釋的論點：我們在看待他人所有物時，經驗到的快感，會因此延伸成我們對該人的讚許。不過，他堅持，這類例子要順利完成觀念與印象的雙重連結，還需要有同情的運作。**我們的**快感是因爲我們知覺到，**該人**在其境況中的**自身**快感，而激起的。

總而言之，透過**同情**作用，我們得以體會富人、窮人的心情，分享他們的快樂和不安；除了**同情**原則之外，不再有什麼能使我們仰慕權力和財富，鄙視卑賤和貧窮。財富給予其所有者滿足感，這種滿足感通過想像傳給旁觀者，在此等想像中，產生一種強力和活潑性都與原始印象相近似的觀念。此一愉悅的觀念或印象連結到喜愛，此乃一種令人怡悅的激情。這過程是從一個有意識的能思者開始，那正是這喜愛激情的對象。而此等激情也就是由印象的關係，以及觀念的同一而激起的。

（*T* 362）

第九節　同情機轉與比較原則

現在，休姆轉向「複合激情」（compound passions），當中有四種基本的間接激情，會與衍生型激情「交集」出現。以「複合激情」稱之，或許會招致些許誤解，因爲休姆堅持，這些激情如同基本型的激情一樣**簡單**。在此，他將激情比照顏色，譬如：紅色和黃色可以混合成爲同等簡單的橙色。自豪/卑微與喜愛/憎恨之間的一項差異在於，自豪/卑微是「本身自足的」，是「靈魂中的純粹情緒，不伴隨有任何欲望，也不直接刺激我們付諸行動」；相對地，喜愛/憎恨，「本身並不是自足的，也不止步於其所產生的那種情緒之中，而是把心靈帶向更遠」。

慈善與憤怒

喜愛自然導向**慈善**（*benevolence*），「欲求所愛者得到幸福，以及不喜歡他遭受不幸」；相對地，憎恨則是恆常交集於**憤怒**，「欲求所恨者遭受不幸，以及不喜歡他得到幸福」（以上引文皆擷取自*T* 367）。和先前一樣，這轉移的背後也有觀念和印象的雙重連結在運作。比方說，喜愛與慈善有相同的對象，而且在苦樂雙極上同屬於近似的快感類型。

憐憫與惡意、忌妒

慈善／憤怒有一對仿效的「翻版」，即**憐憫**（*pity*）／**惡意**（*malice*），箇中差異在於**憐憫**／**惡意**不是衍生自特殊關係：「憐憫是對他人不幸的悲憫關懷，惡意則是對他人苦難的幸災樂禍，而且該等悲憫關懷或幸災樂禍並不是伴隨任何友誼或敵意而引起」（*T* 369）。另外附帶一提，**憐憫**也稱爲**慈悲**（*compassion*）。雖然他宣稱，「此兩種激情可能發諸於次級原則」，其中憐憫可以用同情機轉單獨而給予充分的解釋，是發諸於純粹同屬人類對於任何人的基礎層級同理心。

> 對於與我們有關的每樣事物，我們都有一個生動的觀念。所有人類都因相似，而與我們有關。因此，他們的人格、利益，他們的激情，他們的苦樂，必然以生動的方式刺激我們，生

動的觀念很容易轉化成印象，從而在我們心靈產生與該人原始情緒相似的情緒。一般而言，此點果眞屬實，那對於苦惱和悲哀來說，就更是如此。相較於任何快感或歡愉，苦惱和悲哀總有一種更爲強烈且持久的影響。（*T* 369）

相對而言，休姆關於惡意的陳述說明，除了同情機轉之外，還涉及比較原則。我會介紹說明這兩項程序的差異，對照呈現兩者在本質上都各自偏於局部，且有所扭曲失眞。一方面，同情將他人的激情或態度傳移給我，我後續激情的對象即是該人，且以非關係的方式來考量之。雖然同情運作的程度，以及我後續激情的強度，有賴於我和該人關係的親疏，不過我自己並沒有進入該激情本身的**內容**。另方面，比較原則乃是以人我關係的形式，將該人呈現在我心靈。換言之，採用弗雷格的術語，我是包含在該心理狀態本身的呈現模式當中：在其中，我將該人與我自己在某特定方面進行比較，結果發現我不如她，因此對她萌生敵意。所以，現在看來，似乎休姆不止必須承認，此等激情有意向內容，他還必須讓該等內容包含更多「細緻紋理」的實質材料，而不只徒具指涉功能的指標而已。

休姆的說明似乎指出，比較原則並不是**相對於**同情之**外**運作，而是在其**後面**運作，使其轉向或推翻之。看到自己和他人的比較之餘，要從中產生難過之情，就必須讓自己進入自我比較的自尊領域，而這就需要同情機轉的運作。箇中進程似乎是，我們自然透過同情而意識到他人的內心狀態，再通過比較原則的介入，結果就會萌發負面的衍生激情。

他將這種訴諸「比較而不是根據內在價値，來判斷各個對象」（*T* 372）的傾向，和錯覺相互比較。在錯覺當中，同一對象在不同背景對比之下，其大小或形狀似乎也會因而改變；或是以冷熱體溫不同的手去接觸同一杯水，水溫似乎也會感覺不一樣。同樣地，「對象和其他人比較之下，也會顯得較好或較差」，惡意就是當我們相較之下不如其他人，感覺自慚形愧的反應：

> 顯而易見，當我們反思自己境況時，滿意或不快的程度會與我們顯得較爲幸運或不幸的程度成正比，也會與我們自認擁有的財富、權力、優點、名譽之程度成正比……因爲他人的苦難，我們對自己的幸福有更爲生動的觀念；而他人的幸福，更突顯我們自身的苦難。因此，前者就產生愉快，後者就產生不快。（*T* 375）

他形容惡意就像是「顚倒的憐憫」（*T* 375），因爲我們沒有感同身受他人的苦難，反而引以爲樂。事實上，他也可以乾脆稱之爲我所謂的「被篡奪的憐憫」（pity usurped），因爲原始的同情反應遭到比較原則劫持，不再讓人們心連心，反而是互相切割、分裂。

比較原則還會產生另一種類似惡意的心態，即**忌妒**（*envy*）。兩者差異在於「忌妒是由別人當下的某種快樂激起的，在那種快樂相形之下，就削弱了我們自己快樂的觀念；相對地，惡意是未經挑釁而想施禍於人的一種欲望，以便由比較而獲得快樂」（*T* 377）。所以，忌妒是關於已經發生的事情，而惡意則是未來導向，且與行動有關。忌妒包含一種負面心態，希望他人遭遇不好的情形，或怨恨他人擁有美好的事物；相對地，惡意則是主動追求不幸降臨該人。在這兩種心態當中，因爲我們在相較之下感到不如人，不喜歡自己看到的狀況，心生羞愧之情而感覺「不快」，因而激起忌妒或惡意的負面激情。

尊敬與鄙視

另一對經由比較原則產生的激情雙極是**尊敬**（*respect*）與**鄙視**（*contempt*），這兩者是涉及同情與比較的混合型激情：

> 在考量他人的特質和境況時，我們可能觀察其本身眞實的樣子，也可能與我們自己的特質和境況相比，也可能結合這兩種方式。他人的良好特質由第一觀點產生喜愛；第二觀點產生卑微；第三觀點產生尊敬，是前兩種激情的混合。同樣地，他人的惡劣特質，則隨著我們檢視的觀點，分別引起憎恨、自豪或鄙視。（*T* 390）

這兒，有種頗堪玩味的轉折，他指出，人們的惡意對象甚至可能朝向**自己**，或更精確地說，朝向過往人生較早時期的自己：

> 對於他人的幸福和苦難，我們可能感到相反的感覺，這也不足爲奇；因爲我們發現，同樣的比較也可以使我們對自己產生一種惡意，使我們對自己的痛苦感到愉快，對自己的快樂感到悲傷。因此，當我們滿意現在的狀況時，過去痛苦的回憶便令我們感到愉快；正如另一方面，當我們的享受今非昔比時，以往的快樂就使我們感到不快。
>
> （*T* 376）

此種「對自己的惡意」並不是指稱任何沉溺於過往的困頓或成就本身，而是著眼於和自己目前境況相較之下對自尊所帶來的增減效應。所以，在前一種情況，我會因爲克服了艱困的處境而感到自豪或解脫；在後一種情況，我會因爲運勢下滑而感到沮喪。我不清楚，休姆爲什麼以**惡意**來指稱這些例子，因爲惡意通常是涉及一種欲望，企盼對象遭受禍害之苦；但是在休姆這些例子中，並沒有欲望的存在。事實上，「對自己的**忌妒**」可能還比較接近這些情況。

休姆接著指出，有關憐憫和惡意的討論似乎產生了違反其連結原則的反例：

> 喜愛或柔情總是混雜著憐憫，而憎恨或憤怒總是混雜著惡意。但我們必須承認，此等混雜乍看之下似乎和我的體系相牴觸。因爲憐憫既然是由他人的苦難而萌生的不安，而惡意是由此而生的快感，那麼憐憫自然應該像其他情形一樣產生憎恨，而惡意就應該產生喜愛。
>
> （*T* 381）

所以，喜愛、慈善和憐憫傾向交集；同樣地，憎恨、憤怒和惡意也是如此。這裡的問題就是，他的「雙重連結」理論，在此之前，一直都是通過苦樂相似性而形成連結。但是，與其理論預測相反，喜愛和慈善的快感卻是連結到憐憫，這是因爲他人的苦難而萌生的痛苦。另一方面，憎恨、憤怒的不悅感則是交集連結惡意，這是因爲他人不幸而喜從中來。所以，憐憫和惡意似乎放錯了位置。

衝力或利益平行方向

休姆爲此特別設計的解決方式，就是在苦樂相似性之外，引進另外一種連結印象的原則。他稱這種原則爲**衝力平行方向**（*parallel direction of impulses*）。雖然，憐憫和憎恨、憤怒類似，都屬於苦感，不過，它也與喜愛、慈善相類似，都對他人的福祉表現出正向的態度；同樣地，惡意和憎恨、憤怒相連結，因爲都抱持希望禍害降臨他人的態度。他運用此一衝力平行方向的原則，來解釋「當我們的幸福或苦難，仰繫於他人的幸福或苦難，此外再無任何其他關係，則慈善和憤怒，以及連帶的喜愛和憎恨，便會油然而生」（*T* 382-3）。他要求我們比較下列兩種情況：(1)你和生意上的對手，(2)你和生意上的盟友。對於前者，你會感覺憎恨、憤怒，因爲你們的利益是相衝突的。對於後者，你會感覺喜愛、慈善，因爲他的成功也就是你的成功。他解釋箇中相關是由於我們雙方利益的「平行方向」。

同情的相反效應

當他指出，同情可能有相反的效應，還得考量同情機轉的強度，這事情就變得更加複雜了。在前述例子，利益的平行方向得考量雙方的長遠關係。同樣地，休姆在此告訴我們，同情傳輸的不只是他人當下的心理狀態，還包括「他人不在現前呈現的痛苦、快樂，這我們只能透過想像來預測」（*T* 385）。他稱這是「完整」或「廣延」的同情：

> 我已經提到，可以使激情傳輸的原因，有二：一是觀念和印象的雙重關係，另一與此類似，即任兩欲望之傾向和方向的一致性，這是由不同原則發生的。現在我肯定說，當我們對於不安的同情微弱時，就會由第一種原因，產生憎恨或鄙視；如果同情強烈時，就會由第二種原因，產生喜愛或柔情。（*T* 385）

同情反應微弱時，我們對於受苦者，會感覺憎恨或鄙視，而不是慈悲。因此，急難庇護站容留的落難者，對於流落街頭的街友，可能會嗤之以鼻，嫌棄身上的氣味、臭蓬頭垢面的外表，並論斷其人窩囊沒出息。在此，同理心幾乎蕩然無存，即便有絲毫尙存，也被比較原則推翻。憐憫只能從認同他人方有可能萌生，看到相似而非相異，看見與我同類的落難者，而非不如自己的下等生物。此種較爲廣延的同情，可以使人超越眼前事件的即時反應，以更寬廣的胸懷，看待對方，進而促使我們產生伸手援助的欲望。所以，強烈的同情導向喜愛和慈善或憐憫，因爲會產生對於該人的全面關懷，著眼其長遠的利益；相對地，微弱的同情只會聚焦該人眼前的痛苦境遇，而這就會引起憎恨或鄙視。

> 某種程度的貧困引起鄙視，但超過的貧困則引起憐憫和善意……當不安的感覺本身很微弱，或與我們遠隔，就難以引發想像，而且對於將來、適然偶發之福利的關切，也無從與對眼前眞切禍害之關切相提並論。（*T* 387-8）

> 強烈的印象在溝通時，會對激情產生雙重傾向；通過方向的類似性，而與慈善和喜愛連結，姑且不論第一印象可能有多麼痛苦。微弱的痛苦印象，則通過感覺的類似性，而與憤怒和憎恨連結。因此，慈善是發生於巨大程度的苦難，或是強烈同情的苦難；憎恨或鄙視則發生於輕微程度的苦難，或是微弱同情的苦難。（*T* 387）

最後，還有一點複雜的情況，一旦同情太過於強烈，例如：當我們徹底進入他人的痛苦，結果就不再是憐憫，而變成恐怖、反感。比方說，當我們看到嚴重燒燙傷的受難者，第一反應就是恐懼，同情就被壓過了。

> 不過，印象的力量雖然一般產生憐憫和慈善，但如果太過於強烈，肯定就不會再有該等結果……因此，我們發現，雖然每個人，尤其是婦女，都滿容易對押赴斷頭台的犯人萌生憐惜感，想像他們英俊脫俗、體格健美。可是，當場目擊刑架和殘酷行刑的人，並不感到這種憐惜之情，而可以說是被恐怖所震懾住了，再無閒暇以任何相反的同情，來調和該等難受的感覺。（*T* 388）

休姆間接激情的討論止步於此，原先效仿牛頓萬有引力模式，費心建立的「印象和觀念雙重連結」理論，面臨層出不窮的反例重擊，不斷修正追加補充假設，諸如：「利益平行方向」、同情的相反效應，至此儼若疊床架屋的超大危樓，瀕臨傾頹解體。

延伸閱讀

1. Paul Ardal（1966；1989增訂版）開創性的長篇著作，至今仍是全面探討休姆激情理論的最佳範本。另外，請參閱 Donald Davidson（1976）、John Bricke（1996）第1～2章。
2. 關於自我的社會建構，請參閱 Amelie Rorty（1990）、Baier（1991）第6章，以及 Paulline Chazan（1998）第1章。

第四章　動機與意志

本章導讀休姆原典
▼《人性論》第二卷　論激情
■第三章　論意志與直接激情
▼《人類理智研究》
■第八章　論直接令人愉悅的質性

第一節　自由與意志

休姆把自由行動主體性的討論，安排在*T* 2/3。雖然他承認，嚴格說來，意志並不是激情；但他還是一併討論這兩者，這是因爲：(1)意志和直接激情相類似，都是「痛苦和快樂的直接後果」；(2)他相信，要解釋激情，必須對意志有所理解。我並沒有追隨他這樣的信念，而是把直接激情安排在前一章。

意志的初步描述

一如預期，休姆認爲，意志「不可能下定義，也毋須進一步描述」（*T* 399）。但是，如先前一樣，**印象固然簡單又獨特**，然而我們也都了解「意志」一詞表達的是什麼，毋須進一步分析。如此印象可以在心靈地圖上給予一個確切的位置：

> 我希望，讀者能注意到，我所謂的**意志**，指的就只是**我們自知地發動身體任何新運動，或啓動心靈任何新知覺時，所感覺和意識到的那個內在印象**，此外別無他物。（*T* 399）

此段引文，關鍵字是「自知地」（knowingly）。意志是一種知覺，即時出現於，(1)任何有意的身體動作之前；或是(2)任何主動產生的思考之前。此種印象有系統地出現於此類事件發生之前，如此事實意味著，意志可視爲自主行動的原因，是導向行動之心理事件因果鍊的最後環結。假設我動手去開電腦。這開電腦的欲望（連同相信動手按下開關鍵即可達成此目標的信念），促使我萌生意欲要去移動我的手，這進而（透過一連串複雜的中介生理歷程）促成我的手開始動作。

自由行動的論述和因果理論

完成關於意志的初步描述之後，休姆接著就要整合自由行動的論述和因果理論，他重申「每一事件皆有其原因」此一觀點：

> 眾所公認，外界物體的各種活動都是必然的，在其運動的傳輸，彼此的吸引，以及互相的凝聚，諸如此類的活動當中，沒有絲毫不關心或自由的痕跡。每一物體都被一種絕對的命運所決定，必然循著特定的程度和方向而運行，絕無可能偏離該條精確的行進路線；同樣地，也不可能將自身轉變為天使、精靈或任何較高級的實體。因此，物質的活動應當視為必然性的例子；而不論什麼東西，凡是在這方面與物質處於如是地位，就必須承認其活動也同樣是必然的。
>
> （*T* 399-400）

就當前目的而言，前引文最重要的是最後三行，他以此建立核心宣稱：不論對於因果關係可能有任何說法，適用於自然界物體的必然性和自由，同樣也適用於人類心靈。不過，如我先前的詮釋，休姆拒絕任何訴諸獨立於心靈且在相同客觀物理定律之下運作的客觀因果力量。反之，我們對於因果概念的理解，乃是經由下列方式習得：諸多不同印象在彼此相似的基礎，被區分為各種類別。當我們一再看到，A類型事件出現之後，B類型事件緊隨而至，在我們心裡，A和B的**觀念**就會變得相互連結。此連結機轉建立之後，每當我們看到或想到A，就會預期B出現。在如此境況下，我們說「A引發B」，雖然我們所知悉的唯一連結只是觀念，而不是該等觀念所代表的對象事物。

當休姆聲稱，因果必然性的普遍化，他重申的即是前述觀點，這種因果必然性同樣適用於我們的身體歷程和活動，連帶包括人類精神領域：

從幼年到老年，我們身體歷經的變化會比心靈和行動的變化，來得更有規律且確定嗎？設若有人期望，四歲大的孩童能舉起三百磅的重物，而另一人期待，相同年紀的孩子能夠敏於哲學推思，或是肢體協調，舉止審愼、穩當，前者果眞比後者更加可笑嗎？（*T* 401）

所以，他的論點就是，基於觀察可見的品格和行爲之間的恆常交集，我們可以推論，人類行爲就和任何其他自然現象一樣，同樣可預測且可解釋：

動機和行爲之間的**交集**既然像任何自然活動的交集一樣，具有同樣的恆常性，所以它在**決定**我們由一項的存在推斷另一項的存在方面，對於人類理智的影響也是同樣的。（*T* 404）

請注意，這推論可能走兩種方向——從原因推到結果，或是從結果推到原因——如果兩者重複多次一併被觀察到。當某人行爲與特質或態度相連結，我們在觀念中就會形成關於該人的品格。爾後，我們就可以藉由該等品格評斷作爲基礎，來解釋、預測他的其他行爲。

從負面意涵來看，休姆的論旨就是，對內審視無從揭顯意志和後續行爲之連結印象的因果力量，就如同對外觀察無從揭顯對象物體之間的連結一樣。我或許清楚，心中有某些信念或欲望，然後展開方法—目標的斟酌盤算，從而決定該採取哪種方案，最後付諸適切的行動。但我也清楚，沒有強制約束的力量將自主意志連結到行動。至於其正面意涵的論旨就是，行動總是與適切的自由意志**恆常交集**，附帶還有前行的思慮系列，而這就使得人類行爲如同自然界的其他事物一樣得以預測。「下列何者較確定：兩塊扁平的大理石會密合爲一，抑或兩個蠻族的異性青少年會性交？」（*T* 402）。

休姆固然承認，欲望「反覆無常」，此點無庸置疑，因此無法提供準確無誤的行爲預測；但他也不忘警告，不宜過度誇大此等情形，因爲我們一般都有能力，根據過往規律性而成功推論某人的行爲，這情況很普遍，以至於大家都視爲理所當然。固然沒有百分之百的成功率，但同樣地，物理現象的解釋也不是完美無誤。不過，我們通常傾向把物理現象的不確定性，歸咎於我們對相關因素的**知識不夠充分**，而不是**不存在**如此的因素。一致性要求我們必須採取相同態度，來看待人類行爲。我們可以基於過往觀察到的穩定形態，有效預測物體的運行。同樣地，我們也經常透過「人事證據」，亦即針對穩定人格特質的判斷，來預測、解釋人們的行爲。

沒有任何的哲學家，其判斷可以完全死守如此虛妄的自由體系，以至於不承認，人事證據的力量如同理性基礎一樣，可以作爲思辨和實踐的根據。在此，所謂的人事證據，並不是任何不相干的東西，而是通盤考量人的動機、性情和境況之後，對其行爲所作的結論。

（*T* 404）

在此，請讀者回想，休姆的心靈科學要求，心理活動要展現規律性和一致性。依此而言，他就應該會試圖賦予人類自由議題新的框架，以茲顯示任何自由的概念若與此不相容，那其本身就是不融貫的。不容否認，我們經常訴諸他人的特定信念、欲望或人格特質，來解釋（或預測）其行爲，而且屢試不爽。而這也就等於承認，個性和行爲之間的因果連結（亦即系統化的相關性）。

比方說，假設我知道，出差回程得搭晚班飛機，飛抵機場時已經沒有捷運或公車可搭，我又不想花大筆錢叫計程車回家，所以我就打電話給同事，請他幫忙到機場載我。基於我們多年交情，還有我對他個性的了解，我估計他如果方便的話，應該會答應。獲得他同意的回答之後，我再次根據對他個性的判斷，這又促使我相信，他說到就一定會做到。

休姆舉例說明，因果和必然性的概念如何適用於人類心靈之後，接著就必須面對可能的反對意見，亦即這並不是「眞實」的因果關係或必然性。對此，他反駁指出，如果有人想要針對語義方面來爭辯，那他就必須自負其責，證明自己的用語是正當的。換言之，如果他堅持，他的用語有實質的構成內涵，他就必須拿出實證，展現該等用語確實有哪些事實印象作爲基礎。

休姆預測，任何這方面的證據搜尋注定是要失敗的；如此一來，他的對手將不得不承認，他說的話沒有任何實質意義。「現在，我可以肯定說，誰要是依照這種方式進行推理，他就在事實上相信，意志的活動是由必然性發生的；如果他否定這一點，他就連自己也不知道自己的意思是什麼」（*T* 405）。

休姆補強說，我們在運用人事證據時，還會結合自然證據，「而形成一條論證連鎖」（*T* 406）。休姆舉一個獄囚爲例，他根據獄卒的個性還有監牢的情況，推論自己肯定要老死獄中。比方說，他很明白，獄卒不太可能揚棄一輩子的習性，偷偷釋放他，牢房高牆也不可能一夕崩塌。這裡重點是，「人事」和「自然」事件的推論都是相同的。如果，箇中涉及的因果關係有所差別，那就不可能結合而形成一條論證連鎖。換言之，除非人類和宇宙其他事物都承受相同的因果原則，否則任何將這兩方面的資料結合運用的推論，就會犯了一詞多義的邏輯謬誤。

自由 vs. 決定論

要詳細解釋休姆的立場，稍加認識自由 vs. 決定論此一陳年老問題的背景，應該會有幫助。這問題來自兩個信念之間的明顯衝突，而且兩者似乎都不可否定。(1)我們認爲，自己是自由的，未來是「開放的」，我們所做的選擇能影響未來走向；(2)我們相信，**每一事件都是有原因**

的。雖然，此宣稱不像前面第一個信念那樣，立即就能獲得無異議的認同；不過，大多數的哲學家似乎都同意，只需要向一般人指出，若否定此宣稱，事件就都**無法解釋**，大家很快就會接受該宣稱。這就點明了因果和解釋之間的密切關係：要解釋某事爲何發生，即是涉及說出是什麼引發該事；反之，說出發生了什麼，也就解釋了事情發生的原因。誠如休姆正確指出，當我們沒法說出發生了什麼，我們也就沒法斷言，事情是沒有原因的，而只能說是原因躲過了我們的覺察。

我們要說，人類行爲是由某些原因引起，但同時人又是自由的；箇中問題就在於，如此組合是否融貫。在此，可以透過心理學解釋來考量，此問題究竟是怎麼一回事。假設行爲是由心理狀態所引起，換言之，我們的行爲是立基於某些特定目標，以及與該等目標之達成有關連的信念。在經過如此思慮之後，我們據以形成行動的意向；一切情況都順利的話，最後就會付諸實踐行動。但是，我們的意向、信念、欲望、目標等等，也都是某種事件，根據我們的第二假設，因而也都是有原因引起的。再者，該等原因本身還有其原因，如此不斷延伸下去。由於因果關係是一種遞移的關係，我們很快就會發現這條因果連鎖追溯到我們出生之前，所以看起來，我們行爲的終極根源就不在自我控制之下，而所謂自由也因而在我們眼前化爲烏有。

相信每一事件都是前行事件無可避免的後果，此一信念有時就稱爲「**普遍因果律**」（*principle of universal causation*），簡稱PUC，這是源自牛頓科學傳統的現代版，和休姆論述的因果概念有別。對於PUC有三種標準的哲學反應：(1)「剛性決定論者」（hard determinist）主張，所有事件都是由嚴格因果律決定，因此不存在所謂的自由；(2)自由主義者主張，意志缺乏此等因果決定性，由此可見ＰＵＣ是錯的；(3)「兼容論者」（compatibilist）或「軟性決定論者」（soft determinist）認爲，決定論是眞實的，但也可與修訂的自由概念相容。

休姆通常被歸類爲兼容論者，雖然大致沒錯，但我們還是得留意，他和傳統的兼容論者有相當差別。例如：剛性決定論和自由意志主義主張，因果關係建立於與心靈獨立的實在論模式，這是休姆反對的。這種傳統的兼容論要求，連結**意志**和**行動**的是一種不同於休姆主張的因果力量，藉此可以在自由行動和非自由行動之間作出有意義的區分，即便宇宙確實是遵循嚴格決定論，且每一事件都是前行事件無可避免的後果。隨之而來的爭辯就在於，意志行動本身既然是由前行事件決定的，其根源因此就落在非自主控制的外部因素，如此一來，此種兼容論的因果模式是否還能提供充分強固的自由概念，以滿足我們施予讚許或譴責的需求？

「自發性的自由」和「無差別性的自由」的區分

在診斷爲何自由向來普遍被認爲和因果必然性不相容時，休姆特別將「自發性的自由」（liberty of spontaneity）和「無差別性的自由」（liberty of indifference）予以區分：

> 很少人能分辨，**自發性**的自由（如經院所稱）和**無差別性**的自由。也很少人能分辨，與暴力相反的自由和否決必然性與原因的那種自由。第一義的自由甚至是此字最常見的涵義，也是

我們唯一關切並致力保存的，所以我們的思想主要就轉向它，而幾乎無所不在地與另一種自由混淆了。

（*T* 407-8）

他背書的是自發性的自由，依此概念而言，自由行動就是由個人的欲望和意願啓動的行動；不自由的行動則是發生於意願過渡行動之間受到某外部來源打斷或阻撓。所以，如果我決定出去喝啤酒，並且眞的如此做了，那我就是自由行動。如果我被鎖起來，不准出門，禁止進入鎮上任何酒吧，那我的自由就是受到阻撓。因此，這種自由不只與因果必然性（休姆所理解的必然性）**相容**，而且還**需要**該等因果必然性。相對地，所謂無差別的自由，則排除意志有影響因果的作用，自由行動即爲沒有任何原因引發的行動。他承認，「從內在」，也就是從行動主體的自我觀點來看，「我們感覺在多數場合，個人的行動受到自我意志的支配，並想像自己感覺到意志本身不受任何事物支配」（*T* 408），但是他堅持這種表象是虛假不實的。

沒能清楚區分這兩種不同概念的自由，會導致對於自由和必然性之間關係的混淆。比方說，我們固然承認，行動「會受到特定觀點和動機的影響」，不過我們可沒準備要接受，該等因素**必然引發**行動，而且別無其他可能，就好像「必然性的觀念似乎隱含我們所知覺不到的某種力量、暴力和強制」（*T* 407）。事實上，不只我們感覺不到這樣的「必然性強制力」，甚至也沒有「無差別自由的**虛妄感覺或經驗**，而該等感覺或經驗乃是無差別自由確實存在的論證」（*T* 408）。由於沒出現任何因果連結力量，因此體驗不到必然性就不足爲奇了。不過，這會導致我們錯將意志等同於徹底斷絕和所有先前心理事件的連結。休姆從未解釋此種錯誤的來源，或許是因爲他把這視爲基本且無可解釋的事實。我們很快會看到，這些困惱主要是發生在身爲**行動主體**時，而比較少發生在身爲**理論家**時。

自由意志主義（libertarianism）源起的背景是，假設有別於休姆主張之因果連結力量，且自由行動被視爲因果秩序的**例外**。在此種圖象之下，由於自由行動不是由前行事件所必然引發，如此一來，在完全相同的前行事件境況下，我就完全可以做出任何其他的行動。批評者很快指出，如此的圖象很難容許關於**行動**的眞實概念，更別說是**自由的**行動了。

> 憎惡或憤怒的恆常、普遍對象，是賦有思想和意識的個人或生物；當任何罪惡或侵害行爲激起該等激情時，那只是因爲該等行爲和當事者有一種關連。但依照自由或隨機的學說來講，此等關連就變得不存在了，而且當事者對於那些有意圖的預謀行爲，也像對於隨性、偶發的行爲一樣，不需負有任何責任了。行爲就其本性來說，乃是短暫易逝的，如果不是肇始於做出該等行爲者之品格和性情的某種原因，就不能硬栽到其身上。若是善行，也不能給予榮耀；若是惡行，也不能給予醜名……因此，依照如此的自由假說，個人犯了罪大惡極的罪行之後，完全和他剛出生時一樣純潔無汙，其品格也和他的行爲絲毫無關，因爲他的行爲並不由他的品格發生，因而行爲惡劣絕不能作爲品格敗壞的證明。只有在必然原則之下，個人才會由於自己的行爲而有功過，且不論一般意見如何傾向相反的看法。
>
> （*T*411）

傳統的兼容論反對這種無差別的自由，因爲任何行爲缺乏原因就是隨機的，因此無人有必要承擔任何責任。一來，依此反對意見，只有當我的意向和行動之間存在一種眞實的連結力量，我才必須爲自己的行動承擔責任。然而，這不可能是休姆對於無差別自由的主要批評，因爲他拒絕傳統爭論框架內的因果必然性概念。話雖如此，他還是同意，如此的無差別自由概念會使得人類「行爲」無以解釋。要作爲我的行爲，而不只是發生在我身上的某些什麼事情，比方說，我的頭髮在成長，就必須發生於我性格中的某原因。其次，他同意移除了性格和行爲之間的任何連結，就會顚覆道德責任的概念，而這乃是自由意志主義努力想要挽救的。

休姆和傳統兼容論立場的差別起源於，他需要重新構思行動和性格的關係，以便相容於他重建的因果概念。箇中關鍵步驟就是從行動主體的第一人稱觀點退下，改採第三人稱的旁觀者或詮釋者立場。讓我們來看下列兩段落：

> 適切而言，任何動作，不論是物質的運動，或心靈的行動，其必然性都不是內在於能動者的質性，而只是可能考察該動作的思考者或理智者的質性；並且是存在於該人思想中推論前行事項的存在而獲致的確定感。正如另方面，自由或隨機只是缺乏該等確定感，只是我們感覺到的一種鬆散狀態，彷彿可能由一事項的觀念滑向或不滑向另一事項的觀念。
>
> （T 408）

我們或許會想像，自己感覺內在有一種自由；但旁觀者通常能從我們的動機和性格推論我們的行動；即使推斷不出來，他也會概括說，假如完全熟悉我們境況和性情的每一細節，以及我們表情和脾氣的最私密泉源，就可以有把握做出論斷。依照前面的學說，這正是必然性的本質。

（*T* 408-9）

從上面兩段引文，我們可看出，休姆已遠離早期認同的笛卡兒立場：所有印象都是自行詮釋且透明，而且對內省無可矇騙的眼光保持開放。首先，我們看到，內省事實上有可能誤導，在沒有發現任何內在力量約束意志的情況下，導致我們認爲行爲是自我生成的。其次，我們看到，呼應現代觀點的一種當時論點，個人動機不需要是不證自明的，只需要旁人對其性格和境況相當熟稔，也可以很清楚該人的動機。這是*T* 1發展之因果理論的直接結果，其中否定因果關係存在於被觀察事項，反而是觀察者期待的一種感覺。藉用亞達爾（Pall Ardal）的話來說：

我們只需提醒自己，必然性不是指向能動者的性質，而是在於觀察者的感覺，人們不可能證明因果必然性，如此就能看清楚，爲什麼不可能證明，當人們在做某事時，因果必然性與個人的感覺相互獨立。

（Ardal 1989:88）

所以，休姆認爲，行動唯有在可以被置於融貫體系內，且有系統地浮現自穩定性格特質時，才堪稱自由行動。換言之，要作自由行動的歸責就必須要求，在他人配合穩定的信念、欲望和其他態度等相關資訊，而得以看清楚行動主體的行爲全面。有鑑於個人的行動唯有發起於其性格，如此才有承受讚許或譴責的道理，因此休姆要說的就是，無差別的自由會使人成爲無可詮釋的行動主體，因此也就不能是道德主體。雖然，休姆如此詮釋策略好像主要是針對旁人，實則也可應用於自己。此議題在*T* 3還會提出討論，在那兒，道德觀點是連結於理想觀察者的自我反思平靜激情。

對於休姆而言，自發性的自由是道德實踐立基的充要條件，也是歸責讚許、譴責、懲罰和獎賞的基礎所在。無差別的自由則是不可能的，因爲有違因果普遍性。不但不是道德實踐的必要基礎，根本互不相容，因爲任何心靈如果不受休姆因果必然性的理路，就會無從預測，以至於無法提供性格和意向行爲之間的內在連結，而這乃是道德可責成性的必要條件。在接下來幾章，我們會看到，道德讚許或譴責只能歸責於性格特質。行爲只是其指標，自主意志亦復如是，而且意志是因果連鎖當中更接近該等特質的環結。自主意志雖然沒有因果連結力量，但我們還是會看向意志，連帶行爲一併考量，作爲性格的可靠指標。

在《人類理智研究》（以下簡稱1*E*），休姆再次討論如後宣稱：因果必然性在正確理解下，乃是道德可責成性（*moral accountability*）的先決條件。在此，他補充若干頗堪玩味的評語，指出此等因果必然性在宗教方面可能的後果。在《人性論》，休姆向讀者保證，他對於自由和必然性的說明，「不但絲毫無罪，甚至有益於宗教和道德」（*T* 409）。在1*E*，休姆一開始就指出：

在哲學爭辯中，人們往往藉口某假設可能對於宗教和道德有危險的影響，就想辦法來駁斥。沒什麼比這種推論方法更普遍，也沒什麼比這更需要受到譴責。任何意見如果使人陷於荒謬，那肯定就是錯的；但是，我們不能因爲某意見有危險的影響，就說它肯定是錯的。

（1*E* 96）

和先前一樣，休姆堅稱，其理論「不但和道德連貫一致，而且是維繫道德的絕對必要條件」（1*E* 97）。不過，誠如保羅・羅素（Paul Russell）指出，他明顯避免說，這和宗教乃是連貫一致的。事實上，他表明說道，其理論對於傳統基督教的上帝概念，確實有嚴重的影響後果。

這問題得回到因果關係的遞移性來看。換言之，若A引發B，且B引發C，則A即爲導致C發生的前因。基督徒認爲，上帝是第一因，是宇宙萬物的創造者，所以世上所有事物的生成史，最終都得回溯到上帝。順理而推，由於上帝是全人類的終極成因，祂也就必須爲所有人類的一切行爲負責，即便衆所公認的邪魔惡行也責無旁貸。於是，基督徒就面臨兩難問題如後：

如是之故，人類諸行若非在道德方面全無敗壞，畢竟一切皆發軔於至善至德的初因；否則，若有任何道德敗壞，那創世主也難辭其咎，畢竟祂是衆所公認，衆生諸行的終極成因與造始者。

（1*E* 100）

休姆摒棄第一種可能性，在他看來，那是完全不符合生活經驗的理論臆測，禁不起任何確當理解的考驗。在接下來數章，我們會看到，休姆提出的道德圖象是扎根於人性，而道德判斷則是對於被感知爲苦/樂境況之初始反應的細膩化校正版本。任何理論若是否定道德區分的實在性，前引文第一種假說即是如此，就應該予以摒棄。有鑑於道德反應的本質和恆定不變基礎，只要理論家走出象牙塔，根本就不可能接受偏離眞實如此遙遠的臆測。當然也不會有人發諸眞心誠意否認，有道德邪惡的存在；就如同，深受痛風之苦的某人，無論如何也很難接受，從更廣大的角度來看，他所遭受的痛苦，在這個所有可能當中最美好的世界，扮演著無可或缺的角色，以成全更偉大的至善。

第二種假說也好不到哪兒。它暗示，如果世上眞有道德邪惡，而這幾乎確定是有的，則上帝就必須分擔罪責。然而，這顯然與上帝本質不相容，因爲上帝乃是全知全能，至善至德完美無瑕，絕無可能有意創造邪惡。因爲「任何意見如果使人陷於荒謬，那肯定就是錯的」，休姆此話顯然是說，此一關於邪惡的問題駁斥了基督教上帝存在的宣稱。

不過，在該章節結尾處，休姆又改回比較婉轉的說法：

> 也不可能分明解釋，爲什麼神明既是人類一切行爲的中介原因，同時又不是罪惡和悖德的創始者。這些都是無解的奧祕，只憑自然而不受神助的理性，很難勝任解釋之。理性不論採取什麼系統，對於這方面的問題，每一步都會陷於無法自拔的困境，甚或矛盾。
>
> （1E 103）

休姆建議，和他所有著述的立場相互連貫一致，哲學家應該拋開那些「既含混又惱人的問題」，

秉持適度謙虛之心，回歸她〔筆者按：哲學〕眞正且適切的領土，審視日常生活，她將發現，其中已有夠多的難題足供探究，再毋須奔向那充滿懷疑、不確定和矛盾的浩瀚無邊大海！（1*E* 103）

第二節　理性無法直接驅動行爲

和自然界其他事物一樣，即便行爲可做因果解釋，但仍然可以不損其自由的地位，說明完這情形如何可能之後，接著休姆就提出，他最著名也最受爭議的兩則論點，如後：

1. 理性不足以直接驅動行爲。
2. 理性和非理性之概念不可直接適用於激情。

由此，他進而宣稱，「理性是，並且也應該只是激情的奴隸。除了服務和遵從激情之外，

再不能有所僭越，假冒其他職位。」（*T*415）本節先討論第一論點，下一節再檢視第二論點。

在休姆攻擊目標的底層乃是一種人性圖象，那是如此根深柢固，以至於人們往往習焉不察。其中，理性和激情被視爲本質壁壘分明，對立抗拮的兩種官能。合理性是宇宙永恆至理，獨立存在於人性之外，是人類美德懿行所從出的根源。激情反覆無常、扭曲錯亂，必然與理性相對立，從而也與美德相對立。所以，激情被視爲對美德的威脅，需要理性加以引導、節制。

> 在哲學，甚至日常生活，最常見的莫過於理性和激情鬥爭之談，理性總是贏得上位，並且斷言，人類只有服膺理性絕對律令，才是良善的。
>
> （*T*413）

在這種人性圖象的假設之下，理性、激情分別都足以引發行動。換言之，兩者都擁有一種共通能力，得以控制和發起行動，並且相互競奪此一主導權。不過，休姆否定如此假設，他論稱：「理性單獨絕不能成爲任何意志行動的動機」（*T*413），而且在行動的產生過程，理性的角色本質上乃是支援激情的副手。雖然，同樣爲眞，激情單獨也不足以構成驅動行爲的動機；但休姆還是會論稱，激情握有執行長的主導權，理性的工作只是從旁提供諮議。

如前所見，理性的角色是要建立事實，不論是透過先驗論證推理，來建立觀念之間的關係，抑或是透過以觀察爲基礎，投入因果推理而取得信念。雖然休姆承認，這種論證推理是有用的；但他也堅持，這不可能是動機的終極源泉。聲稱某物有用，就蘊含存在對該物有用的他物。所以，商人確實需要算數來整理帳簿，而這些純粹是作為工具，以茲償還帳務，或判斷賺錢機率。再者，**「機械力學，是依照某種預定終點或目標，而調控物體運動的技術」**（*T* 413-4）換言之，推理提供工具，以達成設定之目標，諸如建造橋梁或房舍。總之，意志是一種實**踐**的能力，本質上連結到行動，論證推理則只處理觀念之間的關係；而這種抽象思考唯有通過協助因果推論，方有可能影響意志：「因此，抽象或論證推理，只有在引導我們關於因果的判斷範圍內，方有可能影響我們的任何行動」（*T* 414）。

車子引擎過熱的例子

接著，轉向以「事實」為基礎的推理，休姆提醒注意我們先前*T* 2的結論。行動的起始衝力（initial impulse）總是痛感或快感的經驗，或預期等感覺的心理。理性的運作只是用來決定與問題相關的因果關係。比方說，如果我認為車子引擎過熱，最好的因應對策就是靠邊停車，把引擎關掉，而這也正是我要做的。信念提供得以達成目標的因應作法，其中目標包括：避免損壞車子，以及連帶的危險和後續的維修費用、不便，這些總括都可算是避免痛苦的目標。在如此的例子中，「顯而易見，衝力並非源自理性，只是受到理性的導引」（*T* 414）。

只是確知，我的引擎過熱，這本身並不會驅動我去採取任何因應行動。即便增添普通知識，諸如：汽車過熱很危險，以及推論如果不熄掉引擎，我可能會受傷，或造成汽車嚴重受損，這些事實或推論都不足以促使我靠邊停車。必須要我擔心害怕會發生意外，或是我想要避免沒必要的支出。這兒重點是要注意，不只是信念、欲望和推論之間的因果交互作用，足以引**發**行動，而且還給予該等行動**合理化**的基礎。換言之，引發行動和讓人感覺行動合理的，乃是兩種本質不同之心理狀態（亦即激情和信念）的交互作用。

所以，只知道，「如果我做X，Y就會隨之發生」，這樣是不夠的。還需要明白，Y與某種眞實或預期會發生之痛苦或快樂有因果相連。「如果，我們對原因和結果都是漠不關心，我們就絲毫不會關心要去辨識哪些是原因，而哪些又是結果。」（*T*414）只是辨識某些經驗事實是原因，不會產生任何的行動。事物必須是**我們在乎的**，可能是本身有其重要性，或是作爲達成某重要目標之工具。不論屬於何種情形，都必須是我們想擁有或想避免的。在做出可能涉及痛苦或快樂後果的結論方面，理性純粹只是激情的奴隸，其功能是要衡量達成激情設定之目標的機率，或是達成目標的最佳途徑。意志的動機需要信念和欲望，因此也就需要理性和激情兩者的輸入。休姆的理論清楚賦予欲望高於信念的「結構優先地位」，其角色功能在於設定目標而非工具。

在此，容我插入一點補充說明。在前述車子引擎過熱的例子，你應該有注意到其中涉及若干欲望，有些乃是從理性推思過程浮現的。我想要靠邊停車，熄掉引擎，是由於我認知到，這是最佳對策，可避免迫在眉睫之危險、損害與開銷。但是，要讓這一切感覺合理，還需要訴諸這整件意外之前早已長期存在的某種心理傾向，例如：避免危險、維持身心平安的普遍欲望。除了手段—目標工具理性運思浮現的欲望之外，還有若干欲望早已存在於實踐理性運思之前，並爲其提供基礎。換言之，即便有此些欲望可能由信念的基礎取得，但此等欲望還是得仰賴理性不可能提供的其他欲望，也就是純粹爲了想要而想要的欲望。

休姆這論點意思是，激情和理性沒有，也不可能，相互競爭；而是相輔相成的互補角色，缺一不可，這才是啓動行爲意志的充要條件。話雖如此，他認爲，在引發動機上，激情握有主導地位，而不是和理性處於平等地位的伙伴關係。激情的這種主導地位，在《人性論》表達相當尖銳，到了2 *E*和其他較晚期的著作，則緩和許多，容許理性較多發揮空間。這至今仍然引來頗多爭論，不確定究竟是觀點內容的改變，抑或只是重點強調的差別。我個人傾向後者。一旦我們拋開修辭方面的枝節，仔細全面觀照《人性論》，應該可以發現，當休姆說理性是「惰性的」（**inert**）（*T* 458），他並不是否定理性在驅動意志方面有扮演**任何**角色。再者，他也沒有只是說理性單獨不足引發行動，因爲他同樣有說，欲望亦復如是。實則，他是要說，在動機的**結構**當中，理性不具有引發行動的主要角色。他強調激情的優先地位，因爲是激情釐定目標的明細狀態，亦即行動目標的**關鍵點**，從而引導理性運思事實知識和有效推論，提供達成目標的手段或工具。

是在如此意義下，「理性是，並且也應該只是激情的奴隸」。請注意，嚴格來講，在這著名的宣稱當中，「應該」其實是贅詞。因爲「應該」蘊含「能夠」，但是說，人們應該去做他不能夠不去做的事情，如此說法根本就是空話。或許，休姆的意思可以改述如後：善盡提供激情建言的角色，此乃理性的**眞正功能**；這也是理性唯一所能做的，當運作正確，那結果也是理性的分內成就所在。

本節小結論

在此，我要簡短評論休姆的如後說法：理性非但不能成為行為的動機，而且「也絕對不可能在指導意志方面，與激情相互對立」（*T* 413）。乍看之下，此推論似乎有些薄弱。為什麼說，僅是因為某物不能啓動某行動，就推論該物不能和該行動對立？似乎很容易就可舉出反例。比方說，電檢人士沒拍電影，卻可查禁電影；守門員沒有攻進得分球，但可阻擋對方得分。例子不勝枚舉。但是，這可能誤解了休姆的重點：要反對某行動，就是去啓動其他的行動。理性和激情要起衝突，必須各自是動機的獨立起源，理性不能產生行動，而只能**引導**行動。信念因此不能直接和欲望**競爭**，也不能將其**推翻**，因為信念本身缺乏原始或非衍生性的因果連結力量。

休姆結論強調，在動機結構的分工當中，不能說理性和激情相互對立，好像商場勢不兩立的競爭對手，唯有殲滅對方才可贏得戰果。同樣地，說車子的油門踏板和方向盤相互對立，也毫無道理可言。前者是要加油讓車子持續行進，後者是要讓車子朝特定方向行進，兩者相輔相成，互不可缺，才得以抵達預期目標。

不過，完整的圖象尚待浮現，因為休姆即將透過若干間接策略隱約暗指，理性在引導意志方面又似乎與激情相對立。前引論述的目標是要展示，理性不可能直接和激情對立。他認為，意志是現在式的現象，印象則是緊鄰後起的行為。在前引諸多段落中，休姆如是說，如果我要做X，且形成要做X的意志，理性就不可能透過命令「我不可做X」，而阻擋該意志付諸實行；然而，理性的否決權只能從如此的命令，才可說是有發揮直接作用。事實上，理性只能間接，**經由改變欲望**，才得以發揮作用。但如此一來，理性就不是自己本身運作，而是爲激情效力。

第三節 激情作爲「源生性的存在物」

T 2/3/3呈現另一論述，旨在展現理性和激情的個別功能差別太大，以至於不可能有兩者對立競爭的事情發生。此一條路線的論述指出，合理或不合理的概念不適用於激情，只適用於信念，而信念是人類理智的產物。當功能運作正確，做出適當的論證和因果推論，理性就得以從正確的前提導出正確的結論。另一方面，激情無所謂眞或僞，所以不可能和理性運思的產物有所衝突。此一論點很快就做了修正，如果激情是**錯誤的信念**所引發，不論是出於事實錯誤或不當推理，如此激情就可視爲衍生性的不合理。這些觀點的介紹呈現在下列段落：

激情是一種源生性的存在，如果你願意，也可以說是存在的修改，不包含任何再現式的性

> 質；不然，如若含有後者，就會使其成爲任何其他存在或其修改的複本。當我餓了，我是眞實有那樣一種激情，完全不會指涉到任何其他的狀態，就好像我口渴、生病或身高五呎多，也不會指涉到其他狀態一樣。因此，絕無可能，這種激情能與眞理和理性相對立或矛盾，因爲矛盾存在於，作爲複本的觀念和所表象的該等對象之間的不相符合。
>
> （*T*415）

不過，休姆這段文字常被解讀爲，相關但應該清楚區別的兩個宣稱。依我所見，宣稱1是正解，宣稱2則是誤解。

宣稱1　激情，如其所是，無有眞實或謬誤之判。

激情無所謂眞實或謬誤，也就談不上合理或不合理。就此而言，休姆是對的。我在生氣，這狀態可爲眞或爲假；但怒氣本身，則無所謂眞或假。我的怒氣當然可以因爲某眞或假的事物所引發，例如：某爲眞或爲假的信念。由於休姆定義理性如後：「理性的作用在於發現眞或僞」（*T*458），因此把評爲合理或不合理者，分別等同於爲眞或爲假。如此一來，合理性的概念就不可適用於激情了。稍後，我們會回來檢視，休姆對於此一論點的重要修訂。

宣稱2　激情缺乏意向的內涵。

此宣稱更具爭議性，一般論者多半認爲，休姆在此否定激情具有意向內容（不同見解，請參閱 Sayre-McCord 1997）。在這爭論當中有一點是確定的，如果休姆確實抱持如此立場，他其實是不應該這樣做的。很清楚，我絕不可能只是處於憤怒**本身**，就如同我絕不可能只是持有一信念**本身**。相反地，我的憤怒總是指向某事物：我總是**對某人事物**發怒。這就帶出了首級印象和次級印象的重大差異。比方說，身體疼痛的例子，我的膝蓋會痛，這痛是**在**膝蓋，而不是**關於**膝蓋，可能是關節炎**引發**，但不是**關於**關節炎。相對地，我因疼痛而感到懊惱生氣，則可以是**關於**關節炎。

再者，否定激情具有意向內容，導致與他的間接激情理論不相容，而這是他在*T* 2用了一百二十五頁的篇幅辛苦建立起來的。雖然，他關於激情的「官方」立場是採取現象層面的陳述觀點，亦即主要是將其視爲如同印象一樣，具有個別化的「主觀感覺」；但是，很清楚，當我們檢視休姆眞正談論激情的說法，就可發現激情是有意向內容的。若無，我們就無從分辨相同激情（例如：自豪）的不同例子了。讀者不妨回想，先前第三章所引述戴維森關於，「因天資聰穎而自豪」，與「因善待袋鼠而自豪」之間清楚差別的評論。所以，容我重申，如果休姆否定激情有意向內容，那應該是疏忽之過，因爲不只與他的哲學總體立場不相容，而且當應用到他的動機論述所連帶指涉的激情類型，如此的激情概念其本身也明顯是錯的。

否定激情有意向內容，也會導致與其動機理論不相容，因爲箇中動機模式隱含要求信念和欲望內容之間的關係。雖然，他從未明白承認需要這點（這和他的「官方」觀點部分不相容），從他舉的例子倒是可以看得很清楚。請讀者回想，休姆舉商人思忖帳目的例子，只是他相信自己的盤算可以產生某種成果，這本身是不會驅動任何行動的，即便增添因果推論，譬如：如果他的營業支出和銷售情況持續和目前狀況一樣糟糕，不消幾個月，他就要關門大吉，這些也都不足以驅動意志採取行動。不過，如果我們加入特定激情，譬如：渴求生意興隆的欲望，這或許就會促使他減少奢侈的開銷，或是更有可能地，開除某些員工。我們知道他有諸如此類的欲望，就會容許我們預測他可能會採取該等行爲，同時也可作爲推論他採取該等作爲的合理化基礎。從這例子清楚可見，爲了要讓行爲可茲解釋，心靈科學絕對不能止步於訴諸任何欲望（或「一般欲望」）。欲望、信念與因果推論必須是有關的，而這就需要它們具有共通的內容。這商人的思忖帳目，加上前述的推論，再添入比方說化解中東衝突或終結英國皇室的欲望，並不會導致該商人行動。必須是**相關**的欲望。因此不用多說，休姆必須要求，欲望具有**某些**內容。

所以，即便休姆沒有（實則也不可能）明白說出此點，但很清楚，他把「行動的理由」視爲一種複雜的心理狀態，其中涉及(1)至少有一激情，設定行爲的目標；(2)至少有一提供資訊的狀態，譬如：信念。而這兩者的連結，不只是因果關係，還得透過彼此內容的關連，譬如：呈現於信念的資訊，必須和欲望所要達成的目標有所關連。

再來，我要回過頭去討論**宣稱** 1，激情無有眞僞之判。如同讀者很可能早就料想到，休姆隨即就對此基本宣稱做出了重要的休正。寬鬆而論，我們可以說，當激情是基於錯誤的事實或不正確的推論，該激情是不合理的。假設我每天晚上想要喝半打啤酒，因爲我相信這可以讓我維持少男的苗條腰身。但是，這實則會讓我變成後期臃腫癡肥的貓王，我這減肥的祕方可以說是與理性背道而馳。然而，嚴格來講，不合理的是我的信念，而不是激情本身。同樣地，休姆可以說，依照這寬鬆的衍生義涵而言，如果激情是基於正確的資訊和推論，那就是**合理的**激情了：

> 若且唯若，激情伴隨有某判斷或意見，才有可能視爲理性的對反。據此原則，至爲顯明且自然，只有在兩種意義下，任何情感才可能稱爲非理性：(1)當諸如希望或恐懼、悲傷或喜悅、失望或安全之類的激情，是立基於不存在的對象，卻被假設爲存在，如此激情就是不合理的。(2)當我們將任何激情付諸行動，所選之方法不足以達成預定目的，並在因果判斷方面自欺，如此激情就是不合理的。當激情既不立基於虛妄假設，也沒有選擇不足以達成目標之手段，理智就無從證成其合理，或譴責其不合理……簡言之，激情必須伴隨有某種虛妄的判斷，才可說是不合理的；即便如此，確當而言，不合理的也不是激情，而是判斷。（*T* 416）

這似乎意味，一旦我明白，喝啤酒不能達到我預期的結果，渴望喝啤酒的心情就消失不見了。

> 一旦我們察覺，任何臆測是我們想錯了，或達成目標的手段不充分，我們的激情就會毫無反抗地向理性投降。我或許認爲，某種水果有絕妙美味，因此心生渴望；然而你一旦說服我，明白其實是我想錯了，那渴望就停止了。（*T* 416-17）

在這兒，我們得花一點功夫，小心來維護休姆原文的本意。一方面，固然沒錯，我想喝啤酒的欲望，當視為一種減肥的策略，會停止。換言之，我不會為了那個原因而喝啤酒。另一方面，休姆自己曾經接受醫生開的偏方，每天喝一品特葡萄酒，他應該可以很寬心地承認說，我還是可以繼續抱持喝啤酒的欲望，因為喜歡那滋味，或純粹就是喜歡喝醉的感覺。

我們現在有比較理想的位置來檢視，休姆那惡名昭章的名言，「理性是，並且也應該只是，激情的奴隸」背後可能的含義。這可以說是，休姆身受其書寫技巧所害的例子，他總是偏愛那種語不驚人死不休的筆法。人們往往過度聚焦於那些吸睛的修辭，而忽略了其背後的幽微細節和論述脈絡。帶有貶抑意涵的「奴隸」，還有休姆徹底顛覆道德理性主義的意圖，導致很多人忘了，他對於理性在行動產生方面不可或缺的角色，所作的仔細而又詳盡的陳述說明。

企業隱喻：執行長 vs. 顧問

現在，容我提議一個替代的隱喻說法，應該比較符合休姆的人性論圖像。讓我們設想，人類行動主體是一家企業，激情和理性分別代表執行者和顧問。激情獨自有執行者的權威來驅動意志，與啟動行為。不過，它沒有能力決定，哪些是正當應為的行為。雖然它可以「按下旋鈕」，提供導向行動意志之因果連鎖的最後環節，它仍然需要仰賴專家團隊的建言，它們可以建議最佳途徑來達成其所預期的目標。因為聰明的主管會接受專家顧問的建言，他們可以設法使執行主管改變心意，調整自己希望企業發展的目標。如果，理性告訴激情，它想要的不可能辦到，或是可能會付出太多代價，或是執行計畫的基礎不夠充分或資訊錯誤，執行者就會修正行動計畫。換言之，對於行動意志的方向，理性**可以**反對激情，方式是透過提供資訊，指出欲望是不可行的，或是基於錯誤資訊；換言之，理性不是**直接**反對激情，而是經由**間接方式改變激情**。它可能提供資訊，導致某欲望停止，或是以相反的欲望取而代之。但是，休姆的主要論點得以維持，理性在動機結構當中仍舊是扮演非執行者的顧問諮詢角色。

讀者應該會注意到，我提議的企業隱喻有些小尷尬。首先，是和休姆對於人類自我的概念有關，他否定有一個恆定的自我實體，獨立存在於知覺之上。其次，是他反對任何訴諸官能或力量的論點。在個別心理狀態或推論、感覺歷程之外，不存在任何的「理性官能」或「激情官能」；當然在知覺之外，也不存在一個位居上位的自我，因爲官能力量和其運作之間並沒有任何差別，根本就是同一。所以，套在我的企業隱喻，當然就沒有統籌一切的一位「經理主管」。這兩方都是集合名詞，不過這麼一來，箇中牽扯的權宜折衝代價就相當複雜了。事實上，這種企業隱喻的人性論圖象，還需要進一步的修訂，以便容納休姆關於平靜激情的論述，這些議題稍後我們會提出介紹。

現在，讓我們回頭來看他那惡名昭彰的例子：

> 如果，有人寧可坐視全世界毀滅，也不願自己手指擦破皮，這並沒有與理性對立。如果，有人寧可選擇自我毀滅，也不願施援印第安人或素昧平生的陌生人，哪怕只是稍減其一絲一毫

> 的不安，這也沒有與理性對立。如果，我選擇心知肚明的瑣碎好處，而捨去較重大的好處，並且強烈喜愛前者更遠勝於後者，那也幾乎與理性沒有絲毫對立。
>
> （T416）

休姆舉這些例子，有點自找麻煩，不僅無助於闡明其主要立場的優勢，反倒節外生枝。請讀者注意，當休姆說，諸如此類的欲望「沒有與理性對立」，他並沒有隱含，該等欲望就是合理的意思。如前引諸段落所示，他說的意思應該是，該等欲望無所謂合理或不合理，亦即是**無關理性的**（*a-rational*）。換言之，除了前述寬鬆意涵的衍生合理性之外，該等欲望是不可施以眞僞評價的。

很難想像，眞的會有任何人抱持如此的偏好，除非是被某些錯誤的信念所蒙蔽。想想看，得要有怎樣的一種心態，才可能讓人寧可坐視全世界毀滅，也不願自己手指擦破皮。請讀者認眞捫心自問，而不只是耍嘴皮子，故意要惹人議論。最起碼，你會需要能夠搬出某些言之成理的說法，「我偏好這樣做，是因爲……」，好支持自己所言不虛。不過，說眞的，至少在人類心理學的範圍之內，如果不是瞎扯些似是而非的違心之論，應該很難說出一番令人信服的說詞吧。寧可世界毀滅，也不願意自己遭受雞毛蒜皮的小傷，眞有這樣的人抱持如此態度的話，那他就必然得相信自己可以置身度外，沒了這個世界，他依然可以獨自活得好好的，手指和一切都絲毫不受影響。讓我自己來想像，眞有這麼一個人抱持如此偏好的話，我只能說他應該是瘋了，或許是自以爲是上帝的痴人說夢。不說別的，這種人想必有一種自大張狂到異於常人的扭曲知覺。

這些例子也和休姆的心理學基本假設不相容，亦即動機涉及趨樂避苦。當休姆說：「如果，我選擇心知肚明的瑣碎好處，而捨去較重大的好處，並且強烈喜愛前者更遠勝於後者，那也幾乎與理性沒有絲毫對立」，如此一來，他似乎就否定了自己先前論述才賦予理性的角色。不過，如果我們對休姆的詮釋稍微寬容些，或許可以當作他說的意思是，任何諸如此類的例子，應該可以算是由錯誤信念或差勁推論衍生而來的不合理性。

幾點提醒

在詮釋休姆這些惡名昭彰的段落時，有幾點必須謹記在心：

(1) 休姆認爲每一知覺都是「清楚分別的存在物」。

(2) 每一激情都是獨一無二的，這是因爲具有各自的「質性感覺」，而不是因爲與其他狀態的任何因果關係。雖然我們已經見識過，他對這些論點態度有些模稜兩可，他的局部接受態度或可解釋，爲什麼他會認可，欲望在邏輯上有可能與某些信念有因果連結關係。雖然，人類的心性確實會對哪些事項可能相互連結，有很重要的限制，不過該等限制乃是偶發於人類的適然事實，而不必然適用於所有的感性生物。所以，或許他的意思是說，欲望**不必然**是與理性相互對反的，因爲信念和欲望的任何關係乃是適然偶發，而非必然的。因此，有些生物或許有可能不基於任何事實錯誤或不當推論，而抱持欲求全世界毀滅的欲望。

(3) 我們必須記住，休姆主要批判目標是理性主義的倫理。他不認爲，眞有可能有人會抱持他所描述的那些不可思議的偏好，因爲人類心性會透過人工創制施爲，彌補先驗道德原則或偏好鬆脫的缺口。他的重點是，這些偏好只是人類之所以爲人或行爲舉止的基本事實，並沒有反映獨立於心靈之客觀事實的宇宙宏觀秩序，也不可能訴諸任何如此的事實，而獲得證成或建立根基。

第四節 休姆學派的一個動機理論

近年來，針對休姆關於動機結構的論述，激盪出頗多爭論。在此，我希望簡要說明，此等爭論如何在哲學心理學領域，啓發出一場新興理論的發展。晚近的哲學家，一方面，固然忠實於休姆的核心宣稱，理性主要角色是屬於工具性質的，提供諮詢參考意見；另一方面，也開始割除休姆立論當中，較爲次要的附帶論點，諸如：現象學和原子論立基的激情理論，或是激情之不具有意向性，從而給我們留下一套強有力的動機理論。這些修正版本雖不是休姆本身的理論，但都直接承襲其著作的衍生發展，因此稱爲休姆學派的理論，應該也算公允。

信念與欲望

首先，稍作說明術語的問題。我會交替使用「休姆學派理論」和「信念—欲望理論」。此一理論假設，可以訴諸行動主體信念和欲望的相互連結，來解釋其行爲發生的原因。其次，依循目前普遍的做法，我會使用「信念」、「欲望」，作爲一般心理狀態的範本。「信念」的範疇包括所有涉及訊息的心智狀態，諸如：認知、懷疑、猜測等等；至於「欲望」則包括希望、恐懼等等心智狀態。理論上，我們必須清楚區分，以下兩類心理狀態的重要差別：(1)將世界某特定境況予以再現的心理狀態；(2)目標導向的心理狀態。而且學界普遍認爲，這兩者乃是相互分隔且不可彼此化約。

目前，普遍把想法（thought）視爲，由**命題**（*proposition*）和**態度**（*attitude*）組成的承載內容之複雜實體。每一命題的內容符應於一種可能的事物狀態。信念和欲望就是結合態度和命題的最普遍例子。比方說，我可能**相信**，我會獲得升遷，並且**希望**，這眞的會發生。信念和欲望雖然可能有相同的**內容**（即命題），兩者差別在於與該內容的連結**方式**（即態度）。

休姆的理論運用到關於世界的兩種「符應方向」（direction of fit），此一概念通常可追溯到安斯庫姆（Anscombe, 1957）。信念的符應方向是心靈—世界，其任務與成功仰繫於，正確再現世界的實然狀態。信念陳述世界**是**某特定狀態，如果陳述的是眞實，那該信念就成功了；換言之，如果世界眞實含有該命題陳述的狀態，則該信念就爲**眞**。在人類認知系統，信念的角色是要再現世界的實然狀態，其目標是追求眞實，也就是要正確再現世界眞實的樣貌。

另一方面，欲望的目標是要改變世界，其符應方向是世界—心靈。欲望的行動主體想要改變世界，使其符合其命題陳述的目標狀態，倘若世界果眞如此改變，那他們的欲望就成功了。換言之，欲望的成功不在於命題爲**眞**，而在於命題**滿足**預期的目標。

信念和欲望的區別，通常可說是介於，「**相信** p 爲眞」與「**希望** p 爲眞」之間的分別。舉個現實事件爲例，如果我**相信**「我贏得樂透彩」，我這**信念**是眞實的，若且唯若我正是中獎者。如果我**想要**「我贏得樂透彩」，我這**欲望**會獲得滿足，若且唯若我去贏得該獎。相對而言，信念是眞實的，若且唯若世界實然就是該信念所相信的那樣；欲望成爲眞實的充要條件，不是欲望當時世界呈現的樣貌，而是世界改變到欲望想要的境界。丹西（Jonathan Dancy）對此另有一種描述方式，他沒使用「符應方向」的隱喻，而是如此說道：「信念是把目標設在，本身內容就是眞實狀態；而欲望則是把目標設在，促使其本身內容變成眞實狀態」（Dancy 1993: 28）。

史密斯（Michael Smith）發展一種理論，以欲望的傾向概念，取代休姆激情的現象學模式概念。依此概念，信念和欲望的不同符應方向在於功能角色的差別：

> 信念 p 和欲望 p 的差別仰繫於，察覺事實乃是非 p 之後的差別反應：在察覺到非 p 時，信

念 p 會傾向破滅；相對地，欲望 p 則會傾向堅持，並且驅使當事者設法促成 p 的實現。

（Smith 1994: 115）

現在，讓我們來考量下列兩種情況的差異：(1)**相信**，我是有錢人；(2)**渴望**，我是有錢人。當證據顯現事與願違，譬如：銀行對帳單餘額低得可憐，我的信念就被殘酷的事實徹底打碎了；然而，這無損於我的渴望持續湧出不放棄的希望。所以，藉由「符應方向」的隱喻，我們可以使用不同的推論關係，來分別兌現信念和欲望所陳述的相同內容。如果，我察覺並因而相信，事實爲非 p，我就會（或應該要）停止再相信 p；但是，這不會或應該不會讓我停止希望 p。事實上，相信非 p 乃是希望 p 的**必要前提**。

第五節　平靜的激情

休姆在展現，理性單獨無以作爲動機驅促行動意志，自覺滿意之餘，然後又承認有需要提出解釋，說明爲何有許多能幹的思想家，卻信服與此相反的看法。他決定透過引進探討平靜的激情，切入處理這方面的議題。激情若非平靜即是猛烈，端視於主觀強度。平靜的激情雖是實在的激情，「可是卻不怎麼激起情緒，而且人們對其有所認知多半是經由效果，而不是經由直接的感受或感覺」（*T*417）。不過，通常平靜的激情，有時也可能相當激烈。比方說，我可能對於音樂有極強烈的反應。

在*T*2開頭，休姆表示，平靜激情包括：「行動、結構或布局、外部對象當中的美和畸形（醜）」，與其相對的則是「喜愛和仇恨、悲傷和喜悅、自豪和卑微」（*T*276）之類的猛烈激情，以及該等激情所衍生的其他間接激情。到了後面*T*3的章節，他則是描述平靜激情是，「我們天性賦有的某些本能，諸如：慈善和憤恨，對生命的愛戀，對兒女的疼惜；或者是，對於一般認知之善的欲望，以及對於一般認知之惡的嫌惡」（*T*417）。從這後面章節的討論，明顯可見，休姆將平靜激情視爲，對於品格的普遍好惡傾向；並且暗示，人們會因爲對於品格特質太過熟悉，就如同自己的味道一樣，而變得習焉不察。

激情的**猛烈**（*violence*）和**強度**（*strength*）並不是同一回事。猛烈存在於吾人感受的強弱感覺；而強度則在於對於吾人影響的強弱程度，缺乏猛烈並不必然隱含缺乏強度。猛烈充其量只是強度的一個面向，或決定強度的一項因素。猛烈的激情由於涉及相當活潑的印象，所以對於意志會有立即性的強烈效應，但也有可能受到操縱和挪用。另外，在決定這兩類激情對於動機的影響強度方面，平靜激情因爲是心理劇場中較爲穩定而常規的角色，所以占有上風。換言之，人格特質當中固若金湯的平靜激情，基於規律和習性使然，往往能夠推翻「來去如風」的猛烈激情。

顯而易見，激情對於意志的影響，並不和其猛烈程度或引起的脾性混亂程度成比例；恰恰相反，當某一激情已成爲穩固的行爲原則，並且是靈魂的主導傾向，通常就不再產生任何明顯的激動。重複的習性和激情本身的力量既然使一切都順服於它，在指導行爲舉止時，就不至於遭受來去如風的激情自然伴隨而起的那些反對和情緒。因此，我們必須清楚分辨，平靜激情和微弱激情，猛烈激情和強勁激情。

（*T*418-19）

在這方面，一如先前許多情況，休姆的策略就是同意理性主義對手對該等行爲的**現象學描述**，但挑戰他們的**理論詮釋**。比方說，他可能同意，我們有感於可被形容爲「基於義務的行動」，譬如，我們似乎推翻一切欲望，去「做應該做的事」，不求長遠利益，而只因爲認爲那是應該做的。休姆承認這些描述說法，但賦予重新詮釋：該等例子其實是平靜激情推翻猛烈激情。當然，理性也在當中扮演一定的角色，不過是擔任諮詢顧問，而非執行者。這當中有三種因素在運作，分別是：猛烈激情、理性、平靜激情。由於平靜激情是在「幕後」運作，我們往往把**全部**功勞都給了理性，其實功勞應該平分的。休姆不認爲，「心智的力量」在於理性、激情這兩種官能之間的爭鬥，且理性有效限制激情而取得成功；相反地，他認爲，主要爭鬥發生在激情領域的**內部**（而理性當然是這兩者的奴隸），而心智的力量乃是存在於，立基平靜激情的穩固行動傾向。這又給他主張理性和激情並非對立的警語，增添了新的轉折：我們錯誤歸功給理性者實則乃是（平靜）激情的運作！

> 因此，那些單從初步觀察和表象就逕行判斷的人們，自然而然，就把任何同樣平靜和穩定運作的心理活動，混淆而視同爲理性。確實是有些平靜的欲望和傾向，雖然是實實在在的激情，可是卻不怎麼激起情緒，而且人們對其有所認知多半是經由效果，而不是經由直接的感受或感覺……當這些激情平靜，又不引起心靈的紛亂，很容易就被認爲是理性的決定，並認定也是發起於判斷眞假的同一官能。因爲兩者的感覺並無明顯差異，所以長久以來都認定它們有相同的本質和原則。
>
> （*T*417）

誠如亞達爾建議的見解，我們對於平靜激情的不當詮釋，或許是導致「自由虛妄的印象」（請參閱本章稍早討論）的一個原因：猛烈激情似乎有一種必然性的力量，所以當沒有這類激情出現或是被推翻時，就可能促使我們斷言，那兒沒有心理因果關係。

休姆平靜激情的陳述，突顯出其理論當中的深層張力。一方面，如前所見，他需要清楚區分平靜激情 vs. 猛烈激情，以便重新詮釋，在顯著激情被推翻時，會有什麼情形發生。可是這樣一來，他又讓平靜激情，「無可感知」，而這就和他的「官方」現象學模式激情理論扞格不入，因爲該模式主張激情是由主觀的感覺屬性所構成。他似乎需要一種獨立的方式，以茲展現平靜激情的存在，但是實在很難想像，他如何能夠提出一套可行說法，而還能相容於他的官方理論。首先，他承認內省不可能讓我們認識平靜激情。其次，他的因果理論似乎又不容許，任何推論支持該等激情的存在，因爲任何如此的因果推論，會要求我們必須觀察到在類似例子當中該等激情和行爲恆定交集；但是，如前所見，這似乎又不像是他可能會說的。當然，它們的存在也不可能透過先驗證實。

當休姆說，關於平靜激情或欲望，「人們對其有所認知多半是經由效果，而不是經由直接的感受或感覺」，他看起來好像是要用溯因推理（abductive inference）來推斷其存在，透過這如此方式的推理來提供「基於義務而行」諸等現象的最佳解釋。不過，訴諸「溯因推論導出實體」顯然和*T*1的論述路線不相容，在那兒，他聲明，限制自己只用演繹和歸納推理方法。可是話說回來，他的寫作的確充滿了如此的溯因推理，或許我們應該觀其行，信賴他在處理自己理論時的實際作爲，而不是盡信其言吧。

能夠讓休姆開脫的一條出路，或許可以說是，平靜激情，即使沒有眞的被注意到，**原則上乃是可被知覺的**。換言之，它們確實存在，等著被察知，被明顯投以關注，就如同吾人目光可及的視野裡，並非一切都會被有意識地看見。這和〈品味鑑賞的標準〉討論的一項主題頗爲貼合，那就是感覺辨識的細膩品味，他仔細描述某些精細的味蕾，可以品嘗辨識出混雜在顯著味道之中的微量細膩味道。所以，或許可以比擬說，平靜激情確實存在，等著被察覺，但只有受過訓練的觀察者，在特定條件下，才有可能注意到。

延伸閱讀

1. **針對休姆意志理論和道德責任的關係**，Paul Russell（1995）提出了頗具啓發的長篇延伸論述。
2. 關於**休姆的動機理論**，Francis Snare（1991）針對其中的**技術性問題**，提出詳細探討。
3. 強烈推薦 John Bricke（1996），特別是第二章、第三章。
4. 當代學者對於休姆**動機理論**的處理有相當的難度和廣度，如果初學者感到深奧龐雜，難以入門掌握，不妨參閱 Michael Smith（1994）相對平易近人的導讀介紹。

第五章　反駁道德理性主義

本章導讀休姆原典

▼《人性論》第三卷　論道德

■第一章　道德分辨的來源

▼《道德原則研究》附錄一　論道德感

第一節　導論

T3/1/1〈道德分辨的來源不是理性〉，是休姆關於道德議題最著名的論著。主旨是要揭顯，道德分辨並非全然源自於理性理解，還需要有情感元素的注入。他論稱，道德判斷是以理性來糾正同情機轉產生的自然情感。在此必須先指出，本文使用「**道德判斷**」（*moral judgement*）一詞是希望傳達中立態度，而不涉入道德理性論和感性論之間的優劣論爭。文中有時也會交替使用「**道德評價**」（*moral evaluation*）。

由於「**呈現於心靈之前**」，只有印象和觀念，此外別無他物，隨之而起的問題就是：「**吾人是否藉由觀念或印象，達到善惡的分辨，從而得以譴責或讚許該等行爲？**」（*T* 456）我們何以得知，某行為或人格特質屬於善或惡，從而施以道德譴責或讚許？在這方面，休姆完全接受洛克的論點：所有觀念追根究柢都源自於印象。顯然，人皆有善惡**觀念**。換言之，無人能選擇停止呼吸；同樣地，也不可能稍有片刻不做道德對錯判斷。在人類行為當中，道德判斷占有核心地位，從道德語彙的高度發展程度可見一斑。如果，休姆要否定道德分辨具有現實性，那他的經驗論原則就會迫使他不得不接受，道德論述是**無意義的**。但是，休姆從未如此暗示過。然文句的語意內容如果是來自所代表的觀念，那有待克服的挑戰就是，必須從該等經驗建構中找出道德判斷的意義來源。換言之，休姆就有必要提出因果連結陳述，來說明道德觀念的起源。

休姆依循他慣常運用的方法，賦予此議題新的論述框架。他不直接探究善惡的本質，而是透過描述我們如何獲得相關的觀念，間接處理此一議題。首先，他提問，**理性單獨**能否完成道德分辨？他的結論是，理性的運作是必要但不充分的條件，不足以說明道德觀念的出現。事實上，人們常常忽略了，休姆對於激烈情緒也抱持相同結論。他會論稱說，理解，**如果摒除人類心理的感覺和情意等面向而單獨運作**，就不可能偵測任何標示善惡的感覺印象。因此，比方說，樹的觀念可能由某棵特定樹木的視覺印象所形成，但是善惡的觀念卻不可能**直接**由感覺印象形成。再者，他也會主張，道德觀念不可能類似數學證明那樣，從純粹的推論理性推導而出。

就正面意涵而言，他的哲學論點因此會是，道德分辨的根基在於**次級**（*secondary*）印象，亦即**激情**（*passions*）。雖然，快感或痛覺、喜歡或厭惡，諸如此類的情意反應，乃是道德判斷的終極基礎；但是休姆並沒有因此抱持主觀論的立場，將道德判斷**等同**或**化約**為該等感覺。

即便普遍流傳的誤解，還有想當然耳的不實詮釋，但是他實際上從未宣稱，人們在做道德判斷時，就是在**自陳報導**或**表達**對於事件的情緒反應。這些反應只是導向道德判斷之複雜因果連結序列的初始環節，屬於道德判斷的部分原因，而且當然和道德判斷本身有所區別。

在本章，我會避開對於休姆實證論的通盤檢視（稍後章節再來處理），先把焦點擺在他對於對立陣營理性論者的批評。在著手探討這方面的議題之前，不妨先來看看休姆向來抨擊的理論都是哪些類型；希望透過這樣的介紹，有助於讀者體會休姆爲何需要大費周章，去駁斥那些在現代人看來晦澀難解的哲學立場。

在此，我將簡要檢視休姆當年批判的兩位主要理性主義者：克拉克和沃拉斯頓。我們先前已經看過，休姆把理性的運作局限在論證推論和因果推論。以下先檢視克拉克，然後再檢視沃拉斯頓。克拉克試圖把道德分辨的根基置於觀念的先驗關係；沃拉斯頓則是將道德分辨立基於事實的經驗與料。

第二節 兩個理性主義者：克拉克和沃拉斯頓

山謬・克拉克（Samuel Clarke, 1675-1729）主張：「在不同的事物彼此之間，存在必要且恆定不變的**不同關係**」，這就帶出蘊含意義如後：不同事物或不同關係彼此之間的應用可能「**符合或不符合**」（*fitness or unfitness*），而這就構成道德義務的客觀、範疇耦合基礎。在描述該等關係「必要且恆定不變」之際，克拉克還將該等關係和邏輯或數學關係做類比。他認為，行動可能被認為是「合理」或「不合理」，箇中差別就取決於，該等理性推思結果促使當事人覺得有義務去實踐，或是避免不去做。

> 事實上，存在不同的事物，而事物之間又存在不同的關係、面向、比例，這些都是不證自明，無可否認的，就如同某一數量大於、等於或小於另一數量。不同事物的不同關係之間，就會出現彼此契合或不契合的情況。而且不同事物的應用，或不同事物之間可能符合或不合，這也同樣清楚明瞭，就如同幾何或算術有合乎比例或不合乎比例，或是物體的不同部位有均質性或異質性。
>
> 再者，在事物的本質和個人的條件可能不盡相同的前提下，某些情況對於某些人可能符合或適切（suitableness），但對於另外某些人則不適切。還有不同人彼此之間的不同關係，也必

然會衍生某些人的某些行爲作法，對於某些人可能合宜或不合宜，這道理同樣明顯可見，就好比不同數學圖形出於本質使然，諸多屬性之間可能全等（congruities）或不全等。又或者，在機械動力學當中，某些重量或力量根據相互之間的不同距離、不同位置和狀況，可能會對彼此產生不同的作用力或效果。

（Schneewind 1990: I, 295-6；本文引述克拉克段落，都是節錄此著作。）

克拉克認爲，任何人只要徹底且正確想通前述議題，而且誠實以對，那麼這些結果應當都能不證自明，無可否認。

> 這些事情是如此眾所皆知的明顯，不證自明，除非愚蠢至極、心術不正或精神錯亂，否則應該沒有人會有絲毫的懷疑。任何擁有理性思維能力的人，要否認這些事情的眞實性，那就無異於，某人在視力正常發揮下，明明看見太陽，卻還要否認世界上有光的存在……
>
> （1990: I, 296-7）

克拉克關於合宜性不證自明的說法，巧妙避開了較爲顯明的反對意見；例如：不是所有人立即都認同的反對意見。對此，他的辯解是，即使整個社會都無視於該等道理，這也不能反駁其眞實性；就如同原始社會無視於數學原理，也不至於動搖該等數學原理的必然地位。所以，他不是說，該等原理是天生的，也沒有說所有人立即且自然而然就能理解。相反地，他秉持笛卡兒觀念清晰且分明的論點，任何人只要投入時間和心力，徹底想通（這需要適當教導，以及大量練習），就能把事理看得清清楚楚。任何心智能力正常的人，如果無法做到這點，若不是相關事證呈現不夠充足，否則就可能是個性古怪，故意唱反調。

克拉克反對意志論的道德觀，他不認爲道德義務源自於上帝意志；反之，他堅持，關係和「符應性」，以及因應而生的義務，都和神的旨意無關。由於意志論的道德義務取決於神的決定，這就和道德義務的必要且恆定不變本質不相容；而且這樣的決定，如果不涉入循環性，也就無法施以道德的評價。克拉克的論點可以摘述如下：上帝全知全善，祂的知與行必然完全符合理性導出的道德義務；而上帝必行之事，我們也**應該**如是而行。

> 事物的恆定不變且必要差異性，使得上帝創造之物必須如是而行，才算**合宜且合理**；此等差異性使得如是而行成爲他們的**義務**，或要求他們應該如是實踐之。該等法則的實踐或漠視，無須考量是否來自**上帝的實證意志或誡命**；前提無涉尊敬或關切，期望或憂慮，或是**任何特定私下與個人的利弊得失，獎賞或懲罰**，不論當下或未來；也和自然發展的附帶結果，或是實證的指定無有關連。
>
> （1990: I, 295）

道德義務的必要本質，也使之免於繫諸人類心理的隨機偶發事實，不論該等心理是霍布斯強調的利己衝動，抑或是道德感理論倡導的較爲利他的衝動。反之，我們認爲，道德義務邏輯位置應該在前，然後才有對於該等心理事實的確認。我們稍後會看到，休姆可能接受道德現象學；他也可能同意克拉克的觀點：我們會感受到道德義務的作用力，箇中毋須涉及任何欲望。他也可能會承認，**表面上似乎**如此，但是實然面卻不可能如此。換言之，他會提出理論上令人信服的理由，來駁斥貌似實情的假象。

對於將道德類比於算術或幾何的觀點，休姆的主要批評在於，只有在數學的領域，演繹推論才可能充分發生。換言之，假設某數學眞理爲公理，必然也能從該公理推導出其他的數學眞理。然而，在道德領域中，則是從抽象關係的宣稱，推導出到關於人們**應該**如何做的**實踐性**結論。休姆在*T* 3/1/1結尾處，突顯此一反類比性，他陳述自己赫然發現，「連結命題的不是慣常的**是**與**不是**，舉目所見沒有一個命題不連結到**應該**或**不應該**」（*T* 469）。

克拉克舉了如下例子：

> 上帝高於人類，無可企及，此理至明，一如無限大於單點，永恆大於瞬間。而且「人們應該自豪與崇拜上帝，遵從和仿效祂，這才是確然合宜之舉；反之，絕不可有任何背道而馳的施爲，對上帝所有羞辱與違抗。人類全然仰賴於上帝，相對地，上帝則是對於人類無有任何利益之索求，這也是確然不移的至理。
>
> （1990: I, 296）

他認爲，我們可以明白上帝高於人類，同樣地，也可以理解無限和單點的差別。因此，對於上帝的思索，就是將祂設想爲至高無上的完美存有，相較於人類在道德情操的不完美展現，上帝因此具有無可企及的絕對高度。同樣明顯地，他認爲，上帝和人類之間存在不對等的依賴關係：我們全然仰賴於上帝，然而上帝則是自足而立，絲毫無所仰求於人類。他結論道，從這些事實，我們就可以不證自明，領悟如後原則：我們**應該**崇拜上帝。如是，克拉克論稱，論證推理可以發掘道德原則，也能提供實踐行動的動機。合宜性的知覺就能夠發揮一種內在動機的功能。

不過，有一點必須指出，克拉克比較多傾向主張見解或斷言，而比較少舉證論辯。一方面，是在對於數學和道德的個人洞察見解之間，針對所謂不證自明的本質，推敲出**知識論**的平行對比。另一方面，是在道德恆久不變的義務，和數學必然的眞理之間，清楚呈現出**形而上學**的類比。但是，這兩方面所涉及的論述並不盡然相同。在道德的推論或知覺，和數學的等價、比例、蘊義之間，我們很難看出清楚的類比。舉例而言，如果誠如克拉克所言，道德和數學公理之間確實存在類比關係，那麼休姆應該會如此回應：否定某些數學推論，將會導致矛盾；同樣地，承認上帝存在，但質疑人類應否崇拜上帝，也會因此浮現類似矛盾。然而，如此矛盾並沒出現。儘管克拉克宣稱，從「實然」到「應然」的跳躍不證自明，但在數學領域並找不到對等的推論，而且任何命題（上帝是宇宙的創造者）與否定某一道德義務之間，並沒有形式邏輯的矛盾。

克拉克繼而論說，同樣地，上帝之道應該會朝向最有利於祂的創造物的方向：

人類相處或對話時，應該也會朝往類似方向，這是無可否認比較合宜的……所有人都會努力促進普世共善，以及人類福祉，而不至於所有人都會努力不懈摧毀宇宙，毀滅全人類。

（1990: I, 296）

上述說法可以看出，克拉克在討論行爲合宜與否的判斷時，習慣使用對照比較的方式。換言之，他不會說某行動本身是否合宜，而是針對兩選項對照比較，然後宣稱，不證自明就可分辨其中一選項比較合宜。我們稍後會看到，休姆不會否認，普世福祉是「合理的」，因爲依照理性意義來看，我們的道德感會表示讚許。不過，他論稱，人類之所以會偏好關照自我和他人的福祉，並不是因爲植根於事物必然且恆常的本質，而是出於人性根本與適然偶發事實的結果；而且更重要的是，我們根據此等判斷而付諸實踐的行爲，不可能是理性單獨的結果。

然後，克拉克提出「三大原則分支」，作爲所有義務的源泉：(1)信奉上帝的義務；(2)安善照顧自我身心的義務；(3)關懷他人的義務，聚焦公平（*equity*）和道德黃金律。

對於人類同胞而言，道德正確性的原則就是，在類似情境下，我們會合理期待，他人應該如何對待我們，反之，我們也應該如是對待他人，這就是道德正確。一般而言，我們會出於普遍的慈善心，努力去促進所有人的福祉和快樂。前者就是公平，後者就是愛。公平促使每一個人，在類似情況下，必須反求諸己，以合理期待他人對待我們的方式來對待他人；箇中道理，恰恰等同於透過思考而肯定，如果一條線或一數字等於另一項目，反向推之，這另一項目也必然等於該條線或該數字。而行為領域的不公平，就等同於理論領域的虛假不實或矛盾。同樣理由，在行為領域引發荒謬，在理論領域則是不合理。在任何情境下，某人對於他人不論是採取什麼關係或比例，當他人處在類似情境下，也應該合理採取相同方式來對待該人。當我判斷他人對我所為，合理或不合理，比照同樣的判斷，我也必須宣稱，我對他人的同樣作為，也是合理或不合理。

（1990: I, 303-4）

在道德公平的例子當中，克拉克的數學類比更為明顯，他把道德「黃金律」（我們希望他人如何對待我們，也應該秉持同樣的態度對待他人），類比為邏輯的對稱關係（例如：如果線條 a 的長度等於線條 b，那麼線條 b 的長度也會等於線條 a）。然而，這兩者顯然不可類比，因為道德的例子並不是訴諸對稱性，而是自我行為和對他人期望之間的一**致性**。休姆對於黃金律不會有爭議，但他會堅持，要體會此等黃金律以及進而付諸行動，都需要有來自激情和理性的輸入。

我們務必時刻牢記，休姆應可認同，理性主義者強調的道德現象學。他同意，人類行為通常會符合，理性主義者要求的義務規範；再者，我們也有能力，約束利己行為，並做出大致符合普世認可的道德判斷。他的重點是，我們在如此做之際，其實已超出理性所能及；而且表面看似客觀義務的純粹認知，實則還涉及其他。就負向意涵而言，休姆的戰略便是要更深入挖開理性主義的宣稱，讓人看清楚其中只有錯誤或蒙昧思維。比方說，看不到克拉克有在任何地方，提出與數學證明具有同等確定性的解釋，來說明義務如何是特定事實或關係的必然結果。

克拉克主張，**意志**會直接驅使我們去做，理性告訴我們應該盡的義務；並且指出，這乃是人性本然，除非品性腐化敗壞，「刻意漠視、扭曲事理、縱情肆欲」（1990: I, 299）。在沒有這些缺陷的情況下，純粹只是認知該等恆常關係，應當就足以產生道德信念，理解之餘就會促使我們看清楚其義務本質，進而強制我們付諸實踐。

> 理解或認知事物自然且必然的關係、合宜性、比例之餘，該等體認知識就會持續一致地，引導任何賦有理智者的相同意志，也必然會決定他們做出應當盡的義務，除了那些少數例外人士，他們故意想要事情違反其所是，或明知不可能而故意爲之。換言之，他們的意志受到特定激情、情感腐化敗壞，或因爲某些盛行的不合理激情而動搖。
>
> （1990: I, 299）

此一宣稱乃是休姆批判斧鑿最深之標的。他的論述固然也投入相當篇幅，否定有這種恆定關係的存在，或揭顯理性主義立場的蒙昧傾向，不過這些都只是次要議題。他致命一擊的論述在於指出，即便如此的必然、恆定關係有存在，純粹只認知該等關係，絕對不足以驅策行動。我們還需要有某種**欲望**，姑且不論是道德的或任何其他的欲望。先前一章，我們已經看過休姆的動機通論，在本章我們會討論，如何應用該理論來處理道德議題。

另一位理性主義者，威廉、沃拉斯頓（William Wollaston, 1659-1724），深受克拉克影響。

在他唯一出版的著作《自然宗教闡析》（The Religion of Nature Delineated, 1722），沃拉斯頓透過闡述，道德善惡分辨的基礎繫諸於理性眞僞之分，試圖以此證明道德義務具有客觀、永恆本質。他首先陳述標準的眞理符應理論，亦即語句是否爲眞端視其陳述內容與事實符應與否。語句包含特定內容，或「意含」（significance）；當世界符應於語句所斷言含有的內容，則該語句爲眞。

> **命題表述事情如其所是者，則爲眞；換言之，眞理的定義就是，用以表達事物的文字或符號與該等事物本身相符合。**
>
> （Raphael 1991: 240；本文引述沃拉斯頓的段落，都是節錄此著作。）

不過，**行爲**也是有具有意義的，因此可能爲眞或僞。這兒的概念，似乎可以說是，當人們在做某非語文的行爲時，等於就是透過該等行爲，去肯認或「說」，某特定事物是如此的情況。例如：當我拿你錢包的錢去花用，此舉形同謬誤地「說」，這錢是我的，可以拿去花用。同樣地，如果我用你的信用卡去買東西，此一舉動等於是說，我就是你。

> **行爲，和表述文字或另一命題同樣，都可以否定爲某爲眞的命題或事物，並非如其所是……**有許多種類的**其他**行爲，諸如：生活當中人的舉止的品格組構，這些在**本質上**，任何中立的審判者都會判定，其具有一種**意謂**（*signification*），**蘊含某命題**，就如同透過語言宣稱一

> 樣，清晰易解。因此，如果如此的舉止宣稱爲是，並非如是，則它們必然與眞理矛盾；這道理就如同，任何謬誤的命題或斷言必然與眞理矛盾一樣。
>
> （1991: 240）

另方面，**置之不理**（*omission*），亦即不付諸行動，也形同否定該行動所要「說」的內容。因此，如果我承諾明天還錢給你，但故意避不見面，這就等於是說，這承諾不會履行了。同樣地，

> 如果我有錢、有閒、又有機會，卻不潛心向學，也不努力提升心智，不鑽研有益於自己的知識，那就是否定我的人品之所是，也否定我的知識之所是。
>
> （1991: 247）

有時，沃拉斯頓似乎更進一步暗示，行動是意義和眞理的首要承載體，而語句只是由之衍生。他的論述如後：「**語言**不過是我們觀念的**任意符號**，或我們思想的指示標記」。換言之，公共語句的語意屬性是任意連結且仰繫於思想的本質內容。相對地，思想和行動間的關係不是任兩分別事物間約定俗成的聯繫，而具有更爲親密的關係，行動乃是公開化的思想，將其翻譯、具體呈現在行爲當中：「**思想本身產生行動**；心靈的概念被帶向前來，成熟結果；因此，〔行動〕是最思想自然且直接表達的再現」（1991: 243）。

然而，沃拉斯頓也承認，某些行動可能透過人類約定俗成而取得其意涵。這就使問題更形複雜而麻煩了，因爲正如他正確指出的，既然是約定俗成的，所以其他的實踐作法也同樣可行。比方說，在猶太教，男子祈禱時必須頭戴小圓帽，表示對上帝的敬意，如果不戴帽子，就是褻瀆上帝，形同透過光頭對天的舉動，而「說」出上帝是不需崇拜的謬誤想法。相對地，在基督教，則是不可戴帽子。不過，他讓步承認，行動本身和其意義、後續謬誤之間的關係是立基於人類的抉擇，因而是偶發適然的。

話雖如此，沃拉斯頓仍然堅持，的確有其他行動其意義是內在本質的，而不是約定俗成，不是在所有的社會中其意義全都相同。如此的行動「有一種**無可改變**的意謂，不可能經由同意或強制而使其表達相反的意義。」只不過，他從未明顯告訴我們任何規則，可用來清楚區分這兩類行動，充其量只是舉竊盜或打破承諾的例子。假設我承諾明天還你錢，這就將我置於必須還錢給你的義務約束之下。當行動和義務的內容不一致，這就構成了一種謬誤。

> 如果A和B訂下契約，**承諾會努力永遠不做某些特定的事情**，但後來卻做了。在這樣的例子中，我們就必須承認，其行動反其道而行，與承諾相互**衝突**。他不只衝突承諾，也衝突該命題的眞理，這命題說該人許下如此的承諾，或應該遵守如此的契約。如果這命題爲眞，**A和B訂下如此協議**，則A**從未和B訂下如此協議**，就會否定前者，爲什麼?因爲後者的眞理和前者主張的協議乃是**不一致**的。
>
> （1991: 241）

沃拉斯頓結論道：

我因而設下一個基本公設：不論何人其行爲表現事情如是或不如是，該人即透過其行爲宣稱，該等事情就是如是或不如是。這就如同他訴諸語言一樣明白，而且更具實在性。而事情如果並非如是，其行爲就與該命題矛盾，因爲該命題斷言事情確當如是……對於人類而言，**道德善惡是無可辯駁的**，因此，**沒有任何舉動**（不論言或行），如果衝突任何爲眞的命題，或是否定任何事情如其所當是，卻可以是對的。如果該命題是錯的，那蘊含如此命題或以之爲基礎的行動，就不可能是對的；因爲行動實踐的正是這命題本身。

（1991: 243-4）

這論述的下一階段就是宣稱，眞理和虛假分別與道德善惡共變（co-vary）。「**道德善惡與是非對錯重合發生**」，換言之，表達虛假的內容是犯下道德惡行的充要條件。顯然，在此關係當中，沃拉斯頓賦予眞僞二分法特權地位，行動是錯的，因爲它是具體化或意謂某一謬誤內容。

現在，讓我們來檢視一下，我們有此宣稱，特定行動是錯的，因爲其「說出」或「意思指向」某種謬誤的事情。因此，我背棄承諾是錯的，因爲這樣做就錯誤否定我原本有做此承諾。但是，有人或許會反對，這些例子只顯現兩行爲的不相容，所以兩者不可能同時爲眞。但是，如果Y和行爲X矛盾，因而斷言是惡德，則X必然早已是惡德。倘若無此預設，如何能夠在不相容的X、Y當中，論定惡德必然是X而不是Y？換言之，要說打破承諾是錯誤的，因爲否定了許諾的行爲，而這就預設了信守承諾的道德**前提**。只有當某行爲原本就已經是道德之善，與之不相容的其他某行爲才有被斷言爲錯惡或道德之惡。但如此一來，這原始道德價值的基礎又是什麼？休姆在註腳闡述此一論點：

> 此外，我們還容易看到，在所有那些論證中都有一種明顯的循環推理。一個人如果侵占他人財物，當作自己的來用，那他就像是宣稱那些財物是自己的；而這種謬誤就是不義的這種不道德的根源。但是，如果沒有先在的道德準則作爲前提，財產、對錯、義務還可理解嗎？一個人對恩人忘恩負義，就形同透過如此態度，表明不曾受過該人任何恩惠。但是，什麼態度呢？是因爲他有義務要感恩嗎？不過，這就假設，在此之前已存有一種義務和道德的規則。
>
> (*T* 462)

另外還有一處，沃拉斯頓的論述也出現明顯丐題的窘況，那就是他承認，眞實和謬誤不受制於程度之差。換言之，他正確主張，語句非眞即僞，不可能某一句比另一句，或多或少程度地接近眞實或謬誤。他的問題是，他同時也主張，在道德方面，某些行動可能比其他行動更糟糕，譬如：「違犯這些罪惡可以說都是惡行，但並不是等量齊觀的罪惡」。這種不可類比的情形，似乎產生嚴重的問題，因爲他試圖將道德對錯的辨別立基於眞實和謬誤的差別。對於如此異例，他的因應之道是說，某些行爲違犯的眞實**數量比較**多，還有某些行爲違犯的眞實**比較重**

要。然而，要區分某些眞實比較重要，當然就需要有一種標準，可用來判斷道德的重要性，而這卻是沃拉斯頓從未提供的。

在這個環節上，我們見識到休姆簡潔有力的觀察功力。他指出，道德的可責性不與事理的謬誤共變，因爲有許多出現謬誤的例子，並沒有給予不道德的譴責。我在寫本書時，犯了許多錯誤，打字能力不完美，注意力不集中，這也是爲什麼深謀遠慮的天神會在我腦裡安裝一套檢查拼字的程式。但是，根據沃拉斯頓，我打錯字就是在，謬誤地「說」該等字非其所是。然而，即便最死硬派的衛道人士，在對我羅織如此罪名之前，應該也會遲疑再三吧。休姆責成沃拉斯頓應當負責說明，哪些謬誤是應該被譴責的，而且必須與其原始的立場相容（亦即不道德的根源來自於理性方面的謬誤）。在提出批判時，休姆追隨哈奇森，溫和地提醒反對者，有些人選擇「在屋子裡留幾盞燈，讓外人以爲，那裡頭有人在看守」（1971: 143），如此做法理當也得接受道德譴責。

休姆也指出，沃拉斯頓的觀點寄望在未曾論證的假設，有些道德錯誤的行爲在最起初就已是謬誤的。但是，任何人如果抱持如此觀點，絕無可能在不涉及丐題的情況下，合理解釋謬誤之所以不道德是由於原本就是謬誤的。休姆在前引的同一註腳如此寫道：

> 但是，有一點就足以徹底粉碎此一怪誕的體系，那就是：它使我們同樣難以說明，爲何眞實是善良，而謬誤是惡劣；正如它不能說明，其他任何行動的功過一樣。假如，你能舉出任何說得通的理由來說明，爲什麼那種謬誤是不道德的，那我倒是願意承認，一切不道德都是發

生於行爲當中該等假設的謬誤。如果，你把此問題正確考慮一番，你將發現自己仍然身陷問題出發點的困窘處境。

（*T* 462）

沃拉斯頓的觀點必須放在神學脈絡來理解。讓我們來看看下列段落，他以驚人步調，迅雷不及掩耳就從符應論的眞理觀，翻躍向更強烈的論點，「事物的自然本性」敕命某些行爲正確、某些行爲錯誤，端視和事實符合與否。他總結指出，某些行爲否定事物如其所是（例如：前引的偷竊和打破承諾），如此行爲就構成了對上帝至尊的挑戰，因爲所有發生的事情都必須符合上帝的意旨。

> 該等爲眞的命題，表達事物如其所是，表達主體和屬性之**關係**如其所是；換言之，根據該等**關係**的自然本性，若非肯定，即是否定。進而言之，此等關係乃是由事物本身的自然本性而決定與確立。因此，任何事物如果可以衝突任何爲眞的命題，就必然同樣會衝突自然本性（也會衝突關係、事物的自然本性），結果就是**不自然的**，或**本性是錯的**……如果，有一至高存有者，世界之存在全仰繫於祂，除非祂引發或允許，否則無一事物可能存在於此世界；如此而然，讓事物**自然如其所是**，即是讓事物自然如祂所引發或至少允許之所是，而被如是**引發或允許**：而這即是接受事物如祂所賦予，進入祂所建構的世界，遵從大自然書卷揭示祂的意志。如此必然是合於**祂的意志**。而果眞如是，逆道而行必不合於其意志，也就確然是**錯**

誤的，因爲（假以時日，我們終能體認）祂的意志有著完美無缺的正義。

（1991: 244）

而吾人所有行止，讓一切事物**自然如其所是**，即是直接遵從；反之，不讓事物**自然如其所是**，或已然是其當下所是，或已然是其已然所是，或不讓其是當下所是之實然，即是直接背叛自然唯一創始者的意志。此說無異於，上帝事實上引發萬物之存有，或至少允許其存有，然後一切就如是實然存有了；再者，存在於萬物之間的關係，具有如是自然本性，其一可以肯定另一爲眞，如此而然。這就是眞理，但對**我**而言，卻**未必**應然如是。

（1991: 245）

即便如此，我們仍然無以決定道德辨別的終極根源，除非知道上帝爲什麼只讚許某些行爲，但對其他則否。如前所述，如果有人說，某行爲因爲與自然事實衝突或不相容，所以是錯的，我們還是需要知道，爲什麼道德之善被放置於某些事物，而不是其他事物。換言之，我們必須知道，上帝就其無所不知的智慧，究竟會如何回應某些特定的事實或關係。

有時，沃拉斯頓的思考路線更靠近克拉克，譬如：他說道，道德善惡端視個別境況與公理和「永恆眞理」相容與否：

事物不可能否定其所是之狀態……而不衝突公理和永恆眞理。道理如後：**萬物是各自實然所是，已行之事，無可挽回**……如果，眞有公理這麼一回事，且總是已經無可駁斥的眞理，

> 因此總是已經爲上帝所盡知其如是，所以，絕無可能否定其等之眞實……而不同時否定上帝全知的眞理。最後一點，否定事物如其所是，即是僭越**自然至理**、理性的律則。眞理不能反對，否則必然違犯理性。
>
> （1991: 245）

不過，很難理解，爲什麼我偷拿你錢包，相較於我把錢包歸還給你，會或多或少比較相容於「**萬物是各自實然所是**」，或「**已行之事，無可挽回**」？持平而言，萬物是各自實然所是；所以，偷竊就是偷竊，而打破承諾就是打破承諾。大家也都同意，已行之事，無可挽回；但是，就如同人們不能逆轉逝水如斯的時間，已然**毀棄**的承諾（已行之事）不可能取消，已然**信守**的承諾亦復如是。

另外，沃拉斯頓還面臨一種反對意見，休姆指出，他所舉的行爲和悖德或美德之間所謂非約定俗成的例子，事實上乃是「人爲的」，都是立基於約定俗成的關係。舉個當代社會的例子，假設我冒用你的信用卡，此等舉動形同「說」，該信用卡是我的。在此，沃拉斯頓似乎就需要有「z是x的財產」如此的事實存在，而且其自然本性早就規定，「如果z是x的財產，未得x允許，y就不應該取用之」。他需要假設，事實和義務之間的必然關係。如果確然如此，則在該等事實之下，義務才能順理成章，應該予以遵循。下一章我們會看到，休姆顯示，任何如此的事實與後續的義務之間，還需要某些特定習俗的介入，才能確保其約束效力，例如：猶太教宗教儀式要戴帽子，或是伊斯蘭教避免吃豬肉。

最後，沃拉斯頓的理論，在休姆的動機本質論述下，明顯禁不起考驗，就拿衆所周知的一點來看，僅只相信或認知某行爲是謬誤的，不可能提供任何動機去遏止該等行爲。

第三節　道德與動機

休姆認爲，有一條思考進路，足以反駁理性單獨可做爲道德基礎的立論。他在*T* 2/3/3指出，認知某行爲與付諸實踐之間，總存有一間隙，不可能單獨由信念塡滿，且還需要來自激情的輸入。如果此論述爲眞，那就必須接受，道德之行不可能由理性單獨發動。因爲道德的考量要能驅策吾人付諸實踐行動，不能只是包含理性處理的資訊，「道德激發激情，產生或阻止行爲，理性自身在這方面完全無能爲力。因此，道德規則並不是理性的結論」（*T* 457）。

休姆批評目標是，任何形式的道德理性主義宣稱，人們是依道德義務感而行動——我們之所以做某事，乃是因爲判斷那樣做是對的。我們的行動是由信念單獨引發，且可由之充分解釋。

例子

我看到你口袋掉出錢包，我把它撿起來還給你。理性主義者可能會解釋，我這行動等於「說」，我相信**偷竊是錯的**，若將該錢包占爲己有，就構成偷竊。依此而言，我歸還你錢包的舉動，可以由前述兩信念之交互作用，而提出合理的因果解釋。這當中，使我該行爲有道德的是前一個信念，其帶有明顯價值判斷內容。因爲，根據此理性主義觀點，所有導致我行爲的原因都是非眞即僞的信念。設若偷竊是不對的，此信念爲眞，我若偷了你錢包，那就沒有符合該道德事實。偷竊之爲不對，可視爲一條規則，由此可演繹出偷竊行爲是不對的，從而**約束**我，其他人亦同，不可偷竊。

以上描述顯而可見，道德理性主義堅定主張，道德的重要面向（例如：義務）乃是客觀且獨立於心智之外的行動屬性，而且也是實踐性的。道德正確或謬誤就在於有無符合道德眞理。

如同先前諸多例子一樣，休姆或許認可理性主義在現象層次的描述，因爲很多時候，我們似乎是根據如此「道德信念」而行事。不過，他試圖從理論角度來修訂一般常識，他論稱，僅只智性認知道德相關事實，是不足以驅動行爲的。他補充說，因爲理性不能**驅動**道德，也不能**發現**道德是由什麼構成：「一旦我們承認，理性對於激情和行爲沒有影響，我們若還要妄稱，道德僅憑理性歸納就得以發現，那就完全是白費心力。行動原則永遠不能建立在缺乏行動力的惰性原則之上」（*T*457）。

或許有人會回應，上述例子看來有些薄弱，理性固然不能驅策學生去做代數作業，但也不能因此就斷定數學眞理不可由理性發現。不過，如此回應可能錯失了休姆立場的洞視灼見，也沒能掌握這兩個例子的重要差別。休姆採取的是目前所謂的**內在主義**（*internalism*）：道德判斷舉動在其本質上，具有某種驅策行動的影響力。比方說，人們不可能眞正接受某行爲是不道德的，而沒有或多或少的動機要去避免之。因爲理性在驅動行爲方面是惰性無力的，局限於「發現眞實與謬誤」；相對地，道德考量在本質上才有趨策行動的力量，「發現道德」不可能是理性獨占的禁臠。

然後，休姆重申*T* 2/3/3的附帶論述：激情無所謂眞實或謬誤之別，所以不可能涉及眞假值關連的邏輯關係，譬如：矛盾或蘊含意涵等等。他說，這可以直接證明先前論述間接證明的論點：道德正當性不可能存在於是否與理性相符合。

> 理性的作用在於發現眞實或謬誤，亦即觀念的**實在**關係或**實際**存在是否和事實相符合。因此，凡不受制於該等符合或不符合情況者，也就不可能爲眞或爲假，並且永遠不能成爲理性運思的對象。現在，顯而易見，我們的激情、意欲、行爲都不受制於該等符合或不符合的情況；它們是原始的事實或實在，本身自足而立，並不參照其他的情感、意欲、行爲。因此，不可能宣布其爲眞或爲假，違反理性或符合理性。
>
> 對我們當前目的來說，此論述具有雙重的優越性。因爲它直接證明，行爲之所以有功，並非因爲符合理性；其有過，也並非違反理性。再者，它還較爲間接證明了此同一眞理，就是向

我們指出，理性既然永不能因爲與任何行爲矛盾或讚同之，而直接阻止或引發該行爲，所以就不能是道德善惡辨別的泉源，因爲我們發現該泉源乃是有這種影響力的。行爲或許可誇獎或可責備，但不能是合理或不合理的。因此，可誇獎或可責備，與合理或不合理，並不是同一回事。行爲的功過往往和我們的自然傾向相矛盾，有時還控制我們的自然傾向。但是理性並沒有這種影響。因此，道德的善惡辨別並不是理性的產物。理性是完全沒有行動力的，永不能像良心或道德感那樣，成爲行動原則的泉源。

（*T*458）

2E 提供另一角度來處理此論題。休姆先前已展現，有用性是一種手段—目的關係，因此說某事物有用，就會促使你必須看待另外某事物本身就是有用的，而且不可能提出任何證明。比方說，不存在任何理由能夠說明，爲什麼我們要快樂，或不喜歡痛苦。事實上，即便提得出任何理由說明，恐怕也很難讓人理解。

顯而易見，**理性**絕無可能說明人類行爲終極目的，而必須完全訴諸人類的感性和情意，絲毫不仰賴於理智官能。問某人，「爲何運動？」他可能回答，「因爲想保持健康。」若接著再問，「爲何想要健康？」，他可能不加思索就告訴你，「因爲生病很痛苦。」若再進一步追問，爲何討厭痛苦，八成就講不出所以然了。這就是終極目的，再也無以指向任何其他外物……不可能有**無窮盡的**原因回溯，也不可能一事物總能成爲另一事物爲何被欲求的理由。

某些事物之所以令人欲求，必然是因爲其自身之故，沒有其他任何中介原因，而是其本身就符合於人類的感性、情意，或讓人感覺合意。

（2E 293）

美德的基礎也有同樣的基本性：爲什麼我們讚許某些有益於自我的事物？爲什麼我們認爲，對他人有益的事物值得讚許？

現在，由於美德本身就是目的，而且因爲其自身之故，毋須任何報酬或獎賞，單純爲其傳遞的直接滿足感，就足以令人欲求。因此，必不可少的是，應當存在某種它所觸動的感性，某種內在的心理感受，或者不論你們樂於怎樣稱呼，能夠區別道德善、惡，使人接受前者，而摒棄後者。

（2E 293）

第四節　論證推理不能提供道德基礎

接下來兩節，進一步闡述休姆關於克拉克和沃拉斯頓理性主義的批判。因爲理智的作用在於比較觀念，或發現、推論經驗事實，所以，如果理性足以發掘道德辨別，「美德或悖德必然若非存在於對象的某些關係，否則就存在於可由推理而發現的某種事實」（*T* 463）。休姆論述顯示，這兩種情況都不可能成立。本節，先聚焦將道德辨別立基於觀念之關係的做法；下一節，再討論將道德辨別立基於事實層面的做法。

休姆考量，是否可能先驗論證，道德分辨是立基於「事物恆常且無可駁斥的符合或不符合」。他結論道，此種符應論的道德模式曖昧不明，不可能提供任何清晰可理解、可正確驗證的說明。最後，他以自己的理論作爲對比，強調在清晰度和可受檢驗方面都更勝一籌。

任何道德分辨的先驗基礎，必然立基於觀念的關係，在*T* 1已宣稱，只有四類可受論證的關係，分別是：類似、相反、質性程度、數量和數目的比例。要證明某行爲不道德，必須能從該行爲相關的某些形式關係演繹出惡的觀念。然而，此一宣稱頂多只能說是含糊不清，最糟則是根本無從理解。

在2*E*，休姆描述，從相反的關係，不可能演繹出忘恩負義是不道德的行爲；從而顯示，僅憑行爲之間存在相反關係的事實，並不足以確定道德的善惡之分。假設有兩行爲，分別發起於善意和惡意相反的品格。這兒問題是，相反乃對稱關係：若 p 與 q 相反，則 q 與 p 也必然相反。因此，只知兩品格相反，且其中有一爲惡，這並不能告訴我們，究竟 p 是惡，抑或 q 才是惡。

在上述例子中，我先看到一個人的善意和善行，然後是另一人的惡意和惡行。這兩者之間存在一種**相反**的關係。罪惡就存在於該等關係嗎？但是，假設某人對我懷有惡意，或對我施以惡行，而我卻對他無動於衷，甚或以善行對待他。箇中也是**相反**的關係，然而我的行爲通常是受到高度頌揚的。你儘可以隨心所欲扭轉這情況，但你絕無可能由此將道德建立在關係的基礎上，而必須訴諸情感的決定。

（*2E* 288）

然後，休姆開始檢視，這四類關係可能面臨的共通問題——理性主義絕對沒有辦法，把道德屬性局限在具有理性官能的存有者。因爲同樣的邪惡關係，也可能適用於不具理性或感性的生物，例如：其他動物或植物。比方說，亂倫可能發生在人類、人類以外的動物，甚至植物。當然，這兒重點是，該等關係是純粹的**形式**關係，並沒有在本質上只能適用於特定對象，而排除其他適用對象。因此，如果悖德存在於該等關係，那麼凡是出現該等關係的所有例子，就都應該有著同等的悖德。不過，如此就會導致荒謬的結果，因爲我們不會對動植物施以道德判斷，既然如此，該等形式關係也就不可能是人類道德辨別的來源。

> 如果你斷言，悖德和美德存在於，必須承受論證和具有確實性的某些關係，那麼你必然只能局限於那**四種**有該等證據或多或少證實的關係；而在那種境況下，你就陷入重重荒謬，永遠無從脫逃。因為你既然認定，道德的本質在於該等關係，而其中沒有一種不可適用於不具理性的對象，甚至也適用於無生命的對象；所以，當然結果就是，甚至這些對象也必然能夠有功或有過了。**類似**、**相反**、**性質**，以及**數量與數目的比例**，所有該等關係不但屬於我們的行為、情感、意志，同樣也確當屬於其他物質。（*T* 463-4）

> 無生命的對象相互之間，也可能擁有我們在道德行動主體者觀察到的所有同樣關係；儘管前者絕不能成為愛恨的對象，因而也絕不能認為具有德性或罪惡。小樹超越並毀滅母樹，處在與尼祿弒殺母親阿格麗帕娜完全相同的關係，如果道德單純繫諸關係的話，那棵子樹也將毫無疑問同樣有罪。（*2E* 293）

理性主義或許會反駁辯解，這些例子的道德差異性是由於，人類可以**感知**或**發現**行為是錯誤的，但動物則否。休姆的回覆是，如此回應與理性主義原始前提，前後不一致，該前提宣稱，亂倫的不道德是由於箇中涉及的關係。因此這樣的反駁辯解就等於默認了休姆的觀點：不道德不可能**存在於**亂倫關係本身，因為要說可以發現或感知謬誤，就預設必然先已存在能用來感知該等謬誤的獨立判準。

如果有人回答說，這種行爲在動物之所以無罪，那是因爲動物沒有理性足以發現它是罪惡的。至於人類則賦有理性官能，應該約束遵守義務，所以同樣的行爲在人類就構成罪惡了。如果有人這樣說，則我可以答覆，這顯然是循環論證。因爲在理性能夠覺察罪惡之前，罪惡必然既已存在，所以是獨立於理性判斷之外的，確當而言，罪惡是該等判斷的對象，而不是判斷的結果。（*T* 467）

如果我們說，動物不用受責備，因爲牠們缺乏辨識「罪惡」的理性。那麼這就假設，有罪惡既已存在，獨立於理性的偵測能力之外，等待被人發現。但是，如此一來，如果眞的存在那種罪惡，即使動物沒能辨識，一旦做出該等行爲，還是有罪的。總之，要說是理性發現道德辨別，這就預設了你只能發現早已存在而尙待來者發現的事物。理性主義還必須說明此一先驗存在的事實。「動物缺乏足夠程度的理性，這或許阻止牠們察覺道德的義務和約束，但這絕無可能阻止該等義務存在，因爲該等義務必須先存在，然後才能被察覺」（*T* 468）。

如果，在另一方面，理性主義者論稱，有**其他**某些可論證的關係，提供道德辨別的基礎，則他必須告訴我們「那是什麼」。不過，這條出路也行不通，因爲該等關係不得不只能適用於理性行動主體，且在本質上也必須具有動機的驅策力，以便任何理性行動主體一旦察覺該等關係，單憑理解就會受到驅策，進而採取適當的道德行動。

休姆論稱，數學和道德推理有重大差異，不可相互類比。例如：已知有圖形由三條直線圍成一封閉空間，由此可推知，內角總合180°。再者，如果長邊平方等於另兩邊平方合，就可進而推知一內角爲90°。總之，數學事實可以推出相同種類的結果；相對地，道德對錯則仰繫於全部的自然事實——但是，一旦這全部事實都呈現了，而且關於它們的全部關係都釐清了，那理性就再也沒有任何事情可做了。當然的結果就是，形成道德判斷的最後一道步驟，不是來自理性，而是來自情感。

對於三角形或圓形，思辨的推理者考慮的是這些圖形諸部分的一些已知且給定的關係，並依賴該等關係而推論某種未知的關係。但是在道德思考中，我們必須預先熟悉所有對象，以及該等對象相互之間的所有關係，通過整體的比較，才確定我們的抉擇和讚許。沒有新的事證要去查明，也沒有新的關係要去發現。在作出任何譴責或讚許的判斷之前，一切狀況的因素照理都已全部擺在我們面前。如有任何實質因素仍未知或可疑，我們就必須先運用探究或智性能力設法釐清，而且必須暫時擱置一切道德的決定或情感。

（*2E* 289）

請注意，休姆說，在那之前，「必須暫時擱置一切道德的決定或情感」。由此可見，他已經遠離簡單主觀主義，因爲任何基本、未受教導的反應，原則上是不可能暫時擱置的。我們稍後會看到，道德判斷之所以可能暫時擱置，乃是因爲在其形成過程有理性涉入，而這正是理性、想像和激情之間的三向互動和重新調適此一複雜連鎖的最後一道環節。

道德評價和審美鑒賞的類比

2E 將道德評價和審美鑒賞予以類比。對象的美仰賴於物理屬性和關係，諸如：比例、大小等等；此種美的鑒賞不在於理智對於該等因素的掌握。理性的對象是美所立基的該等特徵，而不是美本身，美是鑒賞結果所產生的感覺。

> 如果我們將道德的美，和在許多方面與之類似的自然美，作一番比較，這一學說將更顯明白。一切自然的美都仰繫於各組成部分的比例、關係和位置；但是倘若由此而推斷，對美的感知，就像對幾何問題之眞理的感知一樣，完全在於對該等關係的感知，完全是立基於理解或知性官能運思的結果，那將是荒謬的。在一切科學中，我們的心靈都是根據已知的關係來探求未知的關係；但是，在品味或外在美的一切決定中，所有關係都是既已存在，明白擺在眼前，我們根據對象的性質和我們器官的器質的交互作用，而感受到一種滿足或厭惡的情感。
>
> 歐幾里德充分解釋了圓的所有性質，但是對於圓的美，未置一詞。箇中理由不言而喻，美不是圓的性質。美不在於圓的線條的任何一部分，圓周各點到圓心的距離都是相等的。美僅僅是這個圖形在心靈所產生的一種效果，因爲心靈特有的組構，而容易感受如此的情感。
>
> （*2E* 291-2）

沒有任何東西可能只擁有美的屬性。如果我判斷某物是美的，那麼它的美就仰繫於其物質與/或結構屬性，缺乏其中任何一個諸如此類的屬性，就不可能是美的。另外，美的此種仰繫特性還有一個面向：改變此等屬性就會導致美的增、減或消失。再次，如果我判斷某物是美的，我就必須說，任何其他東西如果擁有相同物質和結構屬性，必然也就有同等的美。不過，這就等於是說，休姆也會這樣指出，我可能在某時間點判斷某物是美的，但若干時日之後，雖然所有屬性維持不變，但是我卻認爲它並不如原先想的那樣美好。這種判斷上的差異，有可能是在於我感性歷經某種變化，而這可能是由於我在推理方面的變化。

最後，即便這些反對意見都可以克服，理性主義者仍然需要面對休姆早先提出的論點：即便我們能夠感知道德分辨的理性主義基礎，但僅只認知如此事實還不足以驅動行爲。所以，休姆提供讀者選擇，一是清楚且可驗證的理論，另一是理性主義曖昧模糊的倡議——

> 一種玄奧的假說，絕無可能讓人理解，也絕不可能適合於任何特定事例或例證。而我們所抱持的假說則是淺顯易懂。我們主張，道德是由情感所決定；美德的定義則是，凡是能讓旁觀者心情愉悅而發出讚許的心理活動或性質，而悖德則反之。接下來，我們著手考察一個淺顯明白的事實，即什麼行動具有如此影響力。我們考量該等行動一致具有的所有因素，從中努力找出關於該等情感的某些普遍現象。倘若你們稱之爲形上學，並於此發現任何玄奧的東西，那麼你們只好斷定，自己心性不適合於精神科學。
>
> （*2E* 289）

第五節　事實錯誤不能作爲不道德的來源

針對理性主義者宣稱，道德罪過存在於事實之錯誤，休姆在反駁時，一開始只是簡單指出，錯誤不**總是**被認爲道德可譴責的；有時候，我們會因爲人們有錯而憐憫之，而不是譴責。所以，理性主義者需要釐清，哪些種類的錯誤構成不道德：

> 我們仍然很容易看到，這些錯誤遠遠不是一切不道德的來源，而往往是清白無罪的，對於不幸陷入錯誤的人們，並不帶來任何罪過之譴責。這些僅僅是事實的錯誤，道德學家一般都不認爲是有罪的，因爲完全是無意的。如果我誤會對象在產生痛苦或快樂方面的影響作用，或是不知道滿足個人欲望的恰當方法，那麼人們可能比較會可憐我，而不是責備我。
>
> （*T* 459-60）

當然，休姆或許會承認，我們有時候會，而且也應該要譴責某人所犯的錯誤，譬如：疏忽而犯錯。不過，這是因爲我們相信，該人應該已經知道自己有所疏失。所以，在如此情況下，譴責不是單純針對做錯事本身，而是因爲怠忽應盡的義務。

其次，如同先前討論沃拉斯頓時提過，休姆指出，眞實與謬誤的區別是嚴格非此即彼的，而不是程度高低之分。所以，說某事「部分爲眞」，根本就是誤導。當然，寬鬆而論，我們可以說，某宣稱比另一宣稱「較爲接近事實」。例如，如果你說，2＋2＝5；我說，2＋2＝6，那麼你是有比較接近正確答案。不過，比較接近並不代表比較正確，因爲兩者同樣都是錯的。有人可能會補充說，理論有可能「部分爲眞」；這意思是說，該理論由若干命題組成，其中部分命題爲眞，部分爲假。依照這種看法，某一理論因而就有可能比其他理論「更眞實」，因爲比其他競爭者包含較多爲眞的命題（或較少謬誤的命題）。只是，這結果對理性主義卻是壞消息，因爲行爲對錯的道德分辨，若是立基於事實的眞實／謬誤之別，那麼我們就不得不接受一種明顯謬誤的結果——所有不道德的行爲，因爲同樣都是事實謬誤，因此道德錯誤的程度也就都是相同的。

> 這裡，提出如後的看法或許堪稱允當：如果道德的善惡辨別是由判斷眞實謬誤而得來，那麼不論在什麼地方，只要我們作出該等判斷，就必然有善惡的辨別，且不論問題是關乎蘋果或王國，也不論錯誤是可避免或不可避免，全都沒有任何差別了。因爲道德的本質既然被假設爲，對理性的符合或不符合，那麼其他情境因素就都完全是可有可無的，永遠不能賦予任何行爲以善良或惡劣的性質，也不能剝奪之。還有一點，這種符合或不符合既然不能有程度的差別，那麼一切美德或悖德當然就都是相等程度的善或惡了。
>
> （*T* 460）

最後，萬一理性主義者反駁，不道德的基礎不在於一般的事實錯誤，而在於「誤會了關於什麼是對的」，休姆的回答是，要犯關於X的錯誤，就必須預設X的判準已經建立。如此一來，說不道德是存在於「是非方面的錯誤」，而這就犯了丐題的謬誤，因爲這預設，道德正確性的先驗判準，獨立於該等錯誤判斷之上；然而，該等道德判斷之所以是錯誤的，正是因爲違反該判準，如此就成了理不清頭緒的論證循環。因此，即使如此錯誤是可能的，這也不是道德辨別的終極來源。

我會回答說，這樣一種錯誤不可能是不道德的原始來源，因爲它以一種實在的是非作爲前提，也就是以獨立於該等判斷之外的一種實在的道德分辨作爲前提。因此，是非方面的錯誤可以成爲不道德的一種，不過只是衍生的一種不道德，是立基於在它之前就存在的別種不道德上面。

（*T* 460）

休姆在2*E*，乾淨俐落點出，理性主義立場的循環論證謬誤。要說道德不是存在於行爲本身之間的關係，而是「存在於行爲和是非規則之間的關係」，那就已經賦予該規則特權地位。如果有人說，我們是以理性單獨來理解此一規則，「這檢視行爲的道德關係」，那麼這人就是在循環論證了。行爲的關係是透過與該規則的關係從而獲得解釋，而該規則又是透過行爲之間的關係而獲得解釋。

你們說，不，道德本質在於行動與是非規則的關係，行動按照其與是非規則的一致與否，而被稱爲善或惡。那麼這條是非規則是什麼？它又是建立在什麼之上？如何被規定？你們說，是由檢視行動的道德關係的理性所規定。所以，道德關係是由針對行動和某規則的比較所規定，而該規則又是由考量對象的道德關係所規定。這樣的推理不細膩嗎？

（*2E* 288-9）

休姆在下列引述段落的結尾，介紹了他的道德辨別基礎理論，這也是他最廣爲各界引述的道德論述觀點。當中宣稱，在檢視我們判斷爲不道德的任何行爲時，理智無從找出構成悖德的任何事實。反之，只有在以全人的血肉情感之軀，而不是脫離肉身不帶感情的理智，我們眼見該等情事，才會辨識那是不道德的。這當中，我們意識到，眼見或思索如此行爲時的一種痛苦的印象，這就是道德譴責的來源；在該等初始的情感反應糾正之下，道德譴責就會徹底浮現。

以公認邪惡的故意殺人爲例，你可以在一切觀點下考慮它，看看能否發現所謂**邪惡**的任何事實，或其眞實存在。不論從何角度來看，你發現的只是一些情感、動機、意志、思想，此外別無其他事實。如果你只看那對象，不管你看多久，完全找不到邪惡。除非你反過來省察自己內心，感到心中對該等行爲湧起的一股譴責情緒，否則你永遠也不能發現邪惡。這是一個事實，不過這事實是感覺的對象，而不是理性的對象。它就在你心中，而不在對象之內。因此，當你宣稱，任何行爲或品格爲惡時，你所指的就只是，由於天性結構使然，在思考該等行爲或品格時，油然而生的一種責備的感覺或情意，此外別無他物。因此，悖德和美德或可比作聲音、顏色、冷熱，依照近代哲學，這些都不是對象的物性，而是心中的知覺。

（*T* 468-9）

休姆舉此例不是要否定，心理正常的人如果親眼看見殘酷的謀殺事件，會被該等情形嚇壞，而無法感知邪惡。他的意思其實是要指出，在該等感覺和後續行爲之間並不存在先驗的連結。兩者在理論上，就算不是實際上，乃是清晰而可分離的。但是，這只是闡明人性本質的一個重點：某些現象或想法總是與道德判斷恆常交集出現，此乃無庸置疑的事實。所以，休姆同意，如果我親眼看見謀殺事件，我當然會認爲那是錯的，就如同我看到任何殺人事件一樣。但我會有如此反應，最初乃是心中的激情和理性交互作用，後來才導出該等道德判斷。相對地，在上引文前半段，休姆邀請讀者進行思考實驗，偵測官能的情感層面徹底給阻絕了，純粹是從理性來檢視。是在如此刻意限制的情況下，才會感知不到邪惡。

休姆的用意不是要否定，道德本質是立基於事實；他只是要反對，**理解單獨就能發現**道德的事實。他明確告訴我們，「這就是事實」，但此等事實需要一種涉及人類情感的特殊本質，一種同情的能力，以茲詮釋他人，就如同視覺系統需要感知色彩的特殊能力一樣，發揮感同身受的同理心，以便偵測對方內心的感受。

那麼，這些是屬於何種事實呢？當然不是存在於外界的那種客觀事實，好像完全獨立於人類一切可能的知覺能力之外。再者，另外一個極端，也不可將其等同於我們的主觀反應，好像上引文最後一個句子，不理會其中的前後文脈絡，而可能誤導人想成那種情況。相反地，道德判斷實則涉及一種特殊種類的感覺，來自於理性對原初情感反應的糾正結果。這種「責備的感覺或情意」，可不要和**個人**對於某行爲的好惡傾向等同視之，而是當我們隔離個人特定觀點偏私傾向的普遍反應。

他把道德性質的感知拿來類比於色彩之類的次級感覺屬性的感知。當一般人，不熟悉該新興科學，看到一本紅色的書籍，就逕自認定紅色是「內在於」該書本的一種獨立於心靈之外的客觀屬性。相反地，紅色的感覺是由於對象事物的首級屬性，在我們的特定知覺系統所引起的效應。如果該書的所有屬性都保持相同，而人類全都變成色盲，那這書就不再是紅色的了，除了內在器質意義上，還可說它是紅色的；換言之，如果有某些人保有「昔日的」那種視覺感知系統，他們就會看到那書還是紅色的（在標準光線照明之下）。因此，次級屬性的確立無可避免必須涉及人類感知的方式。

當休姆說：「你所指的就只是，由於天性結構使然，在思考該等行爲或品格時，油然而生的一種責備的感覺或情意，此外別無他物」，他這並不是要試圖描述，你自己心裡的實際思考和感知歷程，或是你會如何描述或解釋之。再者，他也不是要建議，重新界定人類社會日常使用這個字眼（邪惡）的標準意義。他其實要說的是，引發此種譴責的能力，就是構成邪惡的眞正關鍵所在。要賦予它超過於此的更多客觀性，那就會如同把色彩視爲獨立於心智之外的客觀物性，而犯了類似的錯誤。

總結而言，休姆認爲，道德泉源不在理性領域，也不在觀念，或觀念之間的關係。而是立基於次級印象。話說回來，雖然休姆說了這麼多，但絲毫無意否定，理性在發現道德辨別方面所扮演的角色。換言之，他的論述完全沒有否定，理性的投入是道德評價的必要條件，而只有否定其並非充分必要條件。

第六節 「實然—應然」問題

對於這些推理，我忍不住得再追加一條附論，這或許有人會發現是頗重要的。在我所遇過的每一道德體系，我向來都有注意到，創制者在相當時日中都是照著一般推理方式進行，然後確定了上帝的存在，或是對人事作了一番議論；可是突然之間，我卻大吃一驚發現，所遇到的不再是命題中通常的「是」與「不是」等連繫詞，而是沒有一個命題不是由「應該」或「不應該」聯繫起來。這變化雖是不知不覺的，卻是對後果有極其重大的影響。因爲應該或不應該既然表示某種新的關係或肯定，所以就必需加以關注和說明；同時，對於這種似乎全然不可思議的事情，即如何能由完全不相同的另外一些關係，演繹出該等新關係，這也應當給個理由加以說明。

（T 469-70）

過去十數年間，有關休姆道德理論的討論，大多聚焦在我所謂的「動機論述」，以及道德屬性在本體層面的地位。不過，我們也別忘了，在一九五〇至六〇年代，有關能否由「實然」推論出「應然」，也曾一度成爲占據中央舞台的話題。換言之，任何關於人們應該如何行爲的道德宣稱，能否單獨從事實陳述的命題推出。根據學界普遍的詮釋，休姆否定該等由「實然」推論出「應然」的演繹推論是有效的，而且此等論點甚至被高舉爲「休姆法則」（Hume's law）。

不過，這種詮釋也不是全無異議，關於休姆的原意，持續有極爲熾烈的爭辯。比方說，我們是應該把他的意思解讀爲，從「實然」推論出「應然」**確實是**不可能的；抑或是，取其字面意思，認爲他只是說，在有人展現如何可以完成此等推論之前，這**似乎是**不可能做到的？我同意喬納森・哈里遜（Jonathan Harrison）傾向前一種詮釋，因爲如若不然，「他應該會直截了當，單純總結指出，實然所涉及的**似乎就**顛覆了俗世的道德系統」（Harrison 1976: 70）。

相對於普遍的詮釋，傑弗瑞・杭特（Geoffrey Hunter）論稱，休姆的意思其實是，無從設想如何可能從「實然」推論到「應然」，因爲根本**不需要任何推論**。他說，這是因爲，休姆把應然命題**等同於**某些特定的實然命題。在此，摘列休姆的若干段文字，說明杭特如何以之爲基礎，從而作出如此的詮釋：「當你宣稱，任何行爲或品格爲惡時，你所指的就只是，由於天性結構使然，在思考該等行爲或品格時，油然而生的一種責備的感覺或情意，此外別無他物」（*T* 469）。

在杭特來看，該段文字可以詮釋爲，休姆乃是主觀主義者，他把道德判斷視爲自陳報導該等情感發生的情形。不過，我們可以看得很清楚，前述引文並不是關於當事人的**意思**是什麼，亦即他是要溝通些什麼訊息。換言之，休姆並不是提供當事人在做道德判斷時「說話者的意義」（utterer's meaning）（此乃保羅．格萊斯（Paul Grice）主張的一種概念）。他也不是說，聽者會將該等情況普遍詮釋爲當事者的主觀心理狀態。休姆根本不是提出語意學的理論，他也不是針對道德語言，進行定義或概念分析；相對地，他是在探尋建立自然主義的科學陳述，用以說明人們在進行道德判斷過程實際發生的情形。

另外，還有些爭論，關係到休姆使用「deduction」一語的意思。比方說，麥金泰爾（Alasdair MacIntyre, 1955）指出，十八世紀該語詞的意思比我們目前的用法來得寬鬆，不只包括休姆稱呼的論證推理，另外也可包括歸納。不過，很重要的是，我們要記得把休姆該等論述放在精準的脈絡來詮釋。該段文字是出現在休姆一整章針對道德理性主義批判的結尾處。事實上，這段文字的結尾明顯指出該等理論，以及他自己的觀點：「善惡的辨別不是單單建立在對象的關係上，也不純然只是理性的覺察」。因此，很合理可以認爲，如此的理論是他這段文字批判的目標。所以，我相當能夠接受通常的詮釋，休姆的意思應該是說，在演繹推理規則之內，沒有任何道德判斷可以從事實命題以邏輯推導而出。我認爲，休姆應該是在針對理性主義提出一系列的駁斥論述（主要是動機層面的論述）之後，稍微岔開話題。他所說的是，我們固然有由事實移向道德判斷，而且完全有道理如此做，在此過程中，除了理性能力之外，確實也有應用到具有驅策行動作用（即動機）的激情。

當然，在無關緊要的方面來看，透過自然演繹法則當中的選言引入法，確實可以有效地從「實然」推出「應然」的道德命題。因此，從「雪是白色的」，我可以推論，「雪是白色的」，或「人應該說實話」。當然，有人或許會說，此結論本身並不是應然命題，而是包含倫理命題的複合命題。其次，有人或許可以指出，從前述兩個前提，不可能推出眞正的倫理宣稱：「人應該總是說實話」。

另外，還有一種邏輯的運算，可以從矛盾關係推論出任何命題來。所以，設S代表「雪是白色的」，T代表「人應該總是說實話」。透過下列邏輯推論，就可以從實然命題S推論出應然命題T。

1	S & ~S	
2	S	1, 連言消去法
3	S v T	2, 選言引入法
4	~S	1, 連言消去法
5	T	3, 4, 選言消去法

此一推論雖然相當機巧，但並沒有觸及休姆所試圖傳達的深層要旨。首先，即便是承認這種邏輯運算，但這也不算眞正有效的推論，因爲矛盾並不是陳述可能的事實。如同維根斯坦在《邏輯哲學研究》（*Tractatus*）指出，矛盾和套套邏輯是事實論述的形式界限，但其本身並

不此界限當中。因此，這不算是從實然導出應然的眞正例子，因爲矛盾本身並不是一個「實然」。不過，更重要的一點是，和前一個例子一樣，如此方式並無法推論出實質的道德結論。只需點出，這相同的方式也可以讓你引入**任何**的選言命題，例如：「人應該永遠不說眞話」，從而得到完全相反的道德實然結論。

第七節　道德情感

關於休姆道德理論的完整面貌，我會保留到本書最後一章才呈現，因爲在這之前，除了《人性論》的相關題材之外，我還得補充介紹《道德原理研究》和〈品位鑒賞的標準〉。就目前而言，我會簡短摘述他在*T* 3/1/2提出的立場。休姆自信，已經有效駁斥理性主義的觀點，他指出，不可能從觀念之間的關係推出道德屬性或道德辨別；再者，理性認知辨識的事實也同樣無能爲力。休姆透過消去法，提出如後結論：道德屬性或道德辨別的發現，是「透過它們所引起的某種印象或情感」；因此，道德「毋寧說是感覺到的，而不是判斷出來的」（*T* 470）。他繼而指出，人們之所以沒能認出此等事實，乃是由於道德情感的**平靜**，「往往如此柔弱、溫和，以至於很容易就把它和觀念混淆，因爲依照我們平常的習慣，一切極爲相似的事物都被視爲同一」（*T* 470）。

然後，他轉向描述該等印象的本質，以及產生該等印象的因果心理機轉。首先，針對第一點，他立即確認，一種根本的特徵，亦即「美德引發的印象令人愉快，而悖德引發的印象則令人不快。」（*T* 470）。針對第二點，他指出，**個人品格**（*personal character*）是該等情感的對象。「對於某種美德的感知，就只是在思考該等品格時，感受到一種特定種類的滿足感，正是那種**感覺**構成了我們的讚美或景仰」（*T* 471）。

他補充說，美德的決定，其最根本的源頭，不在於理性的運作，因爲「我們並不是因爲某一品格令人愉快，才推斷其爲善；而是在感覺到該等品格在某種特殊方式下令人愉快時，我們實際上就感到它是善的」（*T* 471）。這段引言，如果斷章取義，休姆就會顯得好像是素樸主觀論者。要避免如此誤解，只需要記住，休姆確實並沒有否定，理性在道德判斷方面不可或缺的輔助角色。如同我們稍後將會看到，道德判斷是一連串複雜歷程的終點，在其中，理性對初始的間接情感予以精煉與糾正。因此，做道德判斷就是讓個人的情意反應通過理性運思的合理決定。在這段文字當中，他特別指出，在做道德判斷時，個人抱持某特定的立場，感受該等精煉的激情，此外並無額外的理性推論，諸如：「我對這個人感到一種道德讚許的感覺，因此我推論決定他擁有某種美德。」他無需否定，如此推論可能會發生；而只需指出，這是道德評價的結果，而不是原因。再者，道德情感局限於人類品格浮現的行爲，此舉就足以避免理性主義難以擺脫的困窘問題，亦即任何觀念之間的道德或不道德關係，也同樣適用於不具理性的動物或植物。

現在，我們可以進一步釐清，道德評價發生的條件。首先，該等條件總是涉及人，可能是自我，或是他人。具體而言，需要「印象和觀念的雙重關係」，此乃間接激情的特徵。

自豪與謙卑，喜愛與仇恨，這四種激情激發的時機就是，當任何事物呈現於我們之前，且與此等激情的對象有一種關係，又產生與該等激情相關的一種清楚區隔的感覺。美德和悖德就伴隨這些條件，它們必然置於我們自身或在他人身上，並且必然激發快感或不適感，因此必然激發起這四種激情之一。（*T*473）

上述第二條件，將道德情感與間接激情予以清楚區隔。間接激情發生的原因是與某人關連的某種性質，而該激情的對象就是該人本身。我可能因爲某人是習慣玩弄他人的騙子，而討厭她。相對地，道德情感的對象則總是品格本身的某種面向，是普遍的而不是個殊的，譬如：某特定騙子。還有一點也是不可或缺的，那就是道德情感必然涉及特定種類的快感或痛感，「唯有當我們一般地考量某一品格，而不參照個人的特殊旨趣時，該等引起那樣一種感覺或情感的品格，才取得道德善或惡之名」（*T*472）。

比方說，寫這些文字的時候，我心裡湧起一股對於某鄰居（姑且叫他巴克）的厭惡感，因爲他總是任由他家的那幾隻笨狗沒日沒夜地狂吠，吵得我終日心神不靈，沒辦法專心寫作。這兒，巴克本人就是我間接激情的對象，不過這還不足以構成道德譴責，還需要我從巴克抽離，且更重要的是，將我自己對於此特定情事的投入狀態抽離，而能一般地或抽象地考量當中涉及的品格。因此，我道德譴責的對象，不是**巴克**對**我**不爲人著想的特定行爲，而是該等行爲的普遍品格特質，亦即**不替鄰居著想**。

所以，相對於主觀主義，善惡道德品格特質的主要承載者乃是**受到判斷者**的特質，而不是**施予判斷者**的特質。當A判斷B的行爲是道德的，A實則就是把該等惡的特質歸諸B的品格。B的行爲是該等惡的可信指標，引發A感到不適的情感，經過精煉糾正之後，導向道德譴責，這才眞正完成將惡德歸罪於B。而B的此一眞實品格面向，也即是引發此一道德譴責因果連鎖的初始環節。

在區別道德判斷和間接激情時，休姆指出另一要點，將他和素樸主觀主義者清楚區隔開來，此一要點即是：**對錯**的概念可以適用於道德判斷。比方說，我們可能把無關道德的間接情感，誤當成道德判斷，因爲兩者在主觀層面的相似性：「我們很少不認爲，敵人是惡劣的；也很少能夠清楚區分，敵我利害衝突與敵人本身的眞正邪惡、卑劣。不過，這並不妨害那些情緒本身仍然是清楚區分的」（*T* 472）。道德判斷錯誤的另一來源是，我們可能因爲時空鄰近之類的因素，而以不同的方式，來回應同種行爲或特質的兩個不同事例。理性可以辨識此種錯誤，並且透過抽離個殊和偏心考量的抽象運思，而提出糾正。

總之，間接激情的呈現，是進行道德判斷（這也等於就是有道德情感）的必要條件。但是，道德情感不應該認爲是某種特定的間接激情，因爲：(1)道德情感的對象總是品格特質，而不是特定的個人；(2)激情只有從「普通觀點」浮現，才有可能在本質上變成道德情感。

費了如許一番心力，把道德情感和其他激情區分開來之後，接下來就是要決定，哪些特定種類的品格特質，能夠引發道德讚許或譴責。「**這種苦樂是由什麼原則發生？是由什麼根源而在人類心靈激起？……爲什麼任何行爲或情感，在一般觀點檢視之下，就給人某種滿足感或不適感**」（*T* 473-5）。就如同他在討論關於激情的通論時，他指出，「要想像，在每一個殊事例中，此等情感都是分別由一種特定的**原始**性質和**初級**結構所產生」，那就誠屬荒謬無稽了（*T* 473）。換言之，當我們說，自然賦予人們不同種類的情感反應，以茲分別譴責說謊、偷竊、殘酷等等行爲，這就如同對於樹葉、蘋果、書本的墜落，分別給予不同種類的物理原則一樣，同屬荒誕無稽之論。科學是要從諸多個殊事例找出共通原則。所以，道德科學目的即是要，「找出若干較普遍的原則，以茲作爲建立我們道德概念的基礎。」此項任務將在*T* 3/3展開。

延伸閱讀

1. 關於休姆道德理論的概論介紹，請參閱 J. L. Mackie（1980）；Jonathan Harrison（1976）；Norton & Terence Penelhum，收錄於 Norton（1993）。更詳盡的介紹，我推薦 Bricke（1996）；Snare（1991）；Ardal（1989）第五～六章；Baier（1991）第七～八章。

2. 關於**道德理性主義**、**道德感理論**，以及其他道德理論相關介紹，請參閱 Raphael（1991）；Schneewind（1990）。相關主題評述，請參閱 Darwall（1995）；Schneewind（1998）。

3. A. N. Prior（1945）討論哲學史上，處理「事實命題」導出「規範命題」的諸多不同取徑做法。W. D. Hudson（1983）針對近年來「**實然—應然**」**問題**的論爭，提供簡明的摘要概述；Hudson（1969）收錄此論爭主要論文；最後，我推薦 Searle（1964），此著作對於「實然—應然」問題論述發展，有相當重大影響。

第六章　自然美德與人爲美德

本章導讀休姆原典

一、自然美德主題

▼《人性論》第三卷　論道德

■第三章　論其他美德與悖德

▼《道德原則研究》

■第二章　論慈善

■第六章　論對自我有益的性質

■第七章　論直接令自我感覺適意的性質

■第八章　論直接令他人感覺適意的性質

二、人爲美德主題

▼《人性論》第三卷　論道德

■第二章　論正義與不義

▼《道德原則研究》

■第三章　論正義

■第四章　論政治社會

■第五章　效用爲什麼令人有快感

■附錄三　關於正義的進一步思考

三、休姆對利己主義的批評

▼《道德原則研究》第五節；附錄二　論自愛

第一節　個人美德的四大來源

休姆《人性論》先討論人爲美德，後討論自然美德。本文沒採用如此順序，因爲先簡要介紹自然美德，有助於引介他在解釋人爲美德起源時必須克服的諸多問題。

要切入休姆的自然美德理論，有一條可行途徑就是，他在討論正義時，提出的一條原則，稱之爲「無可置疑的原理」（undoubted maxim）：「在人性中，**除非有某種得以產生良善行爲之動機，且獨立於道德感之外，否則就沒有任何行爲可能是善，或在道德上是善**」（*2E* 479）。自然美德是我們道德讚許所立基的品格特質，且完全是「自然的」，不依賴於任何人類約定俗成的習歸規。

他應用他的科學方法，以茲辨識此類美德。首先，他觀察到各種引發讚許的行爲，連同恆常交集出現的品格特質；然後，找出統合該等特質的共通原則。他尤其仰賴「**內省**」（*introspection*），因爲他相信，人性的普世共通本質可以確保，衆人在這方面意見趨向相當程度的一致。事實上，他後來甚至相當有把握地說道：哲學家

> 在編製〔美德〕條目時，絕不可能出現任何重大失誤，或招致將沉思對象錯置的任何危險；他只需在自己胸臆體會片刻，稍作斟酌，是否希望有人將這種或那種性質說是吾人自己所

有；還有這樣或那樣的罵名，是出自朋友或是敵人之口。

（2*E* 174）

休姆很清楚，自己的論點爭議極大；還有他費盡心力，仍難以說服敵對陣營的哲學家。就此來看，休姆前面的自信似乎就太過樂觀了。而且，也與他承認要達成可靠道德評價是很困難的說法，有所矛盾。

他的研究顯示，道德讚許有四類主要來源：「個人值得讚許的優點，整體而言，就在於擁有某些對**自己**或對**他人**，**有用**或**感覺適意**的心理特質」（2*E* 268）。換言之，美好的品格特質，若非是對自己有益，否則就是對他人有益，而這所謂的美好，要嘛是本質內在的價值，不然就是工具性的價值，是用以達成某些其他美好目標的手段。對照來看，《人性論》對此類美德探討篇幅比較短；2*E* 則安排了四章，分別討論這四類來源的美德。只是如此一來，也就模糊了自然—人為的清楚區分，而這種區分在《人性論》具有非常重要的角色。

1. **對社會有用**：「忠實、正義、信實、正直」（2*E* 204），以及「柔順、仁慈、慈善、慷慨、仁慈、中和、公平」之類的「社會美德」（*T* 578）。他附加說明，社會效益性「有相當大一部分，也是人道、仁慈、友誼、公共精神，諸如此類的其他社會德性，值得讓人讚許的價值泉源」（2*E* 204），雖然這些特質之所以獲得讚許，也有部分原因是來自本身內在的價值。

2. **對行爲當事人有用**：「**審慎、中庸、節儉、勤奮、刻苦、勇於開創、敏捷……慷慨和人道**」（*T* 587）。

3. **本質上，讓對方感覺歡喜**：機智、口才、創意、端莊、有禮。

4. **本質上，讓行爲當事人感覺歡喜**：開朗歡樂、沉著冷靜、知足感恩。

休姆在發展這套美德條目時，主要對抗的包括兩大陣營：(1)其他經驗論本位的自然主義理論，具體而言，即是霍布斯和曼德維爾的利己主義，這也是我們下一節討論的主題。(2)基督教清教徒流派，他們在當年對英國文化有相當強勢的影響力。相較於他對利己主義者的處理，他對於此一教派陣營比較沒有使用那麼多的哲學論辯，而是假定，明理的讀者應能體會他的論點，從而明白該等「僧侶美德」（*monkish virtues*）無益、反享樂且明顯違反自然本質。

在美德的這四大類來源當中，最重要的就是**社會效益**（*social utility*）。*2E*把**慈善**擺在「社會美德」之首。《人性論》則把慈善視爲，由**喜愛**產生的間接激情，其構成元素包括希望所愛之人幸福快樂的欲願。在*2E*，由於減低了觀念─印象雙重連結的論述，從廣義寬鬆來理解慈善，將其視爲超脫個人利害而對於他人福祉的無私關懷：

> 沒什麼性質比慈善、人道、友誼、感恩、自然關愛和公共精神，或發自內心對他人的淳厚同情，以及對同類或同宗族的慷慨關懷，更有資格獲得人們的善意和讚許。無論出現在哪裡，該等性質似乎都能以某種方式，滲透感染周遭所有旁觀者，並在其身上喚起人人都能感同身受的那些美好且感人至深的相同情意感受。
>
> （*2E* 178）

休姆認爲，無庸置疑，我們自然會讚許明顯慈善心的人，特別是不只關愛近親家屬，還能無分親疏，將慈善推及周遭任何人。慈善具有「感染力」，可以在他人產生相呼應的感覺，彼此感同身受觸發相互增強的動力循環。我們對於慈善心的讚許，很清楚來自它帶給所有接受者的效益，同時也包括其內在的適意本質。

> 慈善的價值，來自其效用和促進人類利益之趨向，這已得到了解釋，而且毫無疑問，人們之所以對慈善普遍重視，有**相當大**的原因就在於這方面的價值。但我們也得承認，慈善的溫柔和體貼，它那積極投入的親和力，熱衷愛護的表達，無微不至的關愛，還有那相互信賴與尊重的情感交流，源源不斷流入愛和友誼的溫情依附。我得說，人們必然會承認，所有這些感覺本身就是令人歡愉的，必然也會傳遞給旁人，將其融化在這相同的歡喜愛意和微妙滋味之中。
>
> （*2E 257*）

前文一再談到功效，在此，我們必須清楚區分，休姆所指的功效，和邊沁、彌爾的功效主義，特別是在哲學目的方面，有著重大的差別，雖然他對後兩者確實有著無庸置疑的影響。邊沁和彌爾主要關切的是，判斷行爲對錯的標準。他們主張，只有在行爲能增進社會整體幸福的數量，那該等行爲才是正當的，其他考量都屬次要。任何功德本位**行動主體**理論（**theory of the** morally good *agent*）都是衍生自上述基本論點，如此個人就是能實踐有利於達成幸福目標的道德行動主體。

相對而言，休姆主要目標則是要發掘人性的結構，以茲決定我們讚許之諸多行爲的基本特質。在其全部著作當中，他從沒提出任何規範理論，指導人們應該如何作爲才是道德正確的。其次，休姆的美德條目顯示，即便可以從中推出道德判斷標準，也不會等於最大幸福原則，頂多只是類似而已。雖然，休姆承認，在值得讚許的道德行爲基礎當中，對社會有用的品格特質占了相當大的分量，但他拒絕把美德徹底化約爲社會功效。

第二節　反駁利己主義

休姆在 *2E* 開篇就評論道：「最令人生厭的」就是「與毫無誠意的人爭論，那些人根本不相信自己捍衛的觀點，他們投入爭辯純粹只是出於裝模作樣，爲反對而反對，藉此炫耀自以爲出類拔萃的機智和巧思」（*2E* 169）。反諷的是，在過去，休姆一向被劃歸到這一族類，膚淺又愛賣弄小聰明，特別喜歡興風作浪，而非眞心捍衛立場。休姆批判的對象是那些論稱，所有行爲追根究柢就是出於「愛自己」的人士。換言之，就是純粹自我中心的利害考量。因此，所

有常見的利己 vs. 利他，自私行爲 vs. 無私行爲的區分，根本只是虛有其表的幻覺。所以說，

> 一切慈善都只是僞善，友誼是騙人的，公共精神是鬧劇，而忠心耿耿則是拐騙信賴和信心的誘餌。說穿了，我們所有人追求的只是個人私利。我們披著冠冕堂皇的僞裝，爲的是解除他人心防，好讓他們更加臣服於我們的陰謀詭計。（*2E* 295）

以下行文，我會把前述理論稱爲**利己主義**（*egoism*），有別於休姆所言的「自私和有限度的慷慨」，這種人其關懷對象範圍並不止於自我一己，還旁及親近關係者，特別是有血緣關係的親人。還有一點值得注意，休姆指控那些利己主義者，「向來否認道德善惡區別的實在性」（*2E* 269），這顯示休姆對自己的期許，是要致力找出道德的穩固基礎，以有別於他經常批判的那些道德懷疑論者。他批評那些烙上利己論印記的自然主義者，其理論根本禁不起經驗事實考驗，他舉出一大堆例子，詳細論證反駁他們的立論如何站不住腳。他指出，會接受利己主義的任何人，若非天生「最墮落腐朽的脾性」，就是「膚淺鄙陋的詭辯之徒」，他們最擅長的把戲就是，草率抓了一些事實就開始大作文章，說是許多行爲如何涉及巧妙的騙術，然後就要大家相信人類所有行爲都是如此。

這類心理自利主義的基礎宣稱，我們天生就是自私的動物，純粹是出於理智教化明白自利有好處，才會踏入所謂的道德關係，克制一時的衝動，不隨一般見識淺薄者起舞，都是爲了

個人長遠的利益著想。相對而言，休姆論道：我們所讚許的「社會美德」，全部自然基礎在於其帶來的公共效益；利己主義者則抱持懷疑態度，偏向主張：「一切道德善惡分辨都起源於教育，而且是透過政客手法首先發明出來，而後鼓吹倡導，以期馴化民衆，克制那些不利於適應社會生活的殘忍、自私天性」（2*E* 214）。

換言之，他們宣稱，所有道德分辨賴以建立的唯一基礎就是「教育」，亦即社會壓力和制約，不過這種不以爲然的論點有失憤世嫉俗，模糊了以下事實：所有行爲追根究柢乃是發端於自愛。荷蘭經濟學家曼德維爾（Bernard de Mandeville, 1670-1733），在其暢銷書《蜜蜂的寓言》（*The Fable of the Bees*）提議指出：政治人物明白，人們無法坦然承受此一眞相，所以必須透過愚民教化措施，披上利他的僞裝外衣，好讓他們實際上是在做對自己有利的行爲，卻滿心以爲自己是行善利他的大好人。

休姆對此回應，「教育」在道德分辨的習得方面，確實扮演重要角色。事實上，他還提出解釋說明，這種透過培養同情心理的教化過程是無可避免的。不過，他還是強調，道德分辨的根本基礎在於我們有種自然天性，傾向欲求自我、家屬以及同情心所及對象之福祉。如果，沒有道德分辨的自然趨向與行動驅策力量，僅靠教育也是無從奏效。「社會美德，因此，必須具有一種自然的美和親和性，而且在最初，先存於一切道德誡律或教育之前，把這些美德推薦給尚未受教化者，讓他們心存敬重，並且產生好感，而後積極投入學習」（2*E* 214）。事實上，純粹的利己主義者，既無法學習也不可能理解道德分辨的話語：

> 假如人類天性沒有基於心靈原始構造，而作出任何這樣的區別，那麼**光榮**和**恥辱**、**可愛**和**可恨**、**高尚**和**卑鄙**，諸如此類的字眼就絕不會出現在任何語言。同樣地，就算政客發明了這些用語，他們也絕無可能讓民眾明白，或是在這些用語當中傳達任何觀念給民眾。
>
> （2*E* 214）

然後，休姆把注意力轉向數量龐大的可觀察事實，指出諸多行爲似乎不可能起源於愛自己的動機，譬如：我們確實會讚揚許多和自我利益無關的德性、善行：

> 但是，儘管這種利益上的經常混淆，我們其實滿容易就能達到自然哲學家（追尋培根勛爵的做法），喜愛稱爲*experimentum crucis*的那種實驗，亦即在任何懷疑或歧義當中釐清正確之道。我們發現若干事例，私利和公益分離，甚至對立，然而在當中還是可以觀察到，儘管有這些利益上的背離，道德感仍舊持續未消。
>
> （2*E* 219）

1. 我們讚揚的行爲當中，有許多可能跟自己不太有任何因果關連，好比遠古時代的行爲，「就算最極致的想像力，也不能發掘其中有任何利己的表象，或是從遠在天涯海角的事件，也很難找到和我們眼前的幸福、安全有任何關連」（2*E* 216）。
2. 我們仍然可能欽佩不利於自我利益的行爲，例如：侵略者的英勇行徑。

3. 在某些例子當中，一般認爲有道德的行爲，卻有可能碰巧是我們認爲自利的行爲，但是我們在讚揚或譴責該等行爲時，卻通常不會覺得有任何困惑。

接下來，他轉向比較抽象和理論的層面，探討那些支持利己主義的論述。由於自利和公益，在**正確**認知之下，被認爲統合爲一；所以，出於公益、私利動機的所有行爲，彼此看起來應該毫無二致。有些哲學家就已經發現，「乾脆把這所有的道德感全當成自愛的各種變體，那事情就簡單多了；至少，他們〔那些哲學家〕掀開了這種原則的統一，只不過是掩飾公益、私利緊密聯合的藉口。這在公共和個人事務方面，都可以看得很清楚」（*2E* 218-9）。

換個角度來看，利己主義似乎比休姆的主張來得簡單，因爲只有一種主要的動機元素，而休姆除了一個主要動機之外，還有若干次要元素。不過，休姆回覆，這種基本元素的多寡其實只反映了「簡單性」的一個層面。其他還得考量，比方說：特定理論解釋行爲的難易程度。他也指出，有許多行爲如果用利己主義來解釋，頂多也只是變得異常複雜、彆扭而不自然。

在這樣的例子，奧坎剃刀原理還是可以滿足，因爲證明的簡單可以彌補額外增設實體的麻煩：

> 但是，進一步而言，如果確當考量此一問題，我們將會發現，以下兩種假說，一種主張清楚區分無私的慈善與自愛，另一種把友誼和人道全都簡化成自愛原則，前者其實更簡單，也更近似於自然。
>
> （*2E* 301）

接下來，他檢視另一種利己主義：

> 不論個人可能感受何種情感，或想像自己對他人有何感覺，沒有任何情感是或可能是無私的。最慷慨的友誼，不論有多麼眞誠，都是自愛的一種修調。而且，我們甚至自己也不知道，當我們看來全心全意，積極投入爲人類謀求自由和幸福時，我們只不過是在追求自我的滿足而已。
>
> （*2E* 296）

有別於基本利己主義的立場，此一假說宣稱，並非所有行動都是**直接**出於自私動機，有些可能來自某種原始利己主義「修調」（modifications）或轉化的動機。換言之，起初可能有（亦即原始）利己主義，後來經過訓練和社會壓力，逐漸轉化、變形，而形成許多不同類的驅策衝力，例如：慈善，其終極根源是爲愛自己。

> 伊比鳩魯享樂主義者，或霍布斯學派者，不假思索就得以承認，世上存在諸如眞正的友誼之類的事物，沒有僞善，也毋須僞裝；儘管他可能會試圖藉由一種哲學化學，將這些情感的元素分解，如果容許我這樣說的話，成爲另一種情感的元素，將每一種情感全都解釋爲自愛，都是自愛在特定想像力的扭轉和鑄造下，轉形成爲表象千變萬化的各類情感。
>
> （*2E* 296-7）

休姆回覆，這樣的理論還是足以清楚區分，直接源於自私動機的行爲，有別於發諸慈善的表現。換言之，即使承認「修調利己主義」（modified egoism）的前提，自私的動機、行爲和利他的動機、行爲之間的清楚區分，仍舊得以成立，「即使按照自私論的道德體系，這也足以在人類諸多品格中，區分出差別範圍極大的分類，將某人歸類爲滿懷道德仁義、品格高尚，而另一人爲心胸邪惡卑鄙、自私自利」（*2E* 297）。

休姆提出另一番辯論，類似巴特勒（Joseph Butler）針對心理利己主義（psychological egoism）的著名駁斥（事實上，這是哈欽森在先前一年就已提出）。關於「生理需求或欲求」，亦即由滿足生理欲望而產生快樂感覺，這在邏輯上預設，已經存在有一種原始的欲望，等待當事人設法去滿足它。這些生理需求是有官能特定性的：感覺口渴，就會想找東西喝；如果餓了，會想吃東西，喝飲料可沒辦法解除飢餓感。所以，這些欲求的「目標」乃是特定種類的事物或活動。獲得想要的事物之後，我就會有（希望確實有）快樂的感覺。當然，休姆並不是說，經驗有兩個分離的組成元素，比方說，食物加上快樂感；而是說，在經驗吃東西時感覺快樂，並且有吃的滿足感。這種伴隨而起的快樂感，在未來，其本身可以變成某種欲望的「目標」或「對象」。我可能想要再次擁有該等快樂感。不過，快樂感是欲望的「次級」對象，因爲必需立基於初級的需求和滿足。

相同模式也適用於「心理激情」（mental passions），在此，「我們受到驅策，不計利害，逕自投入追逐諸如名望、權力，或復仇之類的特定對象，一旦追到了，隨即浮現一種縱情肆欲之後的痛快感。」（*2E* 301）。我們有一種渴求獲得社會認可和地位的基本欲望，一旦滿足，就會有快樂的感覺；該等感覺會再增強原始的欲望，而感覺本身也會變成一種新的欲望的對象。但是，如前段所述，這種快感乃是衍生的，或次級的。如果，最初就沒有欲求虛名的基本自然衝力，名望就不會是我所在乎的，我也不會因爲擁有而感到快樂。這就好像某人如果沒有性欲驅力，就不會在性行爲當中感到快樂。慈善的情形也類似，我們可以觀察到，人們會表現利他的行爲，並從中獲得滿足；但是，如果人性根本沒有利他傾向，這些後來的事實也都不可能發生。

> 現在，如果設想，慈善和友誼可能也是像這樣，從我們性情的原始結構，可以感覺到渴望他人幸福或利益的欲求，通過這種情感，他人的幸福或利益轉變成我們自己的利益，然後我們出於慈善和自我享受的混合動機，而加以追求，就這樣連貫想下來，有何困難呢？
>
> （2*E* 302）

現在，讓我們來看對自己有用的品格特質，利己主義就無法說明，我可能會讚許某些對當事人有用的品格特質，不論是否對**我**有利。「沒有任何想像力能夠把我們變成另一個人，使我們想像成爲那個人，並且從本屬於對方的那些可貴特質獲得利益。」（2*E* 234）。相對地，關於這個同理心的現象，休姆有一個相當方便的解釋：看見他人的才華，以及發揮才華帶給他的快樂，我出於同理心也感到快樂，繼而對他產生喜歡和讚許的態度。我們重視**自己的**財富，除了財富能帶給我們快樂之外，還可以讓我們受到敬佩。我們敬佩**他人**的財富，因爲那可以帶給對方快樂，而我們透過同理心，設想自己是對方，感同身受財富帶來的快樂，而順理成章就讓我們也敬佩他的財富，不論是否對我有利。

第三節　人爲美德：正義

T 3/2的主題是正義，而休姆目的是要呈顯，正義是一種人爲的美德，「人爲創設」（human contrivance）的產物。休姆在*T* 3/1/2討論到，我們可以區分三種意義的「自然的」，反義分別對應於神蹟的、不尋常的、人爲的。

三種意義的「自然的」

1. 自然就是**非神蹟的**：這不適合用來討論美德與悖德，因爲世界上所有行爲和事件都是自然的，他調侃地加上一句：除了「我們的宗教所賴以建立的神蹟之外」（*T* 474）。
2. 自然就是**尋常的**：這也沒有比較適當，因爲「在這種意義下，如果有任何事物可以稱爲自然的，那麼道德感一定是可以稱爲自然的。因爲世界上沒有任何國家，且任何國家也沒有任何人，完全沒有道德感」（*T* 474）。排除前兩種不適當的意義之後，我們只剩下第三種意義的「自然的」，如後：

3. 自然就是**人爲的**對比：我們說，正常人類擁有的心理歷程或品格特質就是**自然的**，之所以稱爲自然的，乃是因爲其獨立於個人所在的環境或文化等適然偶發的任何因素。同樣地，如果某行動或實踐可以徹底由此等自然歷程和特質加以解釋，那就可以說是自然的。而品格特質若是我們對它的**讚許**，可以透過該等基礎予以徹底的解釋，那就是**自然的美德**。

如前所見，我們讚許該美德是因爲，它們對**當事者**或對**社會**，**有益**或其本身具有**令人愉悅的內在本質**。**人爲美德**，雖然也有此一共通的自然基礎，但還需要「人爲施造」的介入，才能浮現，以及獲得讚許。事物如果是出於**約定俗成**的產物，那就是人爲的；換言之，是屬於人類規則與／或體制的產物。所以，「人爲的」純粹是一種形容詞，不帶有貶意。例如：正義是人爲的美德，然而其價值絲毫不減於其他的自然美德。

自然美德和人爲美德的一個重要差別在於，只單獨考量動機和後續行爲而不納入脈絡因素時，前者總是產生善，且能獲得讚許。換言之，效益和讚許與自然美德總是緊密相連不離。每一自然美德的行動都是完整且自足而立的事件，可以單純由人性的知識而理解之。我們賦予自然美德無條件的價值，即是此「自然本質」的直接結果，而該等自然本質乃是從人性恆常面向浮現而出的。相對地，人爲美德的存在則仰繫於，若干適然偶發的人類處境，譬如：我們想要和需要的物資，其供應來源有限，而且充滿不確定性。當考量某些正義行爲本身時，我們或許不會讚許之，因爲該等行爲不必然直接有益於身涉其中的任何人。反之，其益處是源自約定俗成的規範，只有從較長遠來看，才會顯露確實有値得讚許之處。

正義不是自然的美德

休姆介紹正義主題的切入點，首先是回顧先前章節建立的若干結果。他提醒我們，某行爲之所以稱爲有道德的行爲，乃是由其作爲某種美德的動機之符號與效果而導出，而該動機則是由一穩固的品格特質浮現而出。因此，若沒有先存在某種美德的動機，行爲就不足以稱爲有道德的行爲。但是，什麼構成美德動機呢？這不可以是人們有意「去做有美德的行爲」，因爲那就犯了循環論證，假設在動機之前美德既已存在。換言之，那等於是說，人們發現某行爲是美德，因此受到動機驅策，進而付諸行動來實現該等發現，所以該行爲是美德行爲。

休姆化解此一困境的方式就是，拒絕如後的假設：道德是自足而立的現象，無需任何道德以外的基礎。他因此間接結論道，道德賴以建立的基礎就在於，我們的自然欲望和情感反應：「簡言之，我們可以確立一條無庸置疑的原理：**人性如果沒有獨立於道德感之外的某種動機，讓人據以產生善行，那麼任何行爲就都不能是善的，或在道德上是善的**」（*T* 479）。

休姆固然承認，人們可能因爲「那是正確應該做的」，而去做該等事情，但他還是堅稱，這是一個複雜衍生型的例子，除了義務感之外，還有賴於既已先存的某些其他動機，如此才能正常地驅策該等行爲，否則就稱不上是義務了。他舉了一個失職父親的例子，他沒有做到爲人父者應盡的義務，此種疏失追根究柢就源自於，他的行爲沒有符合父親對子女應該有的**自然的**關愛。所以，假設該男子發現自己缺乏此等自然衝力，此等認知激起他感覺**卑微**，經歷或想像他人的譴責進一步強化了該等卑微感。職是之故，他心中升起一種欲望，想要扭轉此境況。這欲望驅使他進而採取行動，就如同自己該盡的義務一樣，如此一而再再而三，最後就習慣成自然了。如此策略間接改變了他的品格，當中的基本動機起源於卑微的間接激情，而理性則提供減緩該等不快感的方法。

休姆要彰顯，我們讚許正義行爲的唯一基礎就在於**社會效益**，而他的任務即是要對此提出解釋，因爲似乎沒有人因正義行爲而受益。他還需要解釋，在他的道德心理學範圍之內，人們如何可能純粹爲了正義的緣故，而受到驅策去付諸行動。這當中，就得包括提出說明，在原始之際，如何會開始發生這樣的行動。

首先，他從「無庸置疑的原理」出發，亦即每一道德行爲都需要獨立於道德感之外的某種動機，他繼而問道，那正義行爲本身的自然基礎又是什麼呢？乍看之下，這問題似乎不太可能提供有關正義行爲起源的有意義答案。比方說，我借錢，並承諾會還錢。什麼會驅使我信守承諾？他先前已經論稱，某行爲之所以是誠實的，那是因爲是出於誠實的動機，但什麼構成誠實的動機呢？如果說，誠實的動機就是有意向去做誠實的行爲，這豈不又陷入循環論證！

我們會遵守法律，是因爲那是法律；但問題是，一開始，遵守法律又是由何建立起來的呢？我們或許會感到法律對行爲的約束力，但我們不能訴諸此等約束力，用以解釋法律的起源，也不能說是因爲我們最初就對法律信守不渝。此等「義務感」是發起於法律本身，因此不能用來解釋爲何我們要遵守法律。我們稍後很快會看到，我們也不能解釋說，是因爲史前人類在問自己爲什麼要信守承諾歸還他人財物時，破天荒就發現了正義具有某種無可理解的吸引力。事實上，對於史前人類來說，財產和承諾的概念同樣無可理解，因爲這些乃是約定俗成的人爲產物。

由於正義的規則各式各樣變異頗大，單純說是出於**本能**使然，不可能充分解釋正義的行爲。他在《人性論》，很快就駁回這種解釋方式；但是在*2E*，則投入較多篇幅來說明爲何此等方式不可行。如果正義的觀念是繫諸天賦「單純的原始本能」，則所有衍生和相關的觀念（譬如：**財產**）也必然如是；但如此一來，我們就不得不接受一個難以置信的觀點：極其大量的概念都是天賦固有的。

> 當我們要求**財產**的定義時，我們發現，該等關係自身分解爲通過占據、生產，通過時效、繼承、契約等等，而取得的任何一種持有物。我們能設想，大自然通過一種原始的本能，而教導我們所有這些取得財產的方法嗎？……難道我們擁有法官、大法官和陪審團的原始、天賦觀念嗎？
>
> （*2E* 201-2）

休姆語帶諷刺寫道：「但是，有誰曾聽說這樣一種本能呢？或者，這難道是能夠做出新發現的主題嗎？」（*2E* 201）。這樣一種新發現，他認爲，不下於期望在我們身上發現，從來沒有人知道我們擁有的一種新官能。

再者，自然的**利己心**也不足以驅策所有的正義行爲；頂多只可能鼓勵有利於個人的正義行爲，而不可能鼓勵和自私似乎相衝突的正義行爲。事實上，不受羈限的利己心恰恰是**阻礙**正義的主要因素。「但是，確當而言，只愛自己的心思如果任由其自由活動，確實並不促使我們作出誠實行爲，反而是一切不義和暴行的泉源；而人如不糾正並約束該等欲望的**自然**活動，就不可能糾正該等罪惡」（*T* 480）。

此外，對於公共利益或**公共慈善**的關切，也不可能驅策所有的正義行爲。不只是在公衆不知悉的「私密」情況下，該等動機往往會傾向不發動；再者，「這樣的動機太疏遠，太崇高了，難以影響一般人，驅使做出違反私利的行爲（正義和一般的誠實行爲往往如此）」（*T* 481）。事實上，休姆的心理學也不容許任何這樣的公利欲望，因爲他認爲不存在所謂「愛全人類」的激情。人們的欲望和情感總是關懷某些個人或特定族群。我們只會喜愛或仇恨某些做出引起該等愛恨反應的人，單純只是人類並不會引起如此的情感反應。休姆調侃說：「如果我們是在月球上遇到一個人，或許會單純因爲他是人類而愛他吧」（*T* 482），因爲該等情況下，他就不是「單純只是人類」，而是遠在天邊的唯一同類伴侶。這算是極端的例子，共同的苦難遭遇會驅使平常境況沒有關連的人們緊密相連起來。不過，在這方面，似乎有些許的態度轉變，在《人性論》和*2E*，休姆容許與個人無關的平靜激情，不過他還是堅稱，此等激情缺乏驅動力，不足以成爲正義行爲的首要動機。

最後，有太多反例違反，平靜激情的**私己慈善**（關切直接受到影響者之利益）可能驅策所有的正義行爲：

> 假使他是我的敵人，使我有憎恨他的正當理由，那會如何呢？如果他是壞人，全人類都憎恨他也不爲過，那又會如何？如果他是守財奴，根本不會活用我剝奪他的東西，那又會如何？如果他是浪蕩的敗家子，有了大宗財產，不但無益，反而受害，那又會如何？如果我有急需，有爲家人而去取得某種東西的緊迫動機，那又會如何？在這些情況下，正義的原始動機就不會起作用；結果，正義本身，連同一切財產、權利、義務，也就都不發生作用了。（*T* 482）

如同所有道德義務一樣，正義也是無關個人的，需要我們去善待本來不會自然去慈善對待的那些人。但相對地，不受羈束的激情，諸如私己的慈善則是有個人偏私考量。其次，私己的慈善也無法解釋，爲什麼尊重他人的財產比給該人其所欠缺之物來得更重要。反之，這些例子的差異繫諸在前一例中，我們是取走他的財產。但是，當然這兒整個重點在於要解釋財產權的最初起源。

所以，正義似乎威脅休姆的「無可置疑的原理」，因爲似乎找不到任何自然動機，可解釋驅策正義行爲的原始動機，以及人們讚許該等行爲的原始原因。各式各樣的原則變異性太大了，很難說是**內在本質**因素使然。公共慈善若非不存在，頂多就是微不足道。至於狹義的自私，則有太多的反例。總之，任何試圖單獨從自然動機，來解釋人們讚許正義的起源，若非陷入循環論證，否則就是明顯的謬誤。休姆認爲這些結果顯示，正義不可能是自然的美德，而正義的規則乃是人爲創制的產物。

> 由這一切得出的必然結論就是：除了公道自身與遵守的功德以外，我們並沒有任何眞實或普遍的自然動機，驅策我們去遵守公道法則；但任何行爲如不是起於某種獨立的動機，就不能成爲公道的或有功的，所以這裡就有一種明顯的詭辯和循環論證。因此，除非我們承認，自然確立了一種詭辯，並使其成爲必然且不可避免的，否則我們就必需承認，正義和不義的感覺不是由自然而來，而是人爲地（雖然是必然的）由教育和人類約定俗成而發生的。（*T* 483）

不過，說該等規則是人爲的，並不意味就是全然任意或獨斷的。事實上，甚至可說它們是**自然的**，因爲某些如此的規則乃是無從避免的，是人類在面對各種自然挑戰時最眞實不過的反應。在此意義下，這些正義的規則可視爲「自然法」。

T 3/3/6，休姆提出更多支持正義的是人爲美德的論證。其一是立基於所有自然的屬性，包括自然美德，都容許**不同程度的變化**；相對地，正義則否。換言之，「權利、義務、財產，確實不容許有那樣一種無從覺察的程度變化；但是，個人若不是有充分且完全的財產權，否則就完全沒有；若不是完全有實踐某種行爲的義務，否則就完全不受任何義務約束」（*T* 529）。

所以，對於某樣財物的所有權，X絕無可能比Y擁有「較多的權利」。他或許對某財產權有較強的主張，或較多的因素來支持他的主張，但這財產權本身則若非全有，否則就是全無。同樣地，X或許比Y更接近取得該等財產權，但一旦持有，那權利就是完整的。此論述有些薄弱，因爲相同論點也可適用於某些自然狀況。比方說，某人若非處女，否則就不是處女。再舉例而言，你可能比某人懷孕的時間來得久些，但不可以說你有較多的懷孕。

休姆補充說，權利的變化，譬如：持有物的轉移，發生於一瞬間；相對地，自然歷程的變化則是漸進的：「不論在時間或程度方面，那使用權可能受到如何的限制，該權利本身卻不受制於任何如許的程度區別，而是在其所及範圍內，絕對且完整的。因此，我們可以說，權利是在一剎那之間發生又消滅的」（*T* 529-30）。但是，我先前舉的幾個反例，在此也同樣適用。相似的道理，死亡或許是漸進發生的，但過世卻是在剎那當下發生。這似乎完全可以拿來類比如後的事實：雖然，上法庭爭取財產權的案件可能耗時磨人，一旦判決勝訴，立即就取得完整的財產權。

另外還有一論述，則是對比正義法則的缺乏彈性和立基於自然美德之裁量判決的靈活變通。自然的手段—目的推理，提供可靠的經驗法則，以達成我們的目標。當面臨結果不盡如人意時，我們無須多作考慮，就會給自己開方便之門，以例外來處理之。休姆舉了一個例子：有人必須決定如何判決地產分配的案子，兩造雙方，甲方是他的朋友，「窮人，通達事理，家眷人數衆多」，乙方不只是他的敵人，而且是「富翁、傻子、單身漢」。在這樣的情況下，單憑自然情感應該會偏向甲方，「不論我的動機是爲公益或私誼」（*T* 532）。換言之，自然立基的判決會只考量案件的個殊因素。不過，偏私和個殊的判斷往往導向混亂，我們就會認知有需要彈性較小的規則，以便處理結果似乎無法討好任何一方的情況。

第四節　正義與財產所有權的起源

T 3/2/2解釋正義的規則是如何建立，以及我們又是如何開始讚許正義之行，他把這兩個議題分開處理。首先，他論稱正義行爲習俗的原始動機是起源於自我利益。更精確而言，是來自人們相信，自己和親近關係者大抵會因如此行爲而受惠。相對地，對於正義的道德讚許則是起源於社會效益，「**自我利益是建立正義的起源動機，而對於公共利益的同情則是對於該等美德之道德讚許的來源**」（*T* 499）。

此一陳述並不符合史實。更確切地講，休姆目標是要以他的人性論，來針對正義行爲的浮現和獲得讚許，提出因果解釋。簡要言之，這背後想法如後：在社會建立規範之前，人們是採取小團體的群居生活型態。後來逐漸發現，無可避免會遭遇外來者。他們體會到，如果每個人的行爲能夠接受共同規則的規範，就能有效避免彼此對於有限資源的競爭衝突。有此認知之後，他們自願接受該等規則的拘束限制，前提是其他人也必須如此。形成初步共識之後，唯一能夠約束個人當下衝動的行爲，就是把眼光放到長遠的自我利益，再加上如果不配合自我約束就可能遭受驅逐，不再受人信賴。一旦這些行爲規範已經廣爲衆人遵守，而且也維持相當時日之後，人們就會逐漸體會到繼續維持該等規範的好處，這就使得他們會開始讚許符合該等規範的行爲是一種美德，並譴責違反該等規範者。下面，我們就要來詳細討論此一理論。

我們形成較大社群的動機是認爲，這是滿足人類基本需求的一種可靠途徑。自然將人類置放於最不幸的處境，因爲自然「在人類載入無以數計的欲望和需求，卻給了微不足道的工具，以茲緩解該等必要需求」（*T* 484）。在其他動物，「這兩方面一般是互補平衡的」，亦即牠們需求不多且簡單，很容易獲得滿足。在此，社會結構可提供補救方式，解決三方面的問題：(1)自力更生是極度耗費時間的，人類也缺乏足夠力量，個人獨自行動或相互競爭，無法充分滿足各自所需；(2)供應個人所需食物、保護自己免於外人和其他外力襲擊，諸如此類的生活挑戰，必須具備的技能種類和數量之多，對於多數人而言也是很沉重的壓力；(3)即使有人能夠暫時達成這種自力更生的目標，其他能力較差者也可能集結成群，合力奪走該人辛苦努力的成果。

> 社會給這**三種**不利情形提供了補救。藉著集力，我們力量增大了；藉著分工，我們技能增長了；藉著互助，我們較少遭受意外和偶發事件的襲擊。社會藉著這種附加的**力量**、**技能**和**安全**，而成爲對人類有利的。
>
> （*T* 485）

「社會」構成一個由衆人集結而成網絡，分工合作克服前述三方面的障礙。透過集結衆人之力量與技能，來追求群體的利益，不是集權壓迫，而是自由交換，如此效率自然就大幅提升了。限制行為的規範就定位了，違反規範的懲罰也隨之發展到位。雖然，隨著社會的期待大幅提升，新的人為欲望也會陸續發展而出，不過休姆還是堅持，整體的滿足程度會增高：

只有依賴社會，人才能彌補缺陷，才可能和其他動物勢均力敵，甚至占得上風。社會使個人的弱點都得到了補救；雖然在社會狀態中，個人的欲望時刻在增多，不過他的能力也更加增長，使他在各方面都比在野蠻和孤立狀態更加快樂、滿意。（*T* 485）

人們要有動機去形成社會，僅只是社會對人有益這個事實，顯然是不夠的；人們還必需「有感」於該等益處，然而史前人類再社會尚未形成之前，卻是無從先驗體認這番道理的。不過，在這兒，大自然又再次即時伸出援手，塡補了人類理性力有未逮的空缺。性吸引力，再加上後續保護家庭的動力，都有助於克服此等障礙。事實上，家庭不只提供集群結社的動機，而且也是社會的**範本**。

人都是人生、父母養的，因此即便在人類未集結形成社會之前，沒有任何人生來就是孤獨的個體，而是融入某種形式的社群處境，雖然群體成員可能為數不多。通過性欲望，以及對於子女福祉的自然關懷，家庭結構於焉成形。人類是「自然的社會生物」，只關注自己血緣宗族的小社群，自然美德的實踐即是發生在此範圍內。家庭生活提供我們社會關係的原型，由此我們可以設想更爲寬廣的社會關係連結，以及連帶而來的益處。比方說，伴侶關係可以提供分工合作的範本；親子關係可以讓你接觸尊重權威和地位階層的概念。還有一點也得強調，休姆自己並沒有擁護，史前社會原型家庭採行的任何階層組織，譬如：母系 vs. 父系家族體系。他的論點純粹只是指出，家庭提供粗略的規則、規範、生活條目，以及關於個人對於該等規則當下激情反應的修正。由於人性的連結機轉，我們得以將該等關係類化，外推到更廣泛的社會群體。

原始社會的家庭不同於後世社會的家庭，主要是由於婚姻習俗造成的結果。婚姻制度的維持導致人類社會發明了**貞操**（*chastity*）和**賢淑**（*modesty*）的人爲美德。這些主要是「女德」，因爲母系的血緣關係無可質疑，而父系的血緣關係卻可能受到質疑。「人類幼兒期的漫長和脆弱無能」（*T* 570），因此就有需要由男女雙方來承擔共同撫養的責任；但是對於男人而言，卻不可能期待他們作此犧牲，除非能確定孩子是自己親生骨肉。而確保婚姻忠貞的最有效方式就是，從女子早年階段就接受社會制約，不得做出不賢淑的行爲，甚至禁止任何性行爲的樂趣（休姆從未考慮過男子也該接受同等的制約）。另外再輔以通姦「敗壞名聲的懲罰」。休姆強調，對於灌輸此等美德的唯一證成理由就在於，如此方能提供安穩的環境來撫養子女。

回歸正傳，休姆在 ***2E*** 指出，性慾是建立社會的一種基礎，他邀請我們去想像，一種雌雄同體、單性生殖的物種，每一個體都是徹底的自足而立。正義的觀念不可能發生在這類生物，因爲它們缺乏家庭模式，可以從中建立合作的行爲規範，而更根本的原因還在於，它們完全無所求於其他個體，因而也就不需要社會規範。

不過，家庭的連結關係也會產生某些因素阻礙該社會的發展。如前所見，休姆認為，霍布斯嚴重誇大了人類利己傾向的程度，連帶也誇大了該等因素對於社會之形成所帶來的問題。不過，休姆主張的「自私和有限度的慷慨」，也給社會之發展帶來頗大問題，其程度絕對不下於霍布斯的利己主義，因為該等個人私己的利害考量，可能就會衝突到正義所要求的無關個人利害之精神：

> 但是，我們雖然必須承認，人性具有慷慨這樣一種美德，不過我們仍然可以說，那樣一種高貴情操，不但使人難以適應於廣大社會，反而和最狹隘的自私一樣，讓人幾乎與社會互相牴觸。因為每個人既然愛自己甚於愛其他任何人，而且在對他人的愛當中，又對自己的親戚和相識者有最大的愛，如此衣來，必然就要產生各種情感上的對立，因而也就產生了各種行為的對立；這對於新建立起來的結合不能不說是有危險的。（T 487）

本文以下會繼續沿用休姆所指的「自私」，而不採取霍布斯的用法，意思是指把個人利益推及自己親近關係者，包括家人，而不是只顧及一己之私利，完全不理會其他所有人的利益。休姆認為，此種自私不必然會給正義造成困擾，而只是由於財物相對稀少，以及持有權容易轉移，才導致問題的孳生。我們稍後會看到，休姆對比「持有」和「財產」，其中財產一詞只有在社會規範的脈絡下，才可為人所理解。相對而言，持有是一種自然關係，存在於既定事項的獨家專用。（持有和財產之間的關係可類比於，史前社會家庭和婚姻制度下的家庭之間的關係。）正義體系的目標是要將物質事項的持有，置放到和人類所擁有之身體或心理屬性相同穩固的層級。

此等史前社會問題的解決之道涉及，休姆典型的理性和激情之分。激情的角色是負責提供行動的目標，而理性則是建議達成該等欲望目標之方法。在目前的例子當中，唯一差別在於，其過程其本質乃是人際之間的，而不是個人自身的，箇中涉入了社會約定俗成的規定。在無有法律規範的史前社會，物質的持有可能遭受各種襲擊，而且數量的供給也有其限度，你爭我奪的結果難免就會爆發衝突。人類夠聰明，體會到如果大家能夠合作，而不是把時間和資源浪費在破壞性的衝突，那應該比較能夠得到皆大歡喜的結果。不過，由於我們都了解，大家都是自私的，而且都共同生活在這個物質資源有限且不確定的世界，如果任由個人的自然激情不受規範，問題就沒得解決了。不過，理性告訴我們，就長遠來看，和他人合作其實是符合自我利益的，當然**前提**是對方也必須合作。我們可以想像，共同生活在容許這種情況發生的規則之下，個人自私的利益也可獲得保障，而這樣的遠見就會產生動機，促使我們願意接受如此約定俗成的規範。

正視社會長程的利益，可以驅策我們改變外在境況，利己的感情也可能隨之調整方向。在自然中，自私動機驅策我們去拿用他人的所有物，但是俗習則創造了各種境況使我們，從長程利益來看，必須自我約束這樣的衝動。休姆說道，了解改變了情感的方向，他意思是說，箇中沒有增添新的動機，而是提出了新的手段—目的解決方案，也就是約定俗成的財產所有權，這可以滿足前此既已存在之安全需求等等。

因此，補救的方法不是由自然得來，而是由人爲**創制**得來；或者，更恰當地說，自然拿判斷和理智作爲一種補救，來抵消情感中的不規則和不利條件。因爲人們在早期社會教育中，感知社會所帶來的無限益處，並對於同伴和交談產生一種新的好感；當他們注意到，社會上主要亂源來自於我們所謂的外物，該等外物可以在人與人之間輕易轉移，無法牢固持有。他們就一定要去找尋補救方法，盡可能把那些外物置於和身心所有的那種穩固、恆定特質的相等地位。

要達到此一目的，別無他法；只有通過社會全體成員所約定俗成，讓那些外物的持有取得穩固地位，使每個人得以安享憑幸運和勤勞所持有的財物。通過這種作法，每個人就知道，什麼是自己可以安全持有的；而激情的偏私、矛盾騷動也就受到了約束。這種約束也並不與該等激情相對立；因爲如果是這樣，人們一開始就不會接受其約束，並加以維持；這種約束相對立的只是該等激情的輕率和莽動。

我們禁戒自己取走他人的持有物，這不但不違背自己的利益，或最親近朋友的利益，而且還只有透過如此約定俗成的做法，才能妥善顧全這兩方面的利益；因爲只有通過這種方法，我們才能維持社會，而社會對於他人的福祉和存在，也和對於我們自身的福祉和存在一樣，都是同樣必要的。

（*T* 489）

正義行爲不同於自然美德行爲，因爲後者的優點是內在於行爲的自身本質。換言之，只能從行爲本身來加以檢視，而且必須移除所有脈絡因素。相對地，**正義**行爲的優點，則無法以如此觀點來加以揭示。自然美德的行爲，在行爲本身和個人自利或公益之間，有一種直接、非衍生性的連結。至於正義的行爲，個別行爲的益處總是**間接的**，必須通過和其他符合公共利益的實踐之關連而取得。

讓我們來看繳納稅金的例子。單從我的自然傾向和情感因素來看，應該可以理解，我既沒有動機去繳稅，也沒有讚許這樣做。如果把我單純視爲孤立的個體，僅從我的**意向**來檢視，這行爲就無從理解；唯有把我視爲某社群的成員，繳付稅金的行爲被視爲一種約定，應該遵循的規則，那麼如此的行爲才有道理可言。同樣地，繳付房屋貸款的行爲，如果單純只論及付款者和收取該等款項的金融機構，箇中道理也無從理解。自然利他行爲只發生於家人和朋友之間；相對地，社會還需要與陌生人互動，自然利他的態度不會在陌生人之間延伸發揮作用。這類人爲協定的行爲，如果不從約定俗成的脈絡來考量，可能會顯得缺乏自然的基礎，爲有將其視爲**正義**行爲，其背後蘊含的道理才可能揭顯，因爲正義行爲具體展現與支持對每一共參其事者有利的社會體制。

> 單一的正義之舉，往往與**公共利益**相互對立；而且如果孤立出現，不伴隨其他行爲，其本身可能危害社會甚鉅……單一的正義之舉，僅就其本身來考量，對私利也並不比對公益更有助益……可是，……明顯可見，這整個計畫或設計，確實是大有助益於維持社會和個人的福

祉，甚至於對這兩方面是絕對必需的。（T497）

雖然，共同遵守正義規則的社會規範，就長遠觀點來看，乃是符合自我利益，但是了解之餘，我們還是很難不受誘惑想去打破此等成規，特別是近在眼前唾手可及的小利益，相較於遠在未來的較大利益，往往有著較強的影響作用，刺激我們的想像，連帶激發起蠢蠢欲動的行動意欲。

凡在時空與我們鄰近的東西，相較於較遠、較模糊的東西，前者相對比較容易激起觀念的連結效應；同樣地，這對意志和情感也有一種與此成比例的影響。雖然我們可以完全信服，後者比前者更爲優越，可是卻不能根據如此判斷來調整行爲。我們總是順從激情的教唆，而激情卻總是偏向爲鄰近的東西說情。（T535）

不過，理性在此可以介入，重新引導對於自己利益的考量。我們可以發現，從更長遠的觀點來看，各種選項之間的時間差距就會變得微不足道，而在價値方面的差異就可以看得清楚多了。我們知道，個人不太可能發揮足夠的品格力量，自動自發去做最符合長遠自我利益的事情。不過，承認這一點事實，可以鼓勵自己現在就設下一套外在的懲罰約束，日後可以提供額外誘因，讓我們的行動意志天秤往符合長遠自我利益的方向傾斜。如此，就有了法治體系的發展。政府也必須扮演角色：我們選人出任公職，賦予權力執行法規，決定爭議情況該如何詮釋或適用何種法規。

這就是政府和社會的起源。人們無法根本救治自己或他人那種親疏遠近的偏狹心理。自己的天性無從改變，所能做的就是改造所處的境況，使遵守正義成爲某些特定人的切身利益，而違反正義則成爲疏遠的考量。如此而後，人們不但自己樂於遵守該等規則，並且還要約束他人共同遵守，使公道的法度貫徹執行於全社會。（*T* 537）

規則要切實可行，必須相當簡單，不可有沒完沒了的但書條款。只不過如此一來，無可避免的代價就是，有些例子似乎沒有任何人當下明顯受惠。比方說，窮學生沒錢買東西吃，在抵不住飢餓下，潛入放高利貸的富人家裡偷東西，結果被逮到，這仍然是犯了侵犯他人財產的罪，必須接受懲罰。即使納入考量減刑的情境因素，以及給予法官自由裁量的彈性空間，這些還是必須嚴加節制，才得以確保司法制度正常運作。沒有任何行動其處境因素可能完全一致，因此就有需要某些規則，來規定特定種類之行爲的適當懲罰範圍。最佳因應之道就是設立系統，通盤考量各種可能狀況，統整社會效益和可行性，提出一種理想的做法。

公共效益要求，財產權應當受普通且無彈性的規則所規範；雖然，該等規則的施行應該盡可能促進公共效益，然而若說要防止一切苦難，或是使所有案件都得到有益的結果，那卻是絕無可能的。如果，整體規劃或制度設計是維持公民社會所必需的，而且大體上利多於弊，那就足夠了。

（2*E* 305）

休姆對於正義的構思，很清楚地主要是用來作爲保護財產權的規則。在下列引文，我們可以明白，他是基於什麼考量，而堅持主張如此限制性的理論。

人類能擁有的美好東西共有三種：一是我們內心的滿足；二是我們身體外表的優點；三是我們憑勤勞和幸運而獲得的所有物的享用。對於第一種福利的享受，我們是絕對安全無虞的。第二種可以從我們身上奪去，但對於剝奪我們這些東西的人卻沒有任何利益。只有最後一種，既有可能遭受他人暴力搶奪，又有可能經過轉移而不至於有任何損失或變化。

（*T* 487-8）

他強調財產權，而不是同樣顯著的另兩項元素，譬如保護免於人身攻擊，是因爲這三種自然存在的美好事物當中，只有財物所有權可能轉移給他人。我從你那兒奪取另兩種東西，並不能用在自己身上。（休姆在世的年代，尚未有器官移植的做法。）不過，休姆也曾宣稱，競爭是仇恨和憤怒的原因，所以有人或許會以此反駁，即便我不能將你的心靈或器官占爲己有，但是剝奪你這些東西，就可以把你這個對手，推向不利競爭的劣勢，所以對我而言，還是有利可圖。因此，這當然就需要有法律，來保護人們免於遭受這方面的剝奪。我同意哈里遜（Harrison, 1981），休姆並沒有採取這路的想法，因爲他認爲如此的暴力是一種自然的惡。換言之，我們對於該等行爲的譴責，無需輾轉透過約定俗成的規則，就可獲得解釋。

話雖如此，休姆還是受到頗多批評，一般認爲他把正義等同於財產所有權的考量，而忽略了「公正和無私的連體美德」。不過，我相信如此指控並無根據。休模的用意，是要透過財產所有權和正義之間的關係，藉由其概念性和實質內涵，以便對所要探討的正義主題有所聚焦。公正和無私，相對地，乃是正義的形式要件。規則的運用如果偏私不公，那就不足以成爲正義的規則了，因爲公正和無私已經內建於「普遍觀點」之內，而該等道德立場當中就包括了正義。

接下來，我要來更詳細地描述，休姆所論述的約定俗成之規則的本質。當個人接受社會體制的合作規範，他的順從是有條件的。只有在他知道，其他人也會同樣遵守的前提之下，而且共同遵守也符合他的自我利益，他才會有理由去遵守。再者，他也必須確定，他人認爲如此做對自己有利，才可能期待大家都會願意共同遵守。由於人類心理大致相同，所以他應該有把握可以如此設想。

至於這類合作早期出現時，會有哪些人參與呢？自然也設下了若干限制：(1)時空鄰近性，也就是與該等行爲有相當直接關連的人；(2)局限在洛克標準用語的那種「人」，亦即有能力理解複雜高階溝通意向的人；(3)他在 *2E* 指出，會局限在有足夠「身心力量」的人，因為從其他參與者的利己觀點來看，這樣的人參與才會有助於增進自己的利益。參與者的合作必須要有貢獻，否則其他關心自我利益的行動主體，何必容許你參與其中呢？

假設有這樣一種造物，與人類雖然相處，雖有理性，但體能和心智極其薄弱，無從作出任何抵抗，對於我們最嚴重的挑釁，也絕不能使我們感到其憤恨；必然結果就是，我認為，我們應該受人道法則約束，善待他們。但確當而言，我們不應當受制於任何正義規範，以此待之，除了隨意選擇的主人之外，他們也不能擁有任何權力或財產權。我們和他們的互動不能稱為社會，因為社會必須有相當程度的平等。

（*2E* 190）

休姆否定，這種「契約」的建立是一種**承諾**，因為承諾本身也是起源於人類的約定，不可能早在社會體制之前而存在。反之，協同實踐的進展乃是一點一滴緩步漸進的，每一階段的成功都提供了向前推進一小步的動能。他舉兩個人划槳的例子，經由一連串動作的微調，逐漸建立划槳動作的同步化。

兩人在船上划槳，是根據一種合意或約定而進行，雖然彼此從未互相作過任何承諾。關於財物所有權穩固的規則，其形成過程絕不下於前述例子，也是由人類約定俗成而來的：當中規則逐漸發展，並且是通過緩慢的進展，通過一再經驗到僭越該等規則而產生的諸多不便，才獲得效力。恰恰相反，這種經驗還使我們更加確信，我們全體社會成員都能體會此等規則帶來的利益，並且信賴未來行爲會有相當的規律性。正是在這種期許之下，奠定了我們自我節制與戒禁的穩固基礎。同樣地，各種語言也不是經由承諾，而是由人類約定俗成逐漸建立起來的。

（*T* 490）

注意，這並沒有涉及外顯的教導指示和人際之間的協議。反之，他們運用「同情」能力，彷彿就像協力回饋循環一樣，在實作當中協調進入彼此的節奏，而不是在事前先規畫好。每一步都對該等規則的約定俗成有所貢獻，並且提高未來行爲將會符合該等規則的或然率。長此以往，此種實踐作法漸趨穩固，最後就成爲明文規定的規則，然後可以引導和增強未來舉止。同樣地，財產所有權的習規，也是在這種情況下，漸趨完備的，而人們也逐漸體會出箇中好處。我想休姆的意思應該是要說，發展完備的承諾是未來導向的，並涉及歸還或傳送目前不在的某些東西；相對地，先前的例子，譬如兩人協力划船，涉及的只有當下進行中的雙方行爲協調（或避免、節制某些行爲）。這方面的議題稍後我們會再進一步探討。

事實上，休姆把「財產」、「承諾」、「義務」等概念（或「觀念」）視爲，正義規則建立之後才逐漸浮現成形。「正義的起源說明了財產的起源，而相同的人爲創制則促成了這兩者的誕生」（*T* 491）。只有當這種協同實踐建立並開始運行之後，這些概念才變得可以理解。在此之前，人性之中並沒有任何資源可以提供來構思諸如此類的概念。所以，因爲我們試圖確立正義的起源，我們不能說，原始動機涉及對財產權的尊重，因爲這當中就預設了我們所試圖要解釋的正義之理念。再者，由於財產本身是人爲的產物，正義的觀念不可化約爲立基於財產概念的定義。反之，這些概念是互爲定義的。

> 一旦人們接受了戒取他人所有物之約定俗成規範，並且每個人都穩固持有所有物，在此之後，立刻就發生了正義和不義的觀念，也發生了**財產權**、**權利**、**義務**的觀念。不先理解前者，就無從理解後者。我們的財產僅僅只是社會法律，也即是正義法則，所確認可以恆常持有之物。因此，有些人不先說明正義的起源，就來使用**財產權**、**權利**，或**義務**等名詞，甚或就應用這些名詞來闡釋正義，他們很明顯都犯了極大的謬誤。
>
> （*T* 490-1）

當然，休姆並不是史上第一人提出契約概念，以茲建立社會規則與其法制化。早在他之前，霍布斯和洛克都有提過。不過，休姆的立論和他們有相當大的差異。霍布斯和洛克希望，將公民義務的基礎建立在外顯的協議或承諾之上。最深層的差異在於，他**逆轉了實踐和規則之間的優先順位**。休姆否定，普遍規則或原則可以從無中生，先行出現於所有實踐之前。反之，人同此心、心同此理，應當可以肯定有相當多人，也會有類似的推理想法和做法，若且唯若如此，每一個人方有可能體認，自我約束不奪取他人所有物是有益的。如此情況持續越久，該等實踐規範就越形穩固。長此以往，人們普遍遵守該等規則或實踐規範的意識也會趨鞏固。生命會發展成形，此等實踐使人們得以具體形塑約定俗成之規範的觀念。約定俗成之規範從實踐逐漸浮現成形，且唯有發展到如此地步，才取得自足而立的生命。借用奎因（Quine, 1972）的說法，最初的協同動作，或許就是在**試用規則使其合適**（*fit a rule*），這看起來好像行爲是從某一指示推導而來的，但只有當實踐規則建立穩固之後，行爲才會看起來像是受到某特定規則的引導。

在結論的時候，休姆如此回覆了他在*T* 3/2/2開頭提出的第一個問題：

> 因此，這裡就有一個命題，我想，可以認爲是確定的，那就是：人的自私和有限度的慷慨，以及大自然爲人類滿足欲望而準備的稀少供貨，這些就是正義的起源……〔而且〕產生這種正義感的那些印象，對於人類心靈並不是自然的，而是發生於人爲創制和人類約定俗成的實踐。
>
> （*T* 495-6）

正義的起源動機是自我利益，但這利己目的則是「以一種曲折而間接的手法」，透過社會規則的人爲創制，從而追求達成的。

第五節　正義的自然前提條件

在 *2E*，休姆透過一系列的思考實驗，運用「差異的方法」，強化他的論點，正義的浮現成形必然需要，先移除個人慈善或自然資源的限制。比方說，如果我們「自私和有限度的慷慨」由一種更廣泛的利他心所取代，約定俗成的正義將不會發生，因爲如此一來正義的規則就失去其必要性了。

> 在我心中，未曾對我和鄰居之間的利益作出任何畫分，而是以彷彿享受自身的歡樂和悲傷一樣的力量和活潑性，去分享鄰居的所有歡樂和悲傷，何必在我們的田地之間豎立界碑呢？根據這種假定，每個人都是另一個人的另一自我，他將所有利益信託交給每一個人去處理，沒有猜忌，沒有隔閡，無分彼此。
>
> （*2E* 184）

果眞如此，那休姆的論點也可以延伸來宣稱，道德的觀念不會發生了，因爲在應該要做和自然會去做之間，已經沒有任何差別。如同所有道德義務一樣，之所以需要正義，純粹是因爲察覺到私利和公益之間的衝突使然。不過，休姆如此說法也不完全正確，因爲我們雖然不再需要強制執行規則，但還是需要有規則，來解決協調的問題。比方說，我們雖然需要教導每個人開車必須遵守靠右或靠左行駛，但是超速罰單或違規停車受罰的規則，早就不需任何明文教導了。

其次，想像我們生活在某黃金時代，也眞的具備有限度的慈善，我們所需的物品總能供應不絕，所有人的一切需求都能即時得到滿足，無需付出絲毫心力去追求。在如此情況下，自然美德應該會非常蓬勃展現，因爲通常的阻礙因素，譬如：競爭、畏懼、忌妒等等，都不會出現了。不過，如此一來也就沒有需要「謹慎、忌妒的正義美德」了。我們先前已經見識過，休姆把正義設想爲，關於財產所有權的一套規則，而財產的概念就是物品畫分成「我的」或「其他人的」，端是何者擁有專用該特定物品的權利。但也只有在該等物品相對稀有的情況下，至少在物品不見時不會自動補上另一件，那麼如此的畫分才有可能會發生。

> 在人人富足有餘的地方，畫分物品有何意義呢？在絕無可能有任何損失的地方，爲何產生財物所有權呢？當別人奪走某物，我只需一伸手就可拿到價値相當的另一物，爲什麼要稱該物是**我的**呢？這種意義的正義，根本是完全無用的，只是一種虛設的禮儀，在美德條目中永遠不可能有位置。
>
> （*2E* 184）

再者，他另舉反面極端狀況爲例，重申此一論點。在該例子當中，社會的標準機制甚至不可能滿足最基本的需求。正義規則就失去了規範力量，無法約束我們的實踐和讚許，因爲正義規則唯一目的是要提供最理想可行的途徑，來滿足我們的物質需求。既然無論如何都不可能達到如此目的，那正義規則理所當然也就失去存在的必要性。如果最壞情況都發生了，而正義規則被設定來保障的任何事物也都失去了，那還讓自己受制於該等規則約束又有什麼好處。

> 正義這一美德的用途和傾向，是要通過維護社會秩序，而達致幸福和安全；但是，當社會隨時都可能因爲極端的必需而毀於一旦，則沒有什麼更大的罪惡能使人懼怕，而不付諸暴力和不義，在此情況下，人人都能爲自己提供明智所能命令或人道所能許可的一切手段。
>
> （*2E* 186）

最後，假設我們有限度的慈善和資源，與理性思考能力聯合起來，足以衡量個人的長程自我利益，並且能看清楚這和他人的福祉緊密連結不可分割。再假設，品格的力量能夠增益推理能力，使其足以認清遠程利益總是勝過短程利益的一時滿足，因此個人總能夠依循理性知會的平靜激情而採取行動。和先前一樣，在如此情況下，正義的規則就沒有必要了，連帶也沒有後續的演化進展。

這些思考實驗結合起來，強化了休姆的原始論點：正義的體制起源於若干因素之間的微妙平衡，其中包括人性和外在處境，可適用來幫助資源有限之不確定世界的個人，化解身陷利己／利他與短程近利／長程滿足之間的糾扯拉鋸。

因而，公平或正義的規則完全仰繫於人們所處的特定狀態和條件，而其起源和實存則歸因於遵守嚴格規範帶來的公共效益。在任何可想像的情況，逆轉人類的處境：生產極端豐足，或是所需極端匱乏；人類胸臆根入完全溫良、人道，或者是完全貪婪、惡毒。在這些極端情況下，正義變成**毫無用處**，由此完全摧毀其本質，中止其所加諸人類的義務。社會通常境況是居於這類極端的中間狀態。我們自然會偏袒自己和朋友，但又有能力懂得公平行為產生的好處。大自然敞開慷慨的手給予我們的享受不多，但通過技藝、勞動、勤勉，我們又能獲取極其豐足的該等享受。因而，在所有公民社會中，關於財產的觀念就變成必要的，正義就獲得對公眾的有用性，並單單因此而產生其價值和道德義務。

（*2E* 188）

關於人們如何開始讚許正義行爲，還有幾點需要補充說明。如前解釋，史前人們意識到當時尚未形成社會的處境，欲望和需求都沒能獲得充分處理，唯有透過約定俗成的禮尚往來，方才可能有效化解當中問題。在原始社會較小的地方群體當中，相對容易看出規則和自我利益之間的直接關連。打破規則的立即效應也會同樣明顯。不過，當社會規模越來越大，該等關連也會隨之越發遙遠、模糊，在私利和公益之間產生諸多明顯衝突。即便能夠體會這些規則的益處，我們難免會逞一時之快想要破例滿足近利，這樣的衝動也會與社會規模大小成正比而增高，因爲個人能夠感受到的正義行爲的效應也會顯得遠不可及。

什麼能夠抗衡如此起伏不定的影響作用呢？答案就在於，當他人僭越規則而我們身受其害時，我們仍會高度意識到該等原始連結。再者，即便我們沒有遭受明顯的苦難，如此行爲還是會帶給我們不舒服的感覺與譴責，因爲我們對於受害者會有同情反應。該等規範一旦建立，就會連結啓動同情機轉：我們可以看出不義行爲引來的不適後果，從而挺身譴責。如前一章討論，當如此情感無關乎個人私己考量，那就是**道德感**。總之，「**自我利益是建立正義的起源動機，而對於公共利益的同情則是對於該等美德之道德讚許的來源**」（*T* 499-500）。

雖然，休姆承認，同儕團體壓力在個人身上注入正義美德的角色，但他強調這只是次級或衍生性的角色。「正像公開的讚美和責罵可能增加我們對於正義的尊重，私下的教育和引導也有助於促成同樣的效果」（*T* 500）。他也沒有否定，我們會遵守法律乃是出於想獲得他人讚許的動機使然。事實上，他的心理學也有如此的要求：「一旦在人們當中穩固確立了**正義有功而不義有過**的公共輿情，人們就產生了關切個人榮譽的旨趣，而這就有助於正義感更進一步鞏固」（*T* 501）。不過，他也強調，唯有人們在乎他人的觀感，如此才有可能會受到影響。相對於霍布斯和曼德維爾，休姆主張，某人如果沒有自然美德的能力，那就不可能習得人爲美德。雖然，人可以表現得**好像**擁有該等美德，但內在化的歷程不會眞的發生，而此人也絕無可能眞正擁有該等美德。同樣地，休姆承認，懲罰之類的法律制裁有其必要，但只是**強化**公眾的譴責，天秤還是得傾向誠實爲上。

第六節　財產的取得與轉移

T 3/2/1-2，休姆顯示，有必要制定若干規則來規範財產所有權。*T* 3/2/3-4，他指出，若干特定的規則如何獲選。當中可見他一向偏好的自然基礎，而比較不認可理性主義的基礎，強調該等規則是符合人性切實可行的，而不是由某些獨立於人性之外的永恆原則推導而出。

唯有接受社會規則，我們才可減低不知節制的利己行爲所導致的破壞性影響；但是僅只認知此點並不能強迫我們接受任何特定的規定。事實上，目前學界認爲，這種不充分決定（underdetermination）正是約定俗成習規得以發生的一種構成要件。路易斯（David Lewis, 1969）論稱，此種不充分決定乃是內在於約定俗成概念之內，換言之，對於所要協力解決的問題，除了該等習規之外，至少還存在另一種替代方式。反之，若無任何替代方式存在，那問題自然而然就可以化解了，根本無需協調任何人爲規則介入。

休姆指出，實際上從各種選項所選出的規則，都是最貼近想像力連結原則的自然結果。我們可以回想一下，所有權是一種自然的關係，在正義習規之前即已先行存在，而且是由該物品的專有使用權歷史所構成。財產是所有物的人爲類比對應物。在設想最原始的財產**取得**（*acquisition*）之可行規則時，休姆善用了財產與持有物的相似性，然後再加上財產**轉移**（*transfer*）的規則以增益之。完成這些之後，他方才引入第三類的習規——與**承諾**（*promise*）有關連的習規。我們可以再回想，他已經否定，史前社會的原始協力安排是透過承諾的形式而完成。稍後我們會看到，這是因爲他認爲承諾涉及更高程度的抽象思考，還需要有相當程度的協力合作，然而如此的合作只有在先行建立某種信賴基礎之後才有可能達成。

他堅持，任何嘗試將財產取得之規則建立在先驗基礎的做法，而無視於事實上的人性和偶發適然之人類處境因素，終必引來災難連連。比方說，他排除了任何立基於功德的財產畫分規則，亦即誰最「有資格」分得某財產。如此規則只會徒增更多紛爭和困擾，因爲沒有任何一致同意的方法，可以確認誰有此資格。一如他在 *2E* 寫道，「但是如果人類要施行如此法律，由於功德如此不確定，因爲其自然的模糊不明，再者也因爲人人都自以爲有功德，以至於絕無可能建立任何以功德爲基礎的明確行爲規則」（*2E* 193）。

財產取得的三種原則：時效、附添、繼承

比較有吸引力的做法或許會是，在習規形成之前，個人持有物就已成爲其財產，這規則當中就善用了已存於特定個人與其所有物之間的心理連結。所以，

> 每個人繼續享有目前所持有之物，並冠上財產權或永久所有權。習俗的效果如此之大，以至於我們不但安於長期享用的任何所有物，甚至產生情感，愛它更甚於我們較不熟悉但可能更

有價值的其他東西。

（*T* 503）

如此規則還可進一步擴大，成爲**占有權**（*occupation*）或「第一持有權」（first possession）的規則，這是指某些先前未曾有任何人擁有的事物，第一次有人對其宣稱所有權。比方說，有些案例當中，漫長時期可能出現許多不同持有者，如此一來，可能就無法確定誰是第一持有者。因此，就有了**時效**（*prescription*）的規定，將所有權賦予持有相當時日者，而無需理會誰是第一持有者。這種方式會比較符合普爲人知的一種人性，亦即傾向連結時空連續的事物，而不是遠在過去或未來的因素。即便我們知道，某物很久以前屬於X所擁有，如果若干時日之後，Y取得該物所有權，並一直持有至今，那麼X先前所有權的時效因素或許就會被否決。

另一原則就是**附添**（*accession*），是指某物若爲我們所擁有的財產密切關連，那麼我們就可取得該物之所有權。比方說，我的雞下的蛋。休姆表示，該等事物「甚至在持有之前，就已被認爲是我們的財產」（*T* 509），這意思是說，甚至在這類東西存在之前，所有人都會將其視爲該主人所有。每個人都會接受，我的梨樹明年夏天開花結果，那梨子就歸我所有。最後，還有一條原則就是**繼承**（*succession*），在此，人之間的連結關係延伸到所有物的權益。

財產轉移的規則

休姆正視到，這些建立與分配財產所有權的規則，還需要輔以財產轉移的規則。不只我們需要能夠交換物品，拿不想要或不需要的東西換取想要或需要的東西，而且還要能夠交換**服務**。他爲此附加一項條件，如後：「持有物和財產應當總是穩定的，除非權益所有人同意讓渡給其他人」（*T* 514）。

他重申 *2E* 提出的許多論點，強調該等獲選之原則的效用性，而沒有試圖從他的連結原則來導出。其中有一饒富意味的發展，是在討論財產取得的時效規則時，他曾有如後評述：

> 有時，**效用**和**類比**都失去效力，並使正義法則陷於徹底的不確定。因此，極其必要的就是，應當依據時效和長期持有來轉讓財產所有權；但是應當需要多少天、多少個月，或多少年，方滿足此一目的，這卻是理性單獨不可能規定的。（*2E* 196）

對此，休姆和理性主義論者見解相左，他在正義規則和其他事實命題論述之間，看到了不可相提並論的重大差異。不論是從擬似數學的「恆定關係」來推導道德規則（例如：克拉克），或是從經驗上可檢核的事實來推導道德規則（例如：沃拉斯頓），理性主義者都假定，關於行爲在道德上的對或錯，總有一客觀事實，獨立於人們的觀感之外。相對地，休謨則斷言，正義法律的應用有其力有未逮之處。換言之，法律是根據人們感覺目標如何可能獲得滿足而設計的；當預料之外的案件發生時，法律無法裁決，我們只能就個案需要而加以調整。但是，如此很清楚是屬於**決定**，而不是**發現**，更別說是先驗的演繹了。同樣地，大家都默認，如此歷程在本質上乃是未竟完備的：「大致而言，我們可以很有把握地斷言，法理學在這方面與所有科學都不同，當中諸多微妙問題，都不可能確切認定，哪一方必然爲眞或爲誤」（*2E* 308）。稍後在本書最後一章，我們會再來檢視此一重要的見解。

雖然，法律具有約定俗成的習規性質，但是毋庸置疑地，其與宗教關於禁食豬肉或戴不戴帽子的習規，仍有明顯的差別。當中差異並不存在於個別實踐的內在本質，而是關於該等規則是否有**效用**。換言之，人類是否因爲該等規則而眞正受惠？休姆給了兩種答案：對於法律習規，是發聾振聵的「Yes」；對於宗教習規，則是同樣醍醐灌頂的「No」。「但是，在**迷信**和**正義**之間，存在事實性的差異如後：前者無聊、無用且累贅，後者卻是人類福祉和社會存在的絕對要件」（*2E* 199）。

正義是出於人爲的創設，此一事實並沒有削弱反而是增強其約束力，因爲這給了我們一種與人性欲望、需求相互融貫而合理的基礎，而不是訴諸理性主義模糊不明的根據。由於唯有如此的基礎，方才可能建立起與人類動機的連結，除此之外，再也提不出任何更穩固的證實了。

> 這些反思絕沒有削弱正義的約束力，或者說，減少給予所有權任何最神聖的關注。反之，如此情感必然從目前推論獲得新的力量。因爲對於任何一種義務，除了體認到倘若它不確立，

人類社會甚至人類本性就不能存續，除此之外，我們還能欲求或設想什麼更穩固的基礎呢？

（*2E* 200-1）

第七節　承諾的人為性

道德規則，責成人們履行承諾，乃是不自然的，此點由下面證明的兩命題可以充分顯見：(1)在人類約定俗成之習規確立承諾之前，承諾是無從理解的；(2)即使可理解，也不伴隨有任何的道德約束力。

（*T* 516）

休姆否定承諾是自然的，他意思是說，在史前社會未有建立約定俗成習規之前，對當時人們的心理而言，承諾是無從解釋的。換言之，只有對於文明人的心理，承諾才可能理解，並非只要是人類自然都能理解。承諾如果是自然的，那就必須是史前人類的心智也能夠做到的行為，從而導出其約束力。不過，檢視各種可能的情況，證明並不存在如此的事實。

承諾不可能存在於**心願**（*resolution*），因爲僅只許下心願要做某事，並不必然讓自己接受其約束。所以說，如果我許下新年願望，決心要戒酒，結果卻在元月二日去了酒吧，說是要喝藥酒。只是這不代表我應該受到道德譴責，頂多只能顯示我自欺欺人，或意志力薄弱。承諾也不是想要做什麼事的一種**欲求**（*desire*），因爲當我許下承諾，我就受到約束必須遵守完成它，不論我是否**想**要去做。就算心不甘情不願不想去做，承諾終究還是承諾。

承諾也不存在於未來將要做某事的**意志**（*willing*）。休姆提醒我們*T* 2/3/3的結論，當時他駁斥理性主義的意志概念，將意志視爲行動主體自足而立之力量，獨立於人類激情之外。他用*T* 3/1/1的結論證明，「所有道德都仰繫於我們的情感」依此而推，要置自己於某一新的義務約束，就需要在情感上產生某些變化。不過，由於新的情感不可能由純粹的意志行動產生；同樣地，新的義務也不可能由其產生。再者，從*T* 1，我們記得，因果關係是相鄰連結的。因此，根據*T* 2/3/1的描述，意志乃是即時在前的行爲，而且「僅止於影響我們當前行爲」（*T* 516）。順理而推，「指向未來行爲的意志」，此一觀念就是不融貫的；同樣地，涉及「遠距行爲」的意志亦復如是。

再者，他重複運用類似*T* 3/2/1關於正義人爲本質的論述，讓讀者明白，承諾在本質上也是人爲的：任何行爲若要是自然美德，除了具備所謂的美德屬性之外，個人心理還必須有提供自然動機來付諸實行。除非行爲有一種自然而然要去履行的激情，否則就不可能成爲具有約束力的義務；而義務感並不構成如此的自然動機，因爲義務感「預設了先行的義務；而且任何行爲若不是自然激情所責成，當然也不能被任何自然的義務所責成；因爲即使不去做該等行爲，那也並不能證明心靈和性情有任何缺失，因而也不構成任何的悖德」（*T* 518）。但是，除了履行承諾的一種義務感之外，人們並沒有遵守承諾的自然傾向；「因此，忠心並不是一種自然的美德，承諾，在人類約定俗成的習規成立之前，是沒有約束力量的」（*T* 519）。因此，他斷言道：「承諾是人類基於社會的需要和利益而形成的發明」（*T* 519），那也就是，基於我們有限的慈善，外加不穩固的有限資源。

如前所述，關於財產所有權取得和轉移的「自然法」，還需輔以第三類的習規，因爲並非所有協議都可即時完備，有些可能涉及時間差（譬如：X給Y某物和Y歸還給X之間的時間差）衍生的問題。換言之，這些情況並不涉及「**在現場且特定的**」物品，而是「**不在現場且普通的**」物品。比方說，某些交易可能涉及協議當時「不在現場的」東西，譬如：如果我在波特蘭承諾，把我位於格拉斯哥的房子賣給你。再者，有些協議可能只規定某種東西，而沒有必要是特定項目的該類東西。比方說：如果有人同意要買十英斗的玉米，他通常不會特別指定要十英斗的哪幾根特定玉米。最後，還有某些協議涉及的不是物品而是服務，並且也可能是不在現場且普通的。

所有這些情況都涉及受惠者與其回應之間的落差。由於史前社會人類心理的自私傾向使然，只問索求而不願實現既已同意之作爲，如此利己動機應當會壓過誠心履行兩造雙方協議的義務動機。所以，如果任由人類本性肆意而行，自利的心理傾向最後就會落得眾人皆輸。不過，設若該等人願意退一步設想，應該可以體會合作對大家都有好處。只是，到此階段，他們還不能確保，其他人也願意秉持互惠精神，而這就可能讓人遲疑，自己是否要率先跨出第一步。他們心中可能縈繞如後的猶疑不決：如果我不行動，可能會遭受他人唾棄；不過我若是出手幫忙，但對方卻沒回報幫我，那我下場豈不更慘，徒勞無功不打緊，還幫忙墊高了對手財富和競爭優勢。

在大自然，有一種進退兩難的困境。我們不可能直接透過意志，產生某種新的動機，譬如新的欲求，來打破該等困境。再者，也不可能單獨依照理性來行事。唯一解決之道即是，「給予那些自然激情一條新的方向，並且教導我們說，通過間接、人爲的方式，比起順從個人欲望的直接衝力，更有可能滿足我們的需求」（*T* 521）。如前所述，理性和想像力只能確認達成某目標的途徑，而且動機是仰繫於既已先存的自私激情。我們理解，大家在財物和服務方面互惠，是對所有人利益最好的共贏結果；我們也清楚，這不可能「自然」發生；所以，我們爲了個人利益著想，最好是去改變外在境況，以便能夠提供願意互惠的誘因。這可以透過語文形式的約定來達成（口頭或書面明文的協議），譬如：我「承諾」，這種說法就代表有意要履行某項行動。在各方相互理解之下，就將彼此置於義務的約束，不履行就會受到懲罰，可能是法律的懲戒，或是非正式的社會處罰（未來不再取信於人）：

> 某種**語文形式**就這樣發明了……以茲約束自己去履行某事。該等語文形式構成我們所謂的**承諾**，這是對於人類涉及利益交往時所加的一種認可。當有人說，**他承諾某事**，實際上就表達他有**決心**完成該事；於此同時，通過使用該等**語文形式**，倘若失約，就會使自己受到不再取信於人的處罰。決心就是承諾所表達的一種自然的心智動作，但這當中如果僅只有決心，那

承諾將僅能宣稱先前既存的動機，而不會產生任何新的動機或義務。承諾是人們約定俗成的習規，從而創造出新的動機，經驗教導我們，如果我們制定某些符號或標誌，藉以互相擔保在特定情事之中我們會如何行事，那麼人們的行爲將會調整使其對彼此都有利。該等約定確立之後，誰要應用之，誰就立即被自身利益所約束，而必須履行約定，如果拒絕履行承諾，將永不能期望再得到他人信賴。

（*T* 522）

最後，在逐漸體會該等習規的益處之後，將會產生對勇於破除習規者的道德讚許。如前所見，這還會受到「公益、教育和政治人物創制」，而獲得進一步的增強。

休姆運用他關於承諾的論述，來批評當時「風行一時」的社會契約論觀點：

眾人……生而自由、平等；政府和權貴只是通過同意而建立起來；人類同意建立政府之餘，因而就對自身強施一種自然法所不知的新義務。因此，人們之所以必須服從執政官，只是因爲他們有此承諾；如果他們不曾，或明白或默許地，表示願意保持忠誠，那麼效忠政府就永遠不會變成他們道德義務的一部分。

（*T* 542）

關於人們有義務接受約束服從政府權威，這乃是出於個人有許下如此承諾或契約，如此觀念根本無從理解。雖然休姆承認，政府建立之初是有可能涉入某種成分的契約，但這不能規定我們就必須效忠政府，因爲我們本身並沒許下如此承諾。反之，我們生來就面對政府統治民衆的生活現實。且讓我們回想一下，休姆認爲，許下承諾乃一種外顯行動。僅只因爲我們生活在政府治理之下，就代表我們默會承諾會遵守各種法規，這根本就是無稽之談。

其次，事實上即使我公開宣稱，我不同意接受政府統治，這也不能讓我免於服從政府的統治，此等事實也否定了前述的契約論觀點。唯一能夠約束我們服從政府統治的有效基礎就在於，我們相信如此體制符合公共利益。如此認知會促使我們產生一種義務感，約束自己去維持和保護該等規則，並且會對其他人的同樣作爲給予道德讚許。和先前一樣，這也會受到同儕團體壓力的增強。

第八節　自我利益的適宜地位

本章開場曾提到，休姆舉列美德條目的用意，是要破除那些扭曲理論的把持，主要是利己主義，以及基督教特定流派宣揚的「僧侶美德」。但問題是，如果他這套理論簡單明瞭又切實可行，爲何當時衆人卻看不見呢？對此質疑，休姆推測，或許是因爲死守僧侶美德，心智都給弄迂腐了，再明顯的眞理也全都視若無睹：

似乎合理的推測是，各種學說和假說早已把我們的自然知性引入歧途，以至於如此簡單明白的理論，歷經如此長久的時日，最審密的檢視仍舊弄不明白……如果，我們觀察人們在工作或娛樂時的互動、論述和交談，我們將會發現，除了學校之內，其他任何地方都不會有人對此感到絲毫困惑不解。

（2E 268-9）

在 *2E* 的結論，休姆行雲流水針貶那些迂腐之輩，將其生花妙筆的文采造詣展現得淋漓盡致。

在日常生活中，人們都很明白，對自己、他人有用，或讓自己、他人感覺愉悅的特質，乃是個人價值的一部分；因此，只要人們通過自然而不帶成見的理性，拋開迷信和虛妄宗教的不實扭曲而判斷事物，他們絕不會接受任何其他特質。獨身、齋戒、苦行、禁欲、自我否定、謙卑、沉默、孤居獨處，以及整套的僧侶德性，爲什麼這些所謂的德行到處遭受理智建全的人們摒棄，不正是因爲它們根本無益於任何目的嗎？既不提高個人在俗世的命運，也不使他成爲社會中更有價值的一員；既不使他獲取資格享受社交娛樂，也不爲他增添自娛的能量。

反之，我們看到，它們反對所有值得欲求的目的，麻痺知性且硬化心腸，蒙蔽想像力且使性情乖張。因此，我們確當地將其轉移至對立陣營，置於悖德條目中。任何迷信也沒有足夠的力量，在俗世人們當中，把自然的激情完全引入歧途。一個性情陰鬱，心智迷亂的狂信者，死後或許可以在日曆中占據一個地位（忌日），但生前活著時，除了被智亂神昏、性情陰鬱的同類所接納，幾乎絕不會有任何親友和社會接納的。

（*2E* 270）

對於接受休姆人性論述的任何人，唯一能捍衛宗教的做法，就是找出宗教對自己或他人是有用的，或是能讓自己或他人感覺愉悅。不過無論如何，休姆都會認爲，這方面的努力終究註定要失敗。在他來看，宗教最好頂多是無用的，最壞則會貽害無窮，造成人類苦難的主因，而且還是腐化人心品性的非自然重要因素。

接下來，讓我們轉向檢視利己主義，休姆雖然和霍布斯見解相左，他不認爲自愛是道德的眞正本性和基礎；不過，他還是認可自愛在道德占有重要地位，原因在於，當人們抱持冷靜遠見看待自我福祉，不受制於短暫起伏的狂烈情感，而訴諸理性知會的平靜激情，那就能看出美德和自身利益趨於一致。說到底，他問道：有誰會不想選擇擁有這類美好品德呢？「從沒有人會願意在這方面有所欠缺。而我們之所以缺乏該等美德，全得歸咎壞教育、學疏才淺，或冥頑不化的變態心性。」（*2E* 280）。誰不想選擇擁有感染力十足的迷人好性情，好讓周遭旁人也都跟著燃起愛心呢？

且讓人假設有充分能力去塑造自己的性情，去愼思考慮要選擇何種嗜好或欲望，作爲自己幸福和快樂的基礎。那麼他將觀察到，每一種情感，當達到具足圓滿時，就會產生與其力度和猛烈程度成正比的滿足感；而慈善與友誼、人道與和善，除了一切情感所共通的好處之外，還有直接的甜蜜、平靜、溫柔、愉快感受，完全不假於好運和偶然機遇。除此之外，當我們回味自我對人類、社會盡了一己應盡義務的美好感覺時，該等美德還會伴隨有一種快樂的意識或回憶，使我們自我感覺愉悅，也讓旁人有所同感。儘管所有人都對我們強烈志向、鍥而不捨追求成功表示忌妒，然而只要堅定走在德性之路，投入實踐慷慨的計畫和目標，我們幾乎一定會贏得他人的善意和祝福。還有什麼其他激情可以讓我們從中發現愉悅的情感、快樂的意識，良好的名聲，如此眾多好處全都聯結而來呢？

（*2E* 281-2）

*2E*結尾處，休姆針對如後的古老問題：「自我利益考量的個人，其遵守一般道德和正義規則的動機可能發揮到何種程度」，提出若干反思見解。如果是無賴的話，可能會如此看待此一問題：我可以理解，當此等規則普遍受到遵循之下，包括我在內的每個人都會受益。然後就很清楚了，當其他人全都遵守該等規則，對我自然有利；不過，我如果爲了一己私利，不去遵守某些規則，也能安然逃過譴責，對於正義規則的整體效益也毫髮無傷，這樣豈不是對我更好嗎？果眞如此，我何樂而不爲呢？

對此，休姆的答覆是，即使該等策略奏效，這樣一個「僥倖的無賴」，縱使贏得一小局的爭鬥，卻輸掉了整場戰役。他的狀況就如同聖經的訓戒，賺得了全世界，卻賠上了自己的靈魂。休姆的意思是指，該人將會虛度浮世人生，給自己的人品帶來無可挽回的損害，尤其會否定和挫抑其人道精神，以便毫無忌憚占盡他人便宜。

但是，假使他們總是僞裝得如此隱密而又成功，任何誠實的人，只要他還有絲毫的哲學思維，甚或只是日常的觀察和反思，都能夠發現，他們終究是自欺欺人，犧牲了品格可能帶來的無價的快樂（至少對他們自己是無價的快樂），只爲了獲得那些毫無意義的小玩意。要滿足自然的需求，必要之物其實眞的很少。而從**快樂**的觀點來看，談話、社交、學習甚至健康，還有日常的自然美景，這些都是不用花錢就可得到的滿足，更別說是自我行爲反思的平靜喜樂，我是說，那些奢豪、狂熱而空虛的樂趣，如何可能比得上這些自然的樂趣呢？實際上，這些自然的快樂才是眞正無價的，因爲在獲取的代價方面低於一切，而且在享受上高於一切。（2E 283-4）

延伸閱讀

1. 關於人爲美德主題，請參閱 Jonathan Harrison（1981）、David Miller（1981），有較長篇幅的深入詳盡探討；另外，請參閱 Knud Haakonsen，收錄於 Norton（1993）。
2. 關於自然美德主題，請參閱 Ardal（1989）第七章；Baier（1991）第九章。
3. 關於**心理學利己主義**，請參閱 Darwall（1995）第三章；Schneewind（1998）第四～五章。

第七章　道德立場

本章導讀休姆原典

▼《人性論》第三卷　論道德

■特別是第三章　論其他美德與悖德

▼《道德原則研究》

■第九章　結論

■附錄一　關於道德情感

■附錄四　論某些言辭爭辯

▼〈品味鑒賞的標準〉

第一節　同情與其檢核修正

本書最後一章，要來闡述休姆的道德評價主題。根據休姆，道德評價即是根據「穩固的普通觀點」，對於有用或本質令人愉快的特質給予讚許，對於無用或本質令人不悅的特質給予譴責。前道德階段（premoral）的初始態度，會透過同情機轉傳移，然後再經由個人與社會層面的若干途徑予以檢核修正。個人層面包括理性和想像；社會層面涉及同儕團體壓力，以及學習取得的道德語彙。在此，我將這該等成功開展檢核修正的歷程，稱爲「進入道德立場」（entering into the *moral stance*）。本章討論的休姆文本，將從《人性論》、《道德原則研究》相關段落切入，然後再轉向後期的〈品味鑑賞的標準〉。

休姆*T* 3/3/1開場白就提醒我們，同情在激情傳移過程的根本角色：

> 人類心靈的感覺和運作都是類似的。凡能讓一個人有感知的任何感情，所有其他人或多或少也會受到感動。正像若干條弦線均勻綁紮在一塊，其中一條弦線彈動就會傳達到其餘弦線。同樣地，一切感情也很自然地由一人傳向另一人，而且只要是人類，心中都會產生相應的感動。當我在任何人的聲音和姿態中看出激情的效應時，我心中立刻就由該等效應轉到其原因上，並對該等激情形成鮮活的觀念，以致於很快就把其轉化爲該激情自身。同樣地，當我看到任何情緒的原因時，我心中也立刻轉到其結果，並激起該等情緒的感覺。
>
> （*T* 575-6）

不過，他也承認，同情的自然運作在本質上乃是偏頗的，往往傾向同情和自己有親密關係者，甚或只是時空鄰近者。再者，由同情產生的間接激情，強度也不盡相等。這當中有著鮮明差別的對比，而這也正是道德立場的構成要件，也就是說，關係親疏遠近的因素並沒有決定吾人所作的品格評價。因此，間接激情雖是道德感情的原因基礎，但道德評價並不可以等同或化約爲同情的直接產物。

區隔個人偏好和直接情緒反應（這是進入道德立場必需的），當中涉及理性和想像的合作。我們已經知道，理性如何透過辨識達成目標之相關因素，發揮其間接影響力，檢視有無經驗錯誤或推論謬誤，從而讓人們得以判斷某行爲是否合理。在確立道德立場之前，理性還會發揮規範的功能，指出品格評價倘若僅只依據直接情緒反應乃是不可靠的。至於將個人從完全聚焦自身境況抽離的心理運作，則是想像的工作，而不是理性：「想像堅守對於事物的**普通觀點**，並把該等看法所產生的感覺，和我們特定、一時的位置產生的感覺，予以區隔」（*T* 587）。換言之，我們會超越自己對於某特定境況的**實然**感覺，而去發掘我們在遠方或其他觀點之下，**應該**會如何感覺。理性透過此等與現實不盡相同的資訊，導出結論。再者，正視未受檢核修正的同情可能會有潛在誤導之虞，我們就受到動機驅策，去修正直接的判斷，再據以採取相應行動。

> 我們理當承認，對他人的同情遠比對自己的關切來得微弱；再者，對疏遠者的同情遠比對親近者的同情來得微弱。但正因爲如此，我們在平靜地判斷和討論人們的品格時，就必須擱置該等差別心，以期我們的情感更具公共性和社會性。再說，我們自己在這方面也經常有所改變，我們每天遇到和我們境況不相同的人，也會遇上某些人倘若我們堅持己見和立場，就絕不可能與我們交談。因此，在社交和談話中，情感的交流使我們形成某種不會變動的普通標

準，我們可以據以讚許或譴責人們的品格和作風。（2E 229）

道德立場的發展

他透過物體「眞實」形狀的觀念和感官被動知覺之間的區辨，用以說明道德立場的發展。比方說，當我打字時，電腦螢幕只占我視野相對小的部分。但是當我向螢幕靠近，它就變大了。不過，我不會因此推論螢幕本身實際變大了，因爲過往經驗告訴我，外觀會隨位置、距離而改變。所以，雖然此刻它在我視野所占的大小遠大於太陽，但我並不會因此而大幅改寫宇宙理論。再舉一例，用餐時，我看到盤子是圓形的，而坐在我對面的客人，則是看成橢圓形。我知道，如果我坐到該位置，也會有同樣感覺。以此類推，從各種不同角度來看，盤子就會顯現不同形狀；也就是說，觀看立場會改變盤子的形狀。我能分辨眼前感官印象，乃是基於對象的首級性質，以及個人觀點的偶然條件。換言之，我們可以學習以理想化的方式，不受個別觀點輸入的資訊影響，客觀看待各種情況。擁有如此能力顯然能給人們相當的優勢。如果，我們純粹根據事物目前表象來行事，就無法預測未來的刺激，也不能解釋過去或當下發生的情況，因而也就無法持續且有效地滿足我們的需求。事實上，我們很可能撐不過五分鐘。

類似的道理，道德立場需要有能力，跳脫個人直接立場，充分考量其他人在不同情況下可能會抱持何種看法，以便達成對當事人的品格判斷。在某些情況中，要達成適切的道德立場，首要之務即是要跳脫個人涉入當前議題的利害關係。另一方面，當我們考量過往古老事件時，那可能就需要想像自己在該等狀況會受到如何的直接影響。我強調，後面這種情況只能作爲**達成**道德立場的部分考量因素，而不是道德立場**本身**的構成元素。道德立場並不是由模擬當事人周遭人士對其品格的觀感態度而構成，因爲如此反應既可能失於偏頗，還可能帶有個人特殊考量。

在批評道德理性主義時，休姆指出，道德推理和數學推理之間的重大差異在於，唯有**全部事實完整呈現**，前者才可能達成適切結論。換言之，道德評價是對於全部相關自然事實的一種反應。其中，某些事實關係到當事者的品格，必須從各種不同立場加以衡量。道德情感發展的目標需要我們學會，如何全方位納入所有觀點。這並不是說，我們必須把自己初始的觀感棄置不理，而是將其置於所有觀點之中，平等看待。在綜合這些不同觀點相互調整修正的複雜過程之後，才作出最終判斷。所以，不同於康德，休姆對於情感不可靠的反應，不是將其排除於道德判斷之外，而是**擴大**其輸入，以便能投入參與其自身的檢核修正。

想像還有另一用途，可顯現於「身陷窮途末路，美德無從展現」的例子（*T* 584）。休姆反駁指出，如果道德判斷完全只立基於同情，那人們將只會讚許那些**確然**付諸實踐且令人感覺值得道德讚許的行爲；不過，實際上，我們還是會讚許礙於情勢而無法付諸實際行動的良善品格。和先前一樣，休姆的解釋仰繫於，透過想像力來考量涉及事實相反情況的品格評鑑。換言之，我們知道，一旦該等外在限制去除了，當事人理當能夠本諸其良善品格而行，如此也就値得我們的讚許。再者，秉持**普通原則**也能在此提供幫忙；我們知道，我們通常會不吝讚許礙於偶發情勢而受阻的良善品格，心中會將當事人的品格與道德讚許所立基的快感形成連結，所以我們自然就會把讚許延伸至該等反例。在這類例子當中，我們主動操弄想像，以便確定或激起，從**客觀**角度之下，我們賞識當事者德行所引發的快感。換言之，這目標是要充分斟酌諸多不同觀點，相互調適修正，以達成不執著於單一觀點的評價。所以，客觀不應視爲「無人所在之觀點」，而比較像是「綜觀各方之觀點」。

從我們原先有限度慈善和慷慨的觀點來看，進入道德立場的益處就極其有價值，因爲如果人人純粹依照未經檢核修正的同情而付諸行動，肯定會天下大亂。再者，如果人際之間的品德評斷是取決於一時片刻的感覺，不只溝通能力將會大受影響，甚至自我理解和相互理解的能力也會大打折扣。設若你和某人原本情感相當親密，但後來因爲相隔兩地，感情就漸漸疏遠了。你可用來描述該等態度改變的唯一資源，就只是某些非規範意涵（non-normative）的表達語彙，譬如：只注意到感覺有**變化**。你會沒辦法**解釋**，**爲什麼**感情會生變，你也無從判定該等改變是否**合理**：

> 無論對人或對物，我們的處境永遠在變動；相隔甚遠的路人，經過短短的時間，靠近之後發現原來是我們熟識的某人。此外，每個人相對於其他人，也都有其特殊的位置。如果我們只是根據各自的特殊觀點，來看待人們的性格和爲人，便不可能在任何合理的基礎上互相交談。因此，爲了防止該等不斷的**矛盾**，並達到對於事物較**穩定**的判斷，我們就固定了某種穩

> **定而普遍的**觀點，並且在我們的思想中，永遠把自己置於該觀點之下，而不論我們目前所在的是什麼位置。同樣地，外在的美也只是決定於愉悅感；然而很清楚地，美好的面貌在二十步之遙的地方看起來，和近在我們眼前時，兩者給予我們的愉悅感是無法相提並論的。但我們並不會說，它顯得沒有那樣美了；因爲我們知道，在那種位置下會有什麼結果，通過如此的考慮，我們就修正了它的暫時表象。……在一切感官方面，這類修正作用是很常見的；而且我們如果不修正事物的暫時表象，忽略我們目前的位置，那麼我們確實也就無法使用語言，互相溝通情意了。
>
> （*T* 581-2）

如前引文指出，學會使用道德語彙，有助於道德情感的發展。當我使用「愛己的語言」，譬如：我稱呼某人「我的敵人」或「我的對手」，我就是在描述我的個人態度，是站在包藏個人利害關係的立場，而不再是客觀的評價。相對地，當某人

> 用**邪惡**、**可惡**，或**墮落**這些字眼，來形容任何一個人時，他就在講另一種語言，他在表達期望所有聽者都能與他發生共鳴的情感。因此，他在這兒就必須跳脫個人私己的特定立場，而選擇和其他人共通的觀點。
>
> （*2E* 272）

換言之，我不只是在表達我的意見，而是隱含任何理性的人，只要有意識到相關事實，就會得到相同的結論。誠如威金斯寫道：

公共語言的用途是在談話中，表達好壞、美醜、清澈與汙濁的意見。在學習使用公共語言的過程中，必須學會跳脫私人的個殊情境，不能只從目前所在來看事情，還要能採取彼此共通的觀點。舉凡讚美、責備，或是和他人在判斷意見方面取得共識，人們要能有效使用諸如此類的公共語言功能，唯一方式就是必須學會從共通的觀點，來檢視自己的判斷和反應是否合宜。

（Wiggins 1991: 301）

希望在給予道德讚許或譴責時達到客觀，就會讓人朝向平靜激情。使該等激情成爲**道德激情**，是在於其無涉乎個人利害；換言之，是來自普通而穩固的觀點；使其成爲**激情**，則是具有動機驅策力量。休姆在 *2E* 指稱，**人道**（*humanity*）是核心的道德情感，此乃一種平靜的非關個人利害的慈善，亦即單純從彼此同屬人類的角度出發，不帶利益考量地希望他人能夠受惠。我應該再補充一點，人道這種平靜激情的**對象**，終究還是特定的個人或特定族群的人。對此，休姆觀點始終一致，空泛的人道不會產生動機的驅策力量。人道的對象總是個人，而且是我們眼中具體所見的某人。

我們現在有較好的位置，可以來理解平靜激情所能發揮的影響強度：

(1)第一個力量來源在於，平靜激情是由**理性檢核佐證**。休姆已經指出，欲望如果被看出是基於錯誤事實或謬誤推論，就會傾向失去力量，或消失不復。由於道德評價是產生自理性（連同想像）對於前道德期激情的檢核修正，所以，它們已通過此一考驗。與此相關的一個因素是，因爲道德情感是源自於擴充個人立場考量的觀點，這會促使我們了解前道德期的好惡是基於偶發因素，如果處境或歷史不同，我們的好惡也可能徹底改觀。所以，道德立場的發展涉及指出前道德期情感的謬誤，亦即在缺乏證實的情況下，過度強調偶發時間、地點或關係的重要性，而賦予其不應有的效度。

(2)另一力量來源是在於，平靜激情是從**任何立場都可以進接**的，亦即從任何偏私或個人的細節出發。與此相關的是，雖然在每個人身上，人道的動機力量比起愛己的衝力相對來得薄弱，集合眾人的人道力量可以駁倒個人的自私衝力。這是因爲個人和他人的愛己力量，相互拉扯衝撞，互不相容且彼此扞格對立，而同樣這些人的人道，因爲本質上乃是同價的（或至少會聚斂合一），所以力量可以結合。當社會上的所有人都能如此設想，人道的集體力量就可以超越愛己的自私衝力。

於是，道德情感雖然源起於乍看似顯微小、細緻的原則，卻發現在生活中具有如此強大的影響力，這有何奇怪呢？但是我們必須指出，這些乃是社交和普通的原則，以某種方式形成人類的一個陣營，對抗罪惡或混亂此等共同敵人。由於對他人的慈善關懷或多或少散佈於所有人，且在所有人中都是同一種，因而它就較頻繁地出現在言論中，爲社交和談話所珍愛，而其所引起的讚許和譴責，從而將人們在孤居獨處和未受教化當中或許被催眠的那種沉睡狀態，喚醒過來。其他的激情，儘管或許最初更強烈些，卻是自私和個人的，因而經常被它的威力所制服，不得不將對我們胸臆的統治權，讓給該等社會和公共原則。

（*2E* 275-6）

理想觀察者理論

休姆的道德立場論述和理想觀察者理論有相當程度的相似。統攝此理論諸多版本的中心論點就是，道德判斷乃是由「理想觀察者」（休姆有時稱之為「公正的評判」（true judge））的反應所構成，此乃理論假設的人能夠排除所有造成判斷扭曲失真的干擾因素。所以，當我們說某行為是道德錯誤的，並不是指我或你不贊同，而是理想觀察者會譴責。理想觀察者對於所判斷的事情，充分知情，擁有充足的正確信念，完全沒有謬誤的信念；不論演繹和因果推論，推理總是完美無缺；完全不會受到諸如偏見或隱藏利益的扭曲激情干擾。

此理論吸引人的主要優點在於，容許在兩種選項之間取得滿意的權衡妥協。一是，簡化形式之主觀主義，以初始情緒反應來確認道德判斷，結果導致相對主義，沒有任何標準可能提供裁決的依據，以至於所謂的道德對錯由不同的X和Y來看，似乎都沒有什麼差別；另一是，形上學理論的過度主張，確實存有道德屬性的事實，完全不受一切人類認知和感性的影響。休姆試圖從人類反應的偶發情境事實，推出一種道德判斷原則的標準，並主張該等標準乃是理性檢核修正的情感所構成。

如前所見，道德評價的客觀性乃是由**相互主體性**（*intersubjectivity*）建構而來，亦即任何能力夠格者從不同的觀點，皆可以達成的道德判斷立場。雖然，休姆並沒把道德判斷等同於理想觀察者的**信念**（因爲信念不具有驅策行動的動機力量），他確實有說眞實的信念是此種道德判斷不可或缺的構成要素。不過，該等信念還必須和理性修正的感性相結合，以產生道德情感。記住這點，我們就能明白，休姆如何能夠逃過部分評論者批評其訴諸理想觀察者的取徑，與他的理論其餘部分其實並不一致。

史特勞德（Barry Stroud）論稱，如果我們接受休姆給美德所下的定義：「讓觀看者發出讚賞愉快情感的任何心理行動或性質」（2*E* 289），而這就隱含「善惡是行爲或品格的客觀特徵」；但是，如此一來，「我們就能夠單獨透過推理和觀察，發現某行爲是否有該等性質」，換言之，我們可以從經驗層面發現，我們讚許功效，以及某些行爲是有用的。因此，「單獨憑藉理性和觀察，我們可以達成道德判斷。然而，如此觀點乃是休姆斷然否定的，因爲這會徹底毀掉他的整部道德理論」（Stroud 1977: 182-3）。

不過，休姆固然可能同意，理性可以發現該等事實，但這卻不足以充分構成我所謂的道德立場。雖然，道德讚許**包括**無私地評價某事項是有用或令人愉悅的，但是除了事實的判斷之外，道德立場還需要有一種道德讚許的情感輸入。透過指出某屬性和後續感覺的恆常交集，理性可以告訴我們，某人理當擁有該等得以激起道德讚許的屬性。不過，僅只認知此點，並不具有動機的驅策力量。下引文可以更清楚看見休姆的此一立場：

> 但是，儘管在得到充分協助和改進之下，理性足以給我們指明性質和行爲的有害或有用趨向，然而理性單獨卻不足以產生任何道德的譴責或讚許。效用只是對於某特定目的之一種趨向，如果該目的與我們毫不相干，我們對實現該目的之手段就會同感漠然。在此需要展現一種**情感**，以便我們樂於選擇有用而非有害的趨向。此等情感別無其他可能，只能是對人類幸福的感動和對人類苦難的憤恨，因爲這些正是美德和悖德各自趨向促進的不同目的。因此，在這兒，**理性**給我們指明行動的若干趨向，而**人道**則讓我們區別有利於那些有用和有益的趨向。
>
> （*2E* 286）

柯漢（Rachel Cohon）強調，休姆下列說法的重要性：「這兩端就其心理質性必須視爲等價，美德等於產生喜愛和自豪的力量，悖德等於產生卑微和仇恨的力量。因此，在每個情況中，我們必須以此兩端互爲判決」（*T* 574-5）。「以此兩端互爲判決」，換言之，如果某行爲或心理特質有力量產生喜愛或自豪，就判斷是美德，因此理所當然，「在做道德判斷時，我們總是同時針對所評價之特質，做出**客觀**、**因果的判斷**」（Cohon 1997: 841）。如前所見，如此評價就涉及，關於我們在特定可能境況下之情意反應的可證實信念。

類似的考量也得以讓我們明白，休姆如何能夠逃掉麥基對他的批評：道德立場和道德判斷動機本質之間的衝突。

能直接影響行動的情意感受就只能是，行動主體者在行動當下的眞實情意感受。不過，如此一來，指涉說者某一情意感受的判斷，如果他不是行動主體，或不是無偏頗再現該情意感受的旁觀者，或只是他如果進一步以某特定方式考量這人或其他人可能感到的情意感受，這樣如何能夠有助於指導行動呢？

（Mackie 1980:68）

換言之，麥基反對採取「普通觀點」，因爲這會使道德判斷變成**認知**行爲，如此理論假設的無偏頗行動主體，只會以淡然的觀點來感知事情，從而形成關於該等感知的信念。但如此一來，他進而問道，即便這樣一個理想觀察者會譴責某事，單僅此一事實也不能給予我任何動機，自我約束不去做該事。因此，休姆關於達成道德立場的論述，就和他的內在主義相衝突了。不過，我的詮釋如果沒錯，休姆透過要求我**成爲**不偏頗的觀察者，而得以避開此種批評。換言之，理性和想像完善與糾正我原初的情意感受覺，將其轉化爲新的、無偏頗的情意感受，進而形成動機，促動我採取行動。

第二節　品味鑒賞的標準

這一節，我把注意力轉向〈品味鑒賞的標準〉，運用休姆關於道德感發展和審美感性發展的兩條平行思路，以茲闡明達成道德評價之前必須呈現的若干條件。

雖然，世上充斥著「極大量形形色色的品味」，「我們很自然會想去尋求**鑒賞的標準**，藉以調解人們的諸多不同情意感受；至少足以提供判別的準則，使我們得以肯定其中某些情意感受，而否決另些情意感受」（*ST* 229）。換言之，我們會致力發展判斷標準來化解爭議。不過，有一類的哲學主張，判斷和情意感受之間存在根本且無從跨越的差異，因此排除此一可能性。此等素樸主觀主義認爲，所有審美判斷都是無分軒輊的，因爲並沒有指涉對象自身的屬性，而只是表述各自感覺而已。

在此，先讓我們來看兩個情況。(1)我說：某幅畫是十七世紀的作品；(2)我說：這幅畫很美。首先，第一個宣稱，若非眞，即是假，毫無疑義，因爲它「指涉」一件事實，而其眞假完全毋須透過判斷來決定。換言之，這幅畫若眞是創作於十七世紀，該宣言就爲眞，否則就爲假。所以，如果你說，那是一七二三年（即十八世紀）的畫作，而另外有人說是近年的僞畫，那我們三人當中，頂多有一人是正確的。再來，看第二個宣稱，這類的哲學建議，箇中情況就大爲不同了。在此，如果我們看法不同（比方說，我認爲它是曠世傑作，你覺得完全無感，還有另外一人視它爲垃圾），這些判斷見仁見智，無分高下，因爲在這兒，對錯或眞假的區分並不適用。換言之，這些判斷當中沒有任何一種，如同畫作創作年代的眞僞宣稱一樣，必然爲眞或爲假，因爲不存在符應該等斷言的事實。

> 一切情意感受都是正確的，因爲情意感受無求於外，不管在什麼場合只要有人意識到它，它總是眞實的。但是，所有理智的決定卻不可能都是正確的，因爲它們指涉本身以外的實際事實，所以不總是與該標準相符合。對於同一事物，不同的人可能採納上千種不同的意見，其中只有一種是公平而正確的，如何辨認並加以確定，這就成了一大難題。與此相反，同一事物可能激起上千種不同情意感受，全都是正確的，因爲感受並不表現對象的實在性質，而只是標誌對象與心靈官能之間的某種呼應或關係，如果該等呼應實際上不存在，感受就絕不可能發生。
>
> （*ST* 230）

所以，此理論繼而主張，美不是眞實的物性，而只是我們碰巧看待事物的方式；不過，各人反應見仁見智，也沒有任何方法能夠裁決如許見解紛歧的情況。休姆明白，有人可能會禁不住，草率誤讀他在*T* 2/3/3和*T* 3/1/1的論述。在晚期之作*ST*，他同意，沒有任何**外在於人性的判準**，能夠化解如許爭端；但他也否認，這就代表所有判斷都是等價的，因爲從審美實踐內部還是可能建立規範式的判斷標準。

雖然，日常生活當中關於這方面的思考，似乎帶有相當濃厚的主觀色彩，不過還有一股平衡力量，那就是人們傾向接受知情判斷優於不知情判斷，再者也接受審美敏感度有精緻和粗略的分別。有時，比較的對像可能水準旗鼓相當，因此夠格的雙方就算意見不同，也很難爭辯出所以然來。但另外有時候，涉及的品質優劣立判，如果有人硬要唱反調，那只會惹來衆人指責、訕笑，就像分不清數量多寡一樣離譜。「任何人如果堅稱，奧格爾比和密爾頓，或班揚和艾迪遜，天賦、文采不相上下，無疑會被視爲強詞奪理的謬辯，誇張虛妄的程度相較於硬要說，田鼠窩的小土堆和特尼里弗火山島同高，或是小池塘和海洋一樣寬廣，絕對不遑多讓」（*ST* 230-1）。審美理論必須承認且能夠解釋，即便衆人品味實際上存在極大差異，仍然有某些審美判斷具有無庸置疑的可信度。

化解評價歧見的出路

休姆堅持，化解評價歧見的出路不是仰賴先驗法則，而是要透過有系統的觀察實際的人類實踐，從中揭顯源自人性基本事實而有高規律性的審美反應，進而發掘判斷標準：

> 很清楚，藝術作品的種種法則，不是靠先驗的推理而確定，也不能看作是比較那些永恆不變的觀念之習性和關係，如此理智運思而得到的抽象結論。與所有實用科學一樣，該等法則的

> 根據同樣都是經驗，而且完全只是對普遍存在於各國度和時代令人感覺愉快的事物所作的觀察概括。
>
> （*ST* 231）

休姆在此做了一個概括宣稱，可適用於倫理、審美，乃至所有領域的評價；此宣稱簡述如後：人性使然以致於若干屬性會激起快感和讚美，另外有些屬性則會產生負面反應。因此，即便美或善在本體上屬於次級屬性，但是基於此等人性保證的合流匯聚，審美或道德判斷還是有可能達成見解的趨於一致。此外，我們還有反思批判直接反應的能力，再加上審美或道德語言的訓練，這些都有助於增強我們辨識直接反應和思慮後的反應之間的差異。

> 由此可見，儘管鑒賞品味千變萬化、反復無常，還是有一些可供判別褒貶的普通原則，細心的人可在所有心靈活動裡發現該等原則的影響痕跡。某些特殊形式或性質，來自人類心理內部的原初結構，乃是專爲引發快感而設計出來的，而另一些則是引發不快感。
>
> （*ST* 233）

審美歧見是由於，實際上，不可能有**理想的**評判完整應用該等規則，充分發揮其鑒賞官能，因此沒辦法讓「細緻的感覺」充分展現，而這卻是正確審美反應不可或缺的構成要件。我們頂多只能趨近於理想。反應可能因爲系統內部功能失常而出現歧見，就像黃疸可能會影響色彩知覺。相對於素樸主觀主義的見解：「要尋求眞正的美或醜，就好比要妄圖確定有眞正的甜或苦，是絕無可能有所成的」（*ST* 230），物體的「眞實顏色」，乃是健康人在標準光線照明的理想情況下觀察所見。因此，很清楚，黃疸患者會犯錯，而該錯誤可由其視覺系統功能失常予以解釋。很清楚，色彩知覺的看法差異可由此等方式來解釋。這種判決可以獲得證實，因爲所有人只要處於適宜情況下，幾乎都會達成相同的看法。顯而易見，色彩知覺的歧見可以透過如此方式予以解釋，但是審美判斷的出錯空間就遠超過於此，因爲色彩視覺是大自然「免費的」天賦本能；相對地，審美評價則涉及諸多教育和後天環境的偶發適應因素。事實上，有人或許會說，這兩個例子不可相提並論，因爲一般人都能正確辨識色彩，然而休姆承認，眞正審美判斷則有其難度。

審美判斷出錯的四大因素

我們可以詳細確認，功能正常的視覺系統具備哪些構成要件，並且是獨立存在於任何特定的色彩判斷之外。在此，很重要的是，同樣道理應當也要適用於審美判斷；否則，休姆就難逃循環論證的指責，因爲他一方面說，細緻感性做出眞正的審美判斷，另方面又說，審美判斷是由擁有細緻感性的人所做出的。他透過若干導致審美鑒賞不充分的因素，來避開這樣的困境。在任何例子當中，這些因素是否有出現，一目了然，任何人都不會搞錯。然而，事實上存在

「極其大量形形色色的品味」，這就說明了很少人能完全躲掉該等困境：

> 人類心中較爲細緻的情緒，帶有極其輕柔、細膩的本質，需要許多適當條件共同出現，才能使合乎該等情緒的普通原則順當而確實地展現出來。
>
> （*ST* 232）

審美判斷出錯可能是由於：(1)**偏見**；(2)缺乏**細膩品味**；(3)缺乏**見識**（good sense）；(4)**無知**。要避免這些導致錯誤的因素，我們需要多加**練習**，同時也必須具備適切**比較**各種例子的能力。

1. 偏見

目前已經知之甚明，**偏見**會干擾理智思維的運作。由於適當的推理乃是確當審美判斷（道德判斷亦然）的必要條件，偏見因此也會對此等評鑑造成阻礙。偏見的扭曲作用，會影響到**讚賞的持久性**，而後者乃是審美價值的一種可靠指標。在評鑑新的藝術作品時，很難清楚切割作品本身內在價值，以及觀賞者對於藝術家的感覺，不論是因爲相妒互貶謫損，或是因爲熟識交情而偏袒褒揚。因此，相當關鍵的是必須就藝術作品本身來檢視之，而不要透過個人好惡的扭曲眼鏡。這一點和美德評鑑平行呼應的情況極爲顯明，而且也已有相當廣泛的探討。

糟糕的詩人或演說家，仗著權威或偏見，或許可以風靡一時，但是其聲譽絕無可能持久，也不會得到普通承認……與此相反，眞正的天才，作品歷時越久，流傳越廣，所得到的讚揚就越眞誠。在狹小的圈子裡，敵意和嫉妒無所不在，甚至和藝術家本人熟識也可能會減弱對其表現的讚賞，然而一旦這些障礙移除了，那自然感動人心的美，就會發揮直接力量；而且只要世界還在，那作品在人們心中就會永遠保持威望。

（*ST* 233）

2. 缺乏細膩品味

休姆關於審美判斷的**細膩品味**（*delicacy*），可說是類似精緻或靈敏感應的味蕾模式，具有能力敏銳辨識和聚焦注意力於細微不顯的特徵，不至於被較顯著的性質壓過而忽略不察。他形容這種技巧是細膩的想像，因爲箇中涉及重新組織個人的眞實經驗，選擇聚焦在某些特定的特徵，仔細放大審視其細節。這和道德判斷的類比應該相當明顯。你認爲希特勒是大惡人，這顯然不能顯示你擁有道德敏銳判斷能力，因爲除了喪心病狂的大惡魔之外，任何人對此都不會有異議。眞正的考驗還得有賴於更幽微而複雜的情況。

細膩品味的例子

他舉《唐吉軻德》（*Don Quixote*）的一個故事作爲例子，來闡明細膩品味。唐吉軻德的隨從桑丘潘薩（Sancho Panza）說，他有兩個親戚是遠近馳名的品酒高手。有一回，酒館裡大群酒客起鬨，讓他們品評一大桶酒，只見他兩人淺嚐一小口，隨即鐵口直斷，那酒質地甚佳，可惜有些微的皮革和鐵鏽味給糟蹋了。結果，惹來滿堂訕笑。不過，當酒倒光見底，衆人赫然發現，那桶裡眞有一把老舊的鑰匙，上頭還繫了一小條皮帶。這才眞相大白，證實兩人果眞不是浪得虛名。

　　這例子向來被用以表示，休姆修正了立場，轉而承認美感性質（外延至道德性質）具有客觀性，而這種立場卻是他先前立論不可能支持的。比方說，薩維爾（Anthony Savile）指出這個故事表示，「眞正的評判」必須能夠感應**外在有待察覺**的元素，該等元素乃是促成並證成其人所做評價的證據。換言之，故事當中，桑丘的親戚之所以能品嘗到皮革和鐵的味道，不只是因爲個人精進的辨識能力使然，而且還得眞有存在皮革和鐵，有待透過感覺官能去察覺。同理可見，眞正的評判其品味鑒賞傾向有識一同，而且他們不約而同的判斷結果，還可根據獨立存在於其敏銳感受能力之外的實在性質而予以解釋。同樣地，歧見可以透過標示該等性質的在場而予以化解。因此，相對於前一節對於休姆的詮釋，眞正的評判其反應並不是**構成**審美特質或道德特質，而僅只是**標示其在場**。換言之，他們提供證據，支持審美或道德價值所賴以構成之性質確實在場。所以，即便我們應該接受專家的鑒賞意見，但專家終究還是得訴諸世界的實情。

　　不過，我不同意，休姆有反駁眞正評判的判斷（或聯合判決）構成品味鑒賞的標準。請看下列段落，緊接在桑丘的例子之後：

雖然確當而言，美與醜，比起甜和苦猶有過之，不是對象本身的物性，而是全然屬於行爲主體內外感官的體驗。不過，我們還是應當承認，對象本身必然存在特定的性質，依其本性適合產生特定的感覺。倘若這些性質微弱，或者彼此混雜摻和，很多時候就是如此，我們的鑒賞力往往就會忽略不察，或者在其混亂雜陳時，難以辨別個別的風味。而如果我們的感官夠精緻，一切性質都逃不脫它的感應，同時又準確得足以辨識混合物裡的每一成分，我們稱之為細膩的品味，姑且不論用這詞是採字面或比喻的意思都無妨。那麼，在這裡美的普通規則就是有用的了，是從已經確立的模式，從觀察引發快感和不快感的事物抽取出來，在作品之中，有著純淨並且相當高程度的呈現。如果，在一部未完成的作品裡，該等性質呈現程度較為縹緲，不能讓人敏銳感知快感或不悅感，我們認為如此藝術家就不配自詡為具有這種細膩品味。

（*ST* 235）

此段運用洛克關於首級、次級屬性的區分（抑或者出自休姆的個人詮釋），甜味和苦味不是內在於對象自足而獨立的物性感覺，而是在於人們對於存在於物體更基本屬性的體驗方式（實則，休姆對此一區分的態度是模稜兩可的，他在*T* 1/4/4拒絕此說，但後來在闡述道德和美學理論時，卻又時常使用之。）就眼前的例子而言，他的論點是，即便我們反應的是對象的次級屬性，這並無損於物體眞實擁有某些性質，規律且有系統地對行動主體產生作用，並且受制於前述的標準條件。休姆建議，美與醜，就如同這些次級屬性一樣，有著相同的本體地位。

休姆明確說過：「美與醜，比起甜和苦猶有過之，不是對象本身的物性，而是全然屬於行為主體內外感官的體驗」。相對於此等次級屬性，「對象本身必然存在特定的性質，依其本性適合產生特定的感覺。」換言之，物體擁有其他的屬性——首級屬性——如此可以在類似我們人類的生物心中，產生特定的感覺或情意印象。我認為，之所以會如此的混淆，錯不在休姆的理論本身有問題，而在桑丘的例子不適合來闡明休姆的立場。在此故事中，品酒專家嘗到皮革和鐵味，是因為酒裡頭確實有這兩種成分，獨立存在於任何可能的鑑識能力之外。不過，在更細緻的審美鑒賞和道德鑑識情況當中，則不存在類似如此的屬性，有待來者發覺。

3. 缺乏見識（good sense）；4. 無知

回來再看真正審美判斷的前提條件，**見識**（good sense）似乎是對於作品的一種平衡而知情的賞識。這需要了解藝術家所要訴求的目標觀眾，以及作品所要傳達之訊息的相關脈絡。顯然，在這方面的**無知**（*ignorance*）會妨礙達成好的判斷，這就如同缺乏脈絡的認知，無可避免會導致誤讀他人的行為與其道德品格。所以，見識毋寧更接近理解，而比較不是關於感性，因為只有理性可能決定手段—目的關係之效能。由於此等共通脈絡化涉及的資料數量之龐雜，再加上評鑑該等資料真偽之困難，出錯總是在所難免的。

練習與比較

雖然，由於前述諸多出錯的因素，審美鑑賞有著高低程度之差，透過**練習**（*practice*）還是有改善的空間，否則就無法熟練分辨哪些是膚淺的反應，哪些是深刻的反應。在不喜歡某人與道德譴責某人之間，存在著天大的差距；同樣地，在單純喜歡某藝術作品（可能讓人感到興奮，而興起「可愛」之類的想法），和發諸眞正審美辨識感的欣賞，這之間也有著巨大的差異。

教育啓發性的練習涉及，拿其他作品來做適切的**比較**。比方說，我們必須有能力辨別不同類別的藝術，如此才不至於因爲錯誤假設所觀賞之物是屬於某種類，而導致有失公允的貶抑，或謬誤的讚美。其次，我們還需要有能力，拿它來和同類別的其他不同例子做比較。除非曾經看過同類別的許多例子，否則就不可能看出，某些東西是該類當中的好範例。比方說，如果從未聽過印度古典音樂，你就不可能判斷某一演奏是經典再現，抑或是突破創新，你也無從研判它究竟是外行平庸乏善可言、老調重彈了無新意，或是恪守格律分毫不差。你會毫無頭緒，不知道究竟要看哪或聽啥，鑒賞行家明顯可察的微妙細節，你根本就視而不見，充耳不聞。要達到辨識的境界，你需要經驗過各種類型的不同例子，熟能生巧才可能有足夠背景知識，據以做出適切的比較。

在此所指的「比較」，千萬不要和《人性論》所提的「比較原則」相互混淆，那兒的「比較原則」是用來解釋，諸如嫉妒、惡意之類的間接激情如何浮現。該等比較是考量自己相對於他人的結果，例如：「他比我富有」。休姆很清楚指出，該等比較在本質上乃是扭曲真實的。至於這兒在 *ST* 當中，休姆則提出不同但可相容的論點，他表示，相關的比較乃是確當審美判斷（以及道德判斷）的必要前提。在這類情況當中，休姆很清楚指出，必須就藝術作品本身來加以審視比較，而不是考量該作品與我或任何人之間的任何關係。評論者必須「讓自己專注審視該等作品本身，除此之外不得讓任何因素介入自己的考量。」如果，我和藝術家之間有私誼或個人嫌隙之類的關係，「我就應該拋開個人恩怨，把自己想成一般公衆，如果可能的話，就應該忘掉自我個人的因素，以及我所處的個殊處境。」所以，做適當比較固然是檢視藝術作品本身品質的前提要件，但是在這種審視觀點下，也不應該將其視爲與任何外在因素相關連的作品（例如：屬於某人、某地、某社群、某時期的作品）。

休姆總結 *ST*，提出如後結論：

> 因此，儘管品味鑒賞的原則有其普通性，在所有人當中即便不完全相同也趨近於一致。但只有爲數甚少人，夠資格評判任何藝術作品，並將自己的情意感受建立爲美的標準。我們的內在感官很少能發展到如此完美地步，從而容許鑒賞的普通原則充分發揮，產出符合此等原則的感覺。該等官能往往有所缺陷，或是混亂失效，因此所激起的情意感受難免就會出錯。當評論家缺乏細膩品味，其判斷也就缺乏高明的鑑識力，只能感受較爲粗淺而明顯的性質，較爲精細的筆觸就會視而不見。如果缺乏實際鍛鍊輔助，下評斷時就不免混亂、躊躇。如果不知運用比較，最輕薄無聊的美也可能被當成讚許的對象，這樣所謂的美，其實還不如叫做缺

陷。如果心中充滿偏見，所有自然情意感受就都給歪扭了。如果缺乏良好的品味，就沒有能力辨認出設計和理性的美，而這正是最高級、最優越的美。一般來說，人們不免都有上述某些缺陷，因此對於精緻藝術的正確判斷乃是不可多得的，即使在藝術風氣最優雅洗鍊的時代也不例外。概括而言，只有具備如下可貴品質者，才稱得上眞正的鑒賞家：豐富的美感見識，再加上細膩的情意感受相結合，通過實際鍛鍊增進，以及多作比較而完善之，還能清除一切偏見。把這些條件結合起來所作的評判，不管是在何處找到，就是品味鑒賞和美的眞正標準。（*ST* 241）

個人性情、氣質和地方、時代風尚

最後，休姆補充審慎提醒如後：並非所有審美爭論都可獲得化解，即便所有爭辯者都「完全無可咎責」，而且在資訊、推論、同理心乃至於其他相關面向，也都毫無過失可言。他指出，即便如此情況下，還是可能有兩種來源的歧異，無法從人類處境或條件徹底排除，並且是規範式比較無從適用的。「來源之一是特定個人的性情（humors），來源之二是個別國度、時代的特定風尚和意見」（*ST* 243）。前者的一個例子就是，個人品味可能隨時間而有所轉變，但即便如此，也無從確定哪個時期的品味必然比較好，或比較精緻。

> 激情熱烈的年輕人，總是比較易於爲熱戀和柔情的意象所打動；而年長者，則更喜愛那些能指導人生和使情欲得到中和調節的智慧哲理。二十歲，鍾情於奧維德這樣的作家；四十歲，也許就換成賀拉斯；五十歲，則可能是泰西塔斯。在這些情況下，我們若想勉強進入別人的感受，或想消除我們的自然傾向，那都會是徒勞的。我們選擇喜愛的作家，就像選擇朋友一樣，是由於彼此性情、氣質相契合。歡樂或激情，感受或反思，在進行評判時，不管哪一種在我們性情裡占據了最主要的地位，都會讓我們與自己相似的作家產生一種特殊的共鳴之情。（*ST* 244）

不過，如此例子也可做若干不同的詮釋。一種詮釋可以是，諸位理想觀察者對同一例子做出不同的判斷。另一種詮釋，雖然和休姆本身的做法不同，但其實更能有效闡明其論點。當中涉及的不是要爭辯哪一位才是奧維德、賀拉斯和泰西塔斯的公正評判，而是針對每一位作家各有一位公正的評判，各自依相互性情共鳴使然，特別適合鑑識其中一位作家，以至於沒能如同另兩位同好那樣，給予另兩位作家最高程度的賞識。換言之，我們加入更多限制條件，來詳述「公正評判」的規格，而且如同薩維爾所言，公正的評判其鑒賞對象應該屬於「和**個人興趣**、**性情和背景有適切相關**的領域」（Savile 1996: 135）。因此，「關於某作家是否有好品味的鑑賞判準，就會是個人興趣、性情、背景自然吸引他趨向特定類型之作品而興起的情意感受，而該等反應也就最適於選擇來鑑識該等作家的作品是否有好品味」（Savile 1996: 136）這就會確保，合乎此等補充條件的評判，其見解都能趨於齊一，由無從化解歧見的不可共量轉移向個人性情偏好的適性選擇。

休姆是對的，他沒必要爲這類例子，煩惱得廢寢忘食。由於這些人確實是所喜愛作家的「公正評判」，他們在特別推崇某一作家之餘，想必也會擁有較多賞識另兩位作家的普通技巧和細膩感性，從而使其傾向給予該兩位作家不錯的評價。很清楚，休姆並沒有影射泰西塔斯乏善可言；頂多只是不太認同，他有比奧維德和賀拉斯來得優秀。像這類無傷大雅的爭論，經常可見於各種評價的場合。比方說，兩位足球專家或許有很好的理由可以爭辯，約翰・克魯伊夫（荷蘭籍職業足球明星，一九七一、七三、七四年歐洲足球先生）和喬治・貝斯特（北愛爾蘭職業足球明星，一九六八年歐洲足球先生）哪位比較偉大；但是，如果有哪位自以爲是的大師，宣稱這兩位足球史上的天王巨星球技都不算頂尖，那從今以後肯定不會有人認眞看待他的任何球評。

第三節　道德標準

要了解道德系譜，不只要了解，眞實的標準能容許**多少的**變通空間，還必須了解，該等標準有時候只可能容許**如何相對狹小的**變通空間。

（Wiggins 1991: 308）

休姆的理性主義對手諸多缺點當中，最重要的就是，他們無法有效解釋道德事務的經常出錯和歧見。倘若道德果眞立基於事實或關係，而且上天賜與人類的理性思考能力，就足以辨識該等事實與關係，那爲何還會出現如此頻繁且無可平息的歧見？如前所見，理性主義不得不解釋說，這乃是出於性情乖張者刻意否認不證自明之事實的結果。另一個極端，目前學界已知之甚明，素樸主觀主義甚至無法釐清，道德歧見究竟是怎麼一回事，更別說是解釋該等現象了。相較之下，休姆在體認理性和感性兩方的力量與限制之餘，提出穩固的基礎，不只得以理解道德歧見的原因，同時也提供了化解的實施方法與相關條件。

道德判斷歧見的三個來源

1. 首先，與前道德期自然基礎之複雜有關，在此有四類品格特質可能獲得讚許，分別是對當事者或他人有用，或是本質上令當事者或他人感到快感。如同前一章討論所示，雖然休姆強調道德判斷立基於本質快感與社會功效，但他並沒主張任何單一標準，來作爲判斷行爲正當與否的唯一根據，例如：功效主義主張的最大幸福原則。事實上，他從未倡導任何判斷正當行爲的標準，因爲他是要建立道德心理學，亦即提供自然主義的陳述，用以說明人們如何可能做出任何道德判斷。不過，雖然從他的科學體系，在相當程度上，應可改造成規範式的道德理論，那也不可能是功效主義式的理論。在邊沁和彌爾眼中，道德價值來源的單一化，可賦予理論和實踐一種好處，能化解所有道德爭端。相對地，支持道德價值來源多元化，就必須付出代價，在諸多不相容的價値之間做出複雜權宜的抉擇，沒有任何正式程序，能夠告訴你應該怎麼做才是正確的選擇。

2. 其次，雖然道德立場本身是「普通的」，但主要動機還是來自於利己考量，包括對特定對象的忠誠和義務。休姆完全明白，很難清楚區隔個人利害考量與無私的人道情操。精確而言，此等例子並非道德立場之內發生歧見，而是如何確定，個人是否具有從該等觀點來做判斷。不過，休姆的道德立場倒也沒有必然禁止，個人的忠誠和義務一定會壓過對其他人的道德考量。所以，不像功效主義，休姆的論述保持開放，得以斟酌個人私己考量與非關個人考量之間的不同權衡。

3. 最後，是由於我們乃是理性有限的生物。在此，有兩點值得強調：(1)如前所見，要達成道德立場必須投入相當大量的理性推理，而我們可能無法克服當中挑戰。(2)我們可能受到更顯著而直接的益處誘惑，而壓過了長程利益的平靜觀點，休姆認爲後者乃是與利他相容的觀點。

不過，即便有如此多來源的困難，休姆仍握有相當資源可供解釋，任何如同你我一樣的凡人，還是擁有相當程度的理性，除了自然的利己傾向之外，仍充滿關懷同類的人道情操，在相當多情況下，對於什麼才是正當的行爲，總能夠有所共識，並且就如同威金斯所言，「不作他想」，就能知所當爲或不當爲。在做道德評價時，甚或在使用道德語言時，我們都承認，**想要做**和**應當做**之間，有所差別或有潛在的分野。換言之，我們懂得以獨立於個人私欲之外的因素，來檢視自己的直接反應是否值得道德讚許。

失職父親的例子

回想先前討論的這個例子，休姆會堅稱，這男子應能明白，自己應該伸援孩子。當然，如果完全依照個人未經重建的激情自然傾向，他是沒有直接動機去付諸如此的行動。不過，假設他大致還算正常人，他會有其他的資源可供援用，即使自然傾向沒有讓他感覺得去支持孩子，但他也應該明白，自己的疏忽會讓孩子陷入沒必要的苦難。遇到其他父親失職的例子，他無疑會心生譴責，也會有足夠理智，能夠比較自己和他人的行爲。他也會有足夠的洞視，注意到自己的失職，並能覺察自己會因而遭受譴責。這會給他誘因，透過間接策略，表現出好像很有心（動機）去善盡父親的義務，希望如此作爲可以日久習慣而變成第二天性。最後，與目前討論議題最相關的是，如果此人試圖去證明自己行爲的正當性，他絕無可能避免事實錯誤、彆腳論辯或自欺欺人。

這不是說，這男子會有意願進入如此對話，或採行上面提及的其他策略。休姆沒有那般天眞無知，以致於會說人們總能看見自己的錯誤，更別說是改過。這種天眞的看法，並不符合殘酷的現實世界。他的論點毋寧是說，任何人只要能妥善運用自己所能掌握的資源，就會看見沒得討價還價的人性基本事實，也就會明白有義務去照顧自己的子女。這樣一種無條件的要求，當然不是由康德式的先驗原則推出，可適用於所有理性行動主體者本身，而是人類欲望與需求的自然後果。此種義務固然是立基自然的人類反應，即便沒有感受到自然的情感，仍舊適用於他，因爲還是**有能力**，辨識他的義務。

但是，再次重申，沒有任何保證，人們在任何特定情況下，確實會從道德立場來看待事情。要如此做涉及同理心、想像、理性技巧之間的複雜交互作用，而這每一項的運作都有可能不盡如人意。其次，即便有進入道德立場，也不足以保證人們的意志會將該立場付諸實踐，因爲無從保證此等新激發的平靜人道激情，不會遭受更強力而猛烈的自我中心激情顚覆。

當然，並非所有道德議題都像「失職父親」那樣直截了當。尤其有些情況，要達成可靠的判決所需要的資訊數量，還有取得該等資訊的難度，都使得沒有任何一方可以合理宣稱，只有己方獨占正確的道德立場。尤其是司法正義的例子，相關資料往往超出個案，而關係到該類案件的相關因素。讓我們舉死刑作爲例子來說明，要判斷死刑是否眞能遏阻暴力犯罪，需要取得的可靠資訊就可能讓人陷入相當的困境。即便基於實用目的，兩造雙方的決定純粹以社會功效爲考量依據，問題還是會存在。相關資料的複雜，使得不可能達成任何簡單的結論。休姆的立場顯示，對於所討論的事情充分知情，且有足夠智慧和人道情操者，確實有可能抱持各不相同的見解。

其次，道德判斷之看法紛歧，也可能類似奧維德—賀拉斯—泰西塔斯的爭議例子，其根源來自於爭辯者的「不同性情」，而歧見可能由於個別爭辯者對於不同善行的差別「權重」或「優先順位」，此乃複雜道德判斷必然涉及的斟酌考量，所有爭辯者之善意都「無可咎責」，如此一來，似乎就沒有足夠力量徹底化解此等歧見。不過，我認同休姆對於此等情況明顯缺乏關切的態度，因爲如前所述，「理想觀察者」在所有重要事情方面，幾乎都會達成共識。公正的評判之間，絕無可能對納粹惡行，例如：強制割除生殖器官，出現僵持不下的歧見場面，因爲如此明顯有違適切道德判斷的立場，只有可能經由下列兩種情況而獲得背書：(1)智識上的過錯，可能是經驗的錯誤，或是基於詭異形上學理論的謬誤；(2)由於缺乏同情，或無能適切運用想像力，而導致的超乎常人的自私或鐵石心腸。這些缺失的存在與影響作用，都不會因爲當事人本身有否知覺，而有所差別。

其中，第二種缺失情況的一個例子就是，目前衆所周知的「仇恨犯罪」（hate crime）。如先前討論所示，同情涉及知覺某人在某些相關層面與自己相似，進而將關於對方內在狀態的觀念，轉化成自己心裡相符應的印象。如前所見，此種同情機轉的運作效應之強弱，取決於所感覺的彼此相似或認同程度。同情的修正涉及擴充該等認同的範圍，轉向啓動人類共通的人道情操，讓此等連結超越其他偶發境況的個別親緣關係。以仇恨犯罪爲例，初始的同情似乎就沒發生，因爲被害人主要被視爲非我族類或「他者」。同屬人類的人道情懷根本從未啓動。

雖然休姆容許，可能存在兩個以上的不相容選項，無法以了解不充分或是敏感度不足而加以批判；如果爭辯雙方都肯定彼此的聰明、知情、正直各方面都旗鼓相當，完全有理由各自捍衛相互對立的觀點，如此僵局就有可能益發難分難解。不過，有了這樣的認知可以有助於緩和衝突張力爆發，因爲雙方都能自我提醒，應該體會爭議問題的複雜，避免冒然獨斷而陷入一意孤行的危險後果。

其次，如先前討論所示，休姆反駁理性主義將數學推理和道德判斷予以類比，因爲道德評價還得取決於考量**所有相關**非道德事實的結果。在「顯然僵持不下」的情況下，沒人能確定所有事證都已考量周全。總有某些事證可能被遺漏了，或新事證浮現而推翻原先判斷。體會到此點之餘，唯一能做的似乎就是保持耐心，同時繼續和可敬的對手維持對話。

不過，在此同時，爲求效益起見，有些情況就有必要訴諸約定慣例的解決，在此，重要的是各方都依約定採取相同做法，即便其他解決方式也可能獲得不相上下的支持。（我們難以確知，社會大眾是否發諸內心眞正認同如此做法，抑或是需要「教育和政治」的外力介入，透過創設某些更強而有力的理由基礎，以確保眾人都會遵循該等約定的規範。）休姆承認，正義法規的實施會有落差。在關於「公正評判」的爭論，或是由於性情不可共量的差異，阻礙任何人徹底落實此等理想時，或許我們只能說，當中誰對誰錯沒有明確事實可言。不過，我必須重申，我們也不必因此而驚慌，因爲這種不確定性只發生在，不相容選項的相對價值，**就其本身來考量**，各自都無可咎責的情況。倘若X和Y都不受休姆容許的任何批評，在此情況下，「選X應該比Y好」或「我們應該選Y還是X」，就都是空泛的問題，X和Y單純就其內在本質來判斷，是否都有資格獲選，答案根本就是一目了然的肯定。

最後，我們必須謹記，休姆主要處理的是道德心理學，而不是道德規範理論。雖然他的理論體系證明了，我們擁有資源得以化解許多爭議；不過他的目標是要描述，而不是自己來解決這些爭議。身爲「人性論的科學家」，他的任務是要解釋，當我們依照道德立場而行，或不依照道德立場而行，分別會發生什麼；以及解釋共識如何可能達成，或是如何可能無法達成。就此而論，我們可以說，他取得了空前甚至絕後的偉大成就。

延伸閱讀

1. 請參閱本書第五章【延伸閱讀】的參考資料；另外，請參閱 Rachel Cohon（1997）、Sainsbury（1998）和David Wiggins（1991）。
2. 關於休姆〈品味鑒賞的標準〉相關闡述評論，請參閱 Simon Blackburn（1984）第六章；相反的詮釋，則可參閱 Anthony Savile（1996）。

注釋

第一章 導論

【1】 There is no question of importance, whose decision is not comprised in the science of man; and there is none, which can be decided with any certainty, before we become acquainted with that science. In pretending therefore to explain the principles of human nature, we in effect propose a complete system of the sciences, built on a foundation almost entirely new, and the only one upon which they can stand with any security.

【2】 Shou’d a traveler, returning from a far country, tell us, that he had seen a climate in the fiftieth degree of northern latitude, where all the fruits ripen and come to perfection in the winter, and decay in the summer, after the same manner as in England they are produc’d and decay in the contrary seasons, he wou’d find few so credulous as to believe him. I am apt to think a traveler wou’d meet with as little credit, who shou’d inform us of people exactly of the same character with those in Plato’s Republic on the one hand, or those in Hobbes’s Leviathan on the other.

【3】 Nature, by an absolute and incontrollable necessity has determin’d us to judge as well as to breathe and feel; nor can we any more forbear viewing certain objects in a stronger and fuller light, upon account of their customary connexion with a present impression, than we can hinder ourselves from thinking as long as we are awake, or seeing the surrounding bodies, when we turn our eyes towards them in broad sunshine. Whoever has taken the pains to refute the cavils of this total skepticism, has really disputed without an antagonist, and endeavor'd by arguments to establish a faculty, which nature has antecedently implanted in the mind, and render'd unavoidable.

第二章 人類理智的背景介紹

【1】 As to those *impressions*, which arise from the *senses*, their ultimate cause is, in my opinion, perfectly inexplicable by human reason, and 'twill always be impossible to decide with certainty, whether they arise immediately from the object, or are produc'd by the creative power of the mind, or are deriv'd from the author of our being.

【2】 when he suspects that any philosophical term has no idea annexed to it (as is too common) he always asks *from what impression that pretended idea is derived*? And if no impression can be produced, he concludes that the term is altogether insignificant.

【3】 First, For what reason we pronounce it necessary, that every thing whose existence has a beginning, shou'd also have a cause?

Secondly, Why we conclude, that such particular causes must necessarily have such particular effects; and what is the nature of that inference we draw from the one to the other, and of the belief we repose in it?

【4】 There may two definitions be given of this relation, which are only different, by their presenting a different view of the same object, and making us consider it either as a *philosophical* or as a *natural* relation; either as a comparison of two ideas, or as an association betwixt them. We may define a cause to be "An object precedent and contiguous to another, and where all the objects resembling the former are plac'd in like relations of precedency and contiguity to those objects, that resemble the latter."...[or, secondly] "A cause is an object precedent and contiguous to another, and so united with it, that the idea of the one determines the mind to form the idea of the other, and the impression of the one to form a more lively idea of the other."

【5】 From what impression could this idea be deriv'd?... But self or person is not any one perception, but that to which our several impressions and ideas are supposed to have a reference. If any impression give rise to the idea of self, that impression must be continue invariably the same, thro' the whole course of our lives; since self is suppos'd to exist after that manner. But there is no impression constant and invariable.

【6】 For my part, when I enter most intimately into what I call myself, I always stumble on some particular perception or other, of heat or cold, light or shade, love or hatred, pain or pleasure. I can never catch myself at any time without a perception, and never can observe any thing but the perception.

【7】 But farther, what must become of all our particular perceptions upon this hypothesis? All these are different, and distinguishable, and separate from each other, and may be separately consider'd, and may exist separately, and have no need of anything to support their existence.

第三章　激情

【1】 The mind is a kind of theatre, where several perceptions successively make their appearance; pass, re-pass, glide away, and mingle in an infinite variety of postures and situations. There is properly no *simplicity* in it at one time, nor *identity* in different; whatever natural propension we may have to imagine that simplicity and identity. The comparison of the theatre must not mislead us. They are the successive perceptions only, that constitute the mind; nor have we the most distant notion of the place, where these scenes are represented, or of the materials, of which it is compos'd.

【2】 By direct passions I understand such as arise immediately from good or evil, from pain or pleasure. By indirect such as proceed from the same principles, but by the conjunction of other qualities. This distinction I cannot at present justify or explain any farther. I can only observe in general, that under the indirect passions I comprehend pride, humility, ambition, vanity, love, hatred, envy, pity, malice, generosity, with their dependants. And under the direct passions, desire, aversion, grief, joy, hope, fear, despair and security.

【3】 'Tis evident, that even different simple ideas may have a similarity or resemblance to each other; nor is it necessary, that the point or circumstance of resemblance shou'd be distinct or separable from that in which they differ. *Blue* and *green* are different simple ideas, but are more resembling that *blue* and *scarlet*; tho' their perfect simplicity excludes all possibility of separation or distinction.

【4】 Every valuable quality of the mind, whether of the imagination, judgment, memory or disposition; wit, good-sense, learning, courage, justice, integrity; all these are the causes of pride; and their opposites of humility. Nor are these passions confin'd to the mind, but extend their view to the body likewise. A man may be proud of his beauty, strength, agility, good mien, address in dancing, riding, fencing, and of his dexterity in any manual business or manufacture. But this is not all. The passions looking farther, comprehend whatever objects are in the least ally'd or related to us. Our country, family, children, relations, riches, houses, gardens, horses, dogs, clothes; any of these may become a cause either of pride or of humility.

【5】 For as these passions are directly contrary, and have the same object in common; were their object also their cause; it cou'd never produce any degree of the one passion, but at the same time it must excite an equal degree of the other.

【6】 Pride and humility, being once rais'd, immediately turn our attention to ourself, and regard that as their ultimate and final object; but there is something farther requisite in order to raise them: Something, which is peculiar to one of the passions, and produces not both in the very same degree. The first idea, that is presented to the mind, is that of the cause or productive principle. This excites the passion, connected with it; and that passion, when excited, turns our view to another idea, which is that of self. Here then is a passion plac'd betwixt two ideas, of which the one produces it, and the other is produc'd by it. The first idea, therefore, represents the *cause*, the second the *object* of the passion.

【7】 All resembling impressions are connected together, and no sooner one arises than the rest immediately follow. Grief and disappointment give rise to anger, anger to envy, envy to malice, and malice to grief again, till the whole circle be completed. In like manner our temper, when elevated with joy, naturally throws itself into love, generosity, pity, courage, pride, and the other resembling affections.

【8】 We may observe, that no person is ever prais'd by another for any quality, which wou'd not, if real, produce, of itself, a pride in the person possest of it...'Tis certain, then, that if a person consider'd himself in the same light, in which he appears to his admirer, he wou'd first receive a separate pleasure, and afterwards a pride or self-satisfaction, according to the hypothesis above explain'd.

【9】 We can never have a vanity of resembling in trifles any person, unless he be possess'd of very shining qualities, which give us a respect and veneration for him. These qualities, then, are, properly speaking, the causes of our vanity, by means of their relation to ourselves.

【10】 But beside these original causes of pride and humility, there is a secondary one in the opinions of others, which has an equal influence on the affections. Our reputation, our character, our name are considerations of vast weight and importance; and even the other causes of pride; virtue, beauty and riches; have little influence, when not seconded by the opinions and sentiments of others.

【11】 In general we may remark, that the minds of men are mirrors to one another, not only because they reflect each other's emotions, but also because those rays of passions, sentiments and opinions may be often reverberated, and may decay away by insensible degrees.

【12】 When any affection is infus'd by sympathy, it is at first known only by its effects, and by those external signs in the countenance and conversation, which convey an idea of it. This idea is presently converted into an impression, and acquires such a degree of force and vivacity, as to become the very passion itself, and produce an equal emotion, as any original affection.

【13】 The stronger the relation is betwixt ourselves and any object, the more easily does the imagination make the transition, and convey to the related idea the vivacity of conception, with which we always form the idea of our own person.

Nor is resemblance the only relation, which has this effect, but receives new force from other relations, that may accompany it. The sentiments of others have little influence, when far remov'd from us, and require the relation of contiguity, to make them communicate themselves entirely. The relations of blood, being a species of causation, may sometimes contribute to the same effect; as also acquaintance, which operates in the same manner with education and custom.

【14】 'Tis certain, then, that if a person consider'd himself in the same light, in which he appears to his admirer, he wou'd first receive a separate pleasure, and afterwards a pride or self-satisfaction, according to the hypothesis above explained. Now nothing is more natural for us to embrace the opinions of others in this particular; both from *sympathy*, which renders all their sentiments intimately present to us; and from *reasoning*, which makes us regard their judgement, as a kind of argument for what they affirm.

【15】 As the immediate *object* of pride and humility is self or that identical person, of whose thoughts, actions, and sensations we are intimately conscious, so that the *object* of love and hatred is some other person, of whose thoughts, actions, and sensations we are not conscious.

【16】 The person has a relation of ideas to myself, according to the supposition; the passion, of which he is the object, by being either agreeable or uneasy, has a relation of impressions to pride or humility. 'Tis evident, then, that one of these passions must arise from the love or hatred.

【17】 If a person be my brother I am his likewise: But tho' the relations be reciprocal, they have very different effects on the imagination. The passage is smooth and open from the consideration of any person related to us to that of ourself, of whom we are every moment conscious. But when the affections are once directed to ourself, the fancy passes not with the same facility from that object to any other person, how closely so ever connected with us.

【18】 Nothing is more evident, than that any person acquires our kindness, or is expos'd to our ill-will, in proportion to the pleasure or uneasiness we receive from him, and that the passions keep pace exactly with the sensations in all their changes and variations. Whoever can find the means either by his services, his beauty, or his flattery, to render himself useful or agreeable to us, is sure of our affections.

【19】 the passion of love may be excited by only one *relation* of a different kind, *viz*. betwixt ourselves and the object; or more properly speaking, that this relation is always attended with both the others. Whoever is united to us by any connexion is always sure of a share of our love, proportion'd to the connexion, without enquiring into his other qualities.

【20】 Upon the whole, there remains nothing, which can give us an esteem for power and riches, and a contempt for meanness and poverty, except the principle of *sympathy*, by which we enter into the sentiments of the rich and poor, and partake of their pleasure and uneasiness. Riches give satisfaction to their possessor; and this satisfaction is convey'd to the beholder by the imagination, which produces an idea resembling the original impression in force and vivacity. This agreeable idea or impression is connected with love, which is an agreeable passion. It proceeds from a thinking conscious being, which is the very object of love. From this relation of impressions, and identity of ideas, the passion arises, according to my hypothesis.

【21】 We have a lively idea of every thing related to us. All human creatures are related to us by resemblance. Their persons, therefore, their interests, their passions, their pains and pleasures must strike upon us in a lively manner, and produce an emotion similar to the original one; since a lively idea is easily converted into an impression. If this be true in general, it must be more so of affliction and sorrow. These have always a stronger and more lasting influence than any pleasure or enjoyment.

【22】 'Tis evident we must receive a greater or less satisfaction or uneasiness from reflecting on our own condition and circumstances, in proportion as they appear more or less fortunate or unhappy, in proportion to the degrees of riches, and power, and merit, and reputation, which we think ourselves possest of... The misery of another gives us a more lively idea of our happiness, and his happiness of our misery. The former, therefore, produces delight; and the latter uneasiness.

【23】 In considering the qualities and circumstances of others, we may either regard them as they really are in themselves; or may make a comparison betwixt them and our own qualities and circumstances; or may join these two methods of consideration. The good qualities of others, from the first point of view, produce love; from the second, humility; and from the third, respect; which is a mixture of these two passions. Their bad qualities, after the same manner, cause either hatred, or pride, or contempt, according to the light in which we survey them.

【24】 Nor will it appear strange, that we may feel a reverst sensation from the happiness and misery of others; since we find the same comparison may give us a kind of malice against ourselves, and make us rejoice for our pains, and grieve for our pleasures. Thus the prospect of past pain is agreeable, when we are satisfy'd with our present condition; as on the other hand our past pleasures give us uneasiness, when we enjoy nothing at present equal to them.

【25】 There is always a mixture of love or tenderness with pity, and of hatred or anger with malice. But it must be confess'd, that this mixture seems at first sight to be contradictory to my system. For as pity is an uneasiness, and malice a joy, arising from the misery of others, pity shou'd naturally, as in all other cases, produce hatred; and malice, love.

【26】 I have mention'd two different causes, from which a transition of passion may arise, *viz*. a double relation of ideas and impressions, and what is similar to it, a conformity in the tendency and direction of any two desires, which arise from different principles. Now I assert, that when a sympathy with uneasiness is weak, it produces hatred or contempt by the former cause; when strong, it produces love or tenderness by the latter.

【27】 A certain degree of poverty produces contempt; but a degree beyond causes compassion and good-will...When the uneasiness is either small in itself, or remote from us, it engages not the imagination, nor is able to convey an equal concern for the future and contingent good, as for the present and real evil.

【28】 A strong impression, when communicated, gives a double tendency of the passions; which is related to benevolence and love by a similarity of direction; however painful the first impression might have been. A weak impression, that is painful, is related to anger and hatred by the resemblance of sensations. Benevolence, therefore, arises from a great degree of misery, or any degree strongly sympathiz'd with: Hatred or contempt from a small degree, or one weakly sympathiz'd with.

【29】 But tho' the force of the impression generally produces pity and benevolence, 'tis certain, that by being carry'd too far it ceases to have that effect... Thus we find, that tho' every one, but especially women, are apt to contract a kindness for criminals, who go to the scaffold, and readily imagine them to be uncommonly handsome and well-shap'd; yet one, who is present at the cruel execution of the rack, feels no such tender emotions; but is in a manner overcome with horror, and has no leisure to temper this uneasy sensation by any opposite sympathy.

第四章　動機與意志

【1】 I desire it may be observ'd, that by the *will*, I mean nothing but *the internal impression we feel and are conscious of, when we knowingly give rise to any new motion of our body, or new perception of our mind.*

【2】 'Tis universally acknowledg'd, that the operations of external bodies are necessary, and that in the communication of their motion, in their attraction, and mutual cohesion, there are not the least traces of indifference or liberty. Every object is determin'd by an absolute fate to a certain degree and direction of its motion, and can no more depart from that precise line, in which it moves, than it can convert itself into an angel, or spirit, or any superior substance. The actions, therefore, of matter are to be regarded as instances of necessary actions; and whatever is in this respect on the same footing with matter, must be acknowledg'd to be necessary.

【3】 Are the changes of our body from infancy to old age more regular and certain than those of our mind and conduct? And wou'd a man be more ridiculous, who wou'd expect that an infant of four years old will raise a weight of three hundred pound, than one, who from a person of the same age, wou'd look for a philosophical reasoning, or a prudent and well-concerted action?

【4】 as the *union* betwixt motives and actions has the same constancy, as that in any natural operations, so its influence on the understanding is also the same, in *determining* us to infer the existence of one from that of another.

【5】 There is no philosopher, whose judgment is so riveted to this fantastical system of liberty, as not to acknowledge the force of *moral evidence*, and both in speculation and practice proceed upon it, as upon a reasonable foundation. Now moral evidence is nothing but a conclusion concerning the actions of men, deriv'd from the consideration of their motives, temper and situation.

【6】 Few are capable of distinguishing betwixt the liberty of *spontaniety*, as it is call'd in the schools, and the liberty of indifference; betwixt that which is oppos'd to violence, and that which means a negation of necessity and causes. The first is even the most common sense of the word; and as 'tis only that species of liberty, which it concerns us to preserve, our thoughts have been principally turn'd towards it, and have almost universally confounded it with the other.

【7】 The constant and universal object of hatred or anger is a person or creature endow'd with thought and consciousness; and when any criminal or injurious actions excite that passion, 'tis only by their relation to the person or connexion with him. But according to the doctrine of liberty or chance, this connexion is reduc'd to nothing, nor are men more accountable for those actions, which are design'd and premeditated, than for such as are the most casual and accidental. Actions are by their very nature temporary and perishing; and where they proceed not from some cause in the characters and disposition of the person, who perform'd them, they infix not themselves upon him, and can neither redound to his honour, if good, nor infamy, if evil...According to the hypothesis of liberty, therefore, a man is as pure and untainted, after having committed the most horrid crimes, as at the first moment of his birth, nor is his character any way concern'd in his actions; since they are not deriv'd from it, and the wickedness of the one can never be us'd as a proof of the depravity of the other. 'Tis only upon the principles of necessity, that a person acquires any merit or demerit from his actions, however the common opinion may incline to the contrary.

【8】 The necessity of any action, whether of matter or of the mind, is not properly a quality in the agent, but in any thinking or intelligent being, who may consider the action, and consists in the determination of his thought to infer its existence from some preceding objects: As liberty or chance, on the other hand, is nothing but the want of that determination, and a certain looseness, which we feel in passing or not passing from the idea of one to that of the other.

【9】 We may imagine we feel a liberty within ourselves; but a spectator can commonly infer our actions from our motives and character; and even where he cannot, he concludes in general, that he might, were he perfectly acquainted with every circumstance of our situation and temper, and the most secret springs of our complexion and disposition. Now this is the very essence of necessity, according to the foregoing doctrine.

【10】 There is no method of reasoning more common, and yet none more blameable, than, in philosophical disputes, to endeavour the refutation of any hypothesis, by a pretence of its dangerous consequences to religion and morality. When any opinion leads to absurdities, it is certainly false; but it is not certain that an opinion is false, because it is of dangerous consequence.

【11】 Human actions, therefore, either can have no moral turpitude at all, as proceeding from so good a cause; or if they have any turpitude, they must involve our Creator in the same guilt, while he is acknowledged to be their ultimate cause and author.

【12】 nor is it possible to explain distinctly, how the Deity can be the mediate cause of all the actions of men, without being the author of sin and moral turpitude. These are mysteries, which mere natural and unassisted reason is very unfit to handle; and whatever system she embraces, she must find herself involved in inextricable difficulties, and even contradictions, at every step which she takes with regard to such subjects.

【13】 obscurities and perplexities and return, with suitable modesty, to her [i.e. philosophy's] true and proper province, the examination of common life; where she will find difficulties enough to employ her enquiries, without launching into so boundless an ocean of doubt, uncertainty, and contradiction!

【14】 Nothing is more usual in philosophy, and even in common life, than to talk of the combat of passion and reason, to give the preference to reason, and assert that men are only so far virtuous as they conform themselves to its dictates.

【15】 A passion is an original existence, or, if you will, modification of existence, and contains not any representative quality, which renders it a copy of any other existence or modification. When I am angry, I am actually possest with the passion, and in that emotion have no more a reference to any other object, than when I am thirsty, or sick, or more than five foot high. 'Tis impossible, therefore, that this passion can be oppos'd by, or be contradictory to truth and reason; since this contradiction consists in the disagreement of ideas, consider'd as copies, with those objects, which they represent.

【16】 passions can be contrary to reason only so far as they are accompany'd with some judgment or opinion. According to this principle, which is so obvious and natural, 'tis only in two senses, that any affection can be call'd unreasonable. First, When a passion, such as hope or fear, grief or joy, despair or security, is founded on the supposition of the existence of objects, which really do not exist. Secondly, When in exerting any passion in action, we chuse means insufficient for the design'd end, and deceive ourselves in our judgment of causes and effects. Where a passion is neither founded on false suppositions, nor chuses means insufficient for the end, the understanding can neither justify nor condemn it... In short, a passion must be accompany'd with some false judgment, in order to its being unreasonable; and even then 'tis not the passion, properly speaking, which is unreasonable, but the judgment.

【17】 The moment we perceive the falsity of any supposition, or the insufficiency of any means our passions yield to our reason without any opposition. I may desire any fruit as of an excellent relish; but whenever you convince me of my mistake, my longing ceases.

【18】 'Tis not contrary to reason to prefer the destruction of the whole world to the scratching of my finger. 'Tis not contrary to reason for me to chuse my total ruin, to prevent the least uneasiness of an Indian or person wholly unknown to me. 'Tis as little contrary to reason to prefer even my own acknowledg'd lesser good to my greater, and have a more ardent affection for the former than the latter.

【19】 'Tis evident passions influence not the will in proportion to their violence, or the disorder they occasion in the temper; but on the contrary, that when a passion has once become a settled principle of action, and is the predominant inclination of the soul, it commonly produces no longer any sensible agitation. As repeated custom and its own force have made every thing yield to it, it directs the actions and conduct without that opposition and emotion, which so naturally attend every momentary gust of passion. We must, therefore, distinguish betwixt a calm and a weak passion; betwixt a violent and a strong one.

【20】 Hence it proceeds, that every action of the mind, which operates with the same calmness and tranquility, is confounded with reason by all those, who judge of things from the first view and appearance. Now 'tis certain, there are certain calm desires and tendencies, which, tho' they be real passions, produce little emotion in the mind, and are more known by their effects than by the immediate feeling or sensation...When any of these passions are calm, and cause no disorder in the soul, they are very readily taken for the determinations of reason, and are suppos'd to proceed from the same faculty, with that, which judges of truth and falsehood. Their nature and principles have been suppos'd the same, because their sensations are not evidently different.

第五章　反駁道德理性主義

【1】 Besides, we may easily observe, that in all those arguments there is an evident reasoning in a circle. A person who takes possession of another's goods, and uses them as his own, in a manner declares them to be his own;

and this falshood is the source of the immorality of injustice. But is property, or right, or obligation, intelligible, without an antecedent morality?

A man that is ungrateful to his benefactor, in a manner affirms, that he never received any favours from him. But in what manner? Is it because 'tis his duty to be grateful? But this supposes, that there is some antecedent rule of duty and morals.

〔2〕 But what may suffice entirely to destroy this whimsical system is, that it leaves us under the same difficulty to give a reason why truth is virtuous and falshood vicious, as to account for the merit or turpitude of any other action. I shall allow, if you please, that all immorality is derived from this supposed falsehood in action, provided you can give me any plausible reason, why such a falshood is immoral. If you consider rightly of the matter, you will find yourself in the same difficulty as at the beginning.

〔3〕 Reason is the discovery of truth or falshood. Truth or falshood consists in an agreement or disagreement either to the *real* relations of ideas, or to *real* existence and matter of fact. Whatever, therefore, is not susceptible of this agreement or disagreement, is incapable of being true or false, and can never be an object of our reason. Now 'tis evident our passions, volitions, and actions, are not susceptible of any such agreement or disagreement; being original facts and realities, compleat in themselves, and implying no reference to other passions, volitions, and actions. 'Tis impossible, therefore, they can be pronounced either true or false, and be either contrary or conformable to reason.

This argument is of double advantage to our present purpose. For it proves *directly*, that actions do not derive their merit from a conformity to reason, nor their blame from a contrariety to it; and it proves the same truth more *indirectly*, by shewing us, that as reason can never immediately prevent or produce any action by contradicting or approving of it, it cannot be the source of the distinction betwixt moral good and evil, which are found to have that influence. Actions may be laudable or blameable; but they cannot be reasonable or unreasonable: Laudable or blameable, therefore, are not the same with reasonable or unreasonable. The merit and demerit of actions frequently contradict, and sometimes control our natural propensities. But reason has no such influence. Moral distinctions, therefore, are not the offspring of reason. Reason is wholly inactive, and can never be the source of so active a principle as conscience, or a sense of morals.

[4] In the case stated above, I see first good-will and good-offices in one person; then ill-will and ill-offices in the other. Between these, there is a relation of *contrariety*. Does the crime consist in that relation? But suppose a person bore me ill-will or did me ill-offices; and I, in return, were indifferent towards him, or did him good-offices: Here is the same relation of *contrariety*; and yet my conduct is often highly laudable. Twist and turn this matter as much as you will, you can never rest the morality on relation; but must have recourse to the decisions of sentiment.

[5] If you assert, that vice and virtue consist in relations susceptible of certainty and demonstration, you must confine yourself to those four relations, which alone admit of that degree of evidence; and in that case you run into absurdities, from which you will never be able to extricate yourself. For as you make the very essence of morality to lie in the relations, and as there is no one of these relations but what is applicable, not only to an irrational,

but also to an inanimate object; it follows, that even such objects must be susceptible of merit or demerit. Resemblance, contrariety, degrees in quality, and proportions in quantity and number; all these relations belong as properly to matter, as to our actions, passions, and volitions.

【6】 Inanimate objects may bear to each other all the same relations, which we observe in moral agents; though the former can never be the object of love or hatred, nor are consequently susceptible of merit or iniquity. A young tree, which over-tops and destroys its parent, stands in all the same relations with Nero, when he murdered Agrippina; and if morality consisted merely in relations, would, no doubt, be equally criminal.

【7】 If it be answer'd, that this action is innocent in animals, because they have not reason sufficient to discover its turpitude; but that man, being endow'd with that faculty, which *ought* to restrain him to his duty, the same action instantly becomes criminal to him; should this be said, I would reply, that this is evidently arguing in a circle. For before reason can perceive this turpitude, the turpitude must exist; and consequently is independent of the decisions of our reason, and is their object more properly than their effect.

【8】 A speculative reasoner concerning triangles or circles considers the several known and given relations of the parts of these figures; and thence infers some unknown relation, which is dependent on the former. But in moral deliberations, we must be acquainted, before-hand, with all the objects, and all their relations to each other; and from a comparison of the whole, fix our choice or approbation. No new fact to be ascertained: No new relation to be discovered. All the circumstances of the case are supposed to be laid before us, ere we can fix any sentence of blame or approbation. If any material circumstance be yet unknown or doubtful, we must first employ our enquiry or intellectual faculties to assure us of it; and must suspend for a time all moral decision or sentiment.

【9】 This doctrine will become still more evident, if we compare moral beauty with natural, to which, in many particulars, it bears so near a resemblance. It is on the proportion, relation, and position of parts, that all natural beauty depends; but it would be absurd thence to infer, that the perception of beauty, like that of truth in geometrical problems, consists wholly in the perception of relations, and was performed entirely by the understanding or intellectual faculties. In all the sciences, our mind, from the known relations, investigates the unknown. But in all decisions of taste or external beauty, all the relations are before-hand obvious to the eye; and we thence proceed to feel a sentiment of complacency or disgust, according to the nature of the object, and disposition of our organs.

Euclid has fully explained all the qualities of the circle; but has not, in any proposition, said a word of its beauty. The reason is evident. The beauty is not a quality of the circle. It lies not in any part of the line, whose parts are equally distant from a common centre. It is only the effect, which that figure produces upon the mind, whose peculiar fabric of structure renders it susceptible of such sentiments.

【10】 an abstruse hypothesis, which can never be made intelligible, nor quadrate with any particular instance or illustration. The hypothesis which we embrace is plain. It maintains that morality is determined by sentiment. It defines virtue to be whatever mental action or quality gives to a spectator the pleasing sentiment of approbation; and vice the contrary. We then proceed to examine a plain matter of fact, to wit, what actions have this influence: We consider all the circumstances, in which these actions agree: And thence endeavour to extract some general observations with regard to these sentiments. If you call this metaphysics, and find any thing abstruse here, you need only conclude, that your turn of mind is not suited to the moral sciences.

【11】 'tis easy to observe, that these errors are so far from being the source of all immorality, that they are commonly very innocent, and draw no manner of guilt upon the person who is so unfortunate as to fall into them. They extend not beyond a mistake of *fact*, which moralists have not generally suppos'd criminal, as being perfectly involuntary. I am more to be lamented than blam'd, if I am mistaken with regard to the influence of objects in producing pain or pleasure, or if I know not the proper means of satisfying my desires.

【12】 And here it may be proper to observe, that if moral distinctions be deriv'd from the truth or falshood of those judgments, they must take place wherever we form the judgments; nor will there be any difference, whether the question be concerning an apple or a kingdom, or whether the error be avoidable or unavoidable. For as the very essence of morality is suppos'd to consist in an agreement or disagreement to reason, the other circumstances are entirely arbitrary, and can never either bestow on any action the character of virtuous or vicious, or deprive it of that character. To which we may add, that this agreement or disagreement, not admitting of degrees, all virtues and vices wou'd of course be equal.

【13】 I would answer, that 'tis impossible such a mistake can ever be the original source of immorality, since it supposes a real right and wrong; that is, a real distinction in morals, independent of these judgments. A mistake, therefore, of right may become a species of immorality; but 'tis only a secondary one, and is founded on some other, antecedent to it.

【14】 No, say you, the morality consists in the relation of actions to the rule of right; and they are denominated good or ill, according as they agree or disagree with it. What then is this rule of right? In what does it consist? How is it determined? By reason, you say, which examines the moral relations of actions. So that moral relations are determined by the comparison of actions to a rule. And that rule is determined by considering the moral relations of objects. Is not this fine reasoning?

【15】 Take any action allow'd to be vicious: Willful murder, for instance. Examine it in all lights, and see if you can find that matter of fact, or real existence, which you call *vice*. In which-ever way you take it, you find only certain passions, motives, volitions and thoughts. There is no other matter of fact in the case. The vice entirely escapes you, as long as you consider the object. You never can find it, till you turn your reflection into your own breast, and find a sentiment of disapprobation, which arises in you, towards this action. Here is a matter of fact; but 'tis the object of feeling, not of reason. It lies in yourself, not in the object. So that when you pronounce any action or character to be vicious, you mean nothing, but that from the constitution of your nature you have a feeling or sentiment of blame from the contemplation of it. Vice and virtue, therefore, may be compar'd to sounds, colours, heat and cold, which, according to modern philosophy, are not qualities in objects, but perceptions in the mind.

【16】 I cannot forbear adding to these reasonings an observation, which may, perhaps, be found of some importance. In every system of morality, which I have hitherto met with, I have always remark'd, that the author proceeds for some time in the ordinary way of reasoning, and establishes the being of a God, or makes observations concerning human affairs; when of a sudden I am surpriz'd to find, that instead of the usual copulations of propositions, *is*, and *is not*, I meet with no proposition that is not connected with an *ought*, or an *ought not*. This change is imperceptible; but is, however, of the last consequence. For as this *ought*, or *ought not*, expresses some new relation or affirmation, 'tis necessary that it shou'd be observ'd and explain'd; and at the same time that a reason should be given, for what seems altogether inconceivable, how this new relation can be a deduction from others, which are entirely different from it.

【17】 Pride and humility, love and hatred are excited, when there is any thing presented to us, that both bears a relation to the object of the passion, and produces a separate sensation related to the sensation of the passion. Now virtue and vice are attended with these circumstances. They must necessarily be plac'd either in ourselves or others, and excite either pleasure or uneasiness; and therefore must give rise to one of these four passions.

第六章　自然美德與人爲美德

【1】 can never be considerably mistaken in framing the catalogue, or incur any danger of misplacing the objects of his contemplation: He needs only enter into his own breast for a moment, and consider whether or not he should desire to have this or that quality ascribed to him, and whether such or such an imputation would proceed from a friend or an enemy.

【2】 no qualities are more intitled to the general good-will and approbation of mankind than beneficence and humanity, friendship and gratitude, natural affection and public spirit, or whatever proceeds from a tender sympathy with others, and a generous concern for our kind and species. These, wherever they appear, seem to transfuse themselves, in a manner, into each beholder, and to call forth, in their own behalf, the same favourable and affectionate sentiments, which they exert on all around.

【3】 The merit of benevolence, arising from its utility, and its tendency to promote the good of mankind, has been already explained, and is, no doubt, the source of a *considerable* part of that esteem, which is so universally paid to it. But it will also be allowed, that the very softness and tenderness of the sentiment, its engaging endearments, its fond expressions, its delicate attentions, and all that flow of mutual confidence and regard, which enters into a warm attachment of love and friendship: It will be allowed, I say, that these feelings, being delightful in themselves, are necessarily communicated to the spectators, and melt them into the same fondness and delicacy.

【4】 all *benevolence* is mere hypocrisy, friendship a cheat, public spirit a farce, fidelity a snare to procure trust and confidence; and that while all of us, at bottom, pursue only our private interest, we wear these fair disguises, in order to put others off their guard, and expose them the more to our wiles and machinations.

【5】 Had nature made no such distinction, founded on the original constitution of the mind, the words, *honourable* and *shameful*, *lovely* and *odious*, *noble* and *despicable*, had never had place in any language; nor could politicians, had they invented these terms, ever have been able to render them intelligible, or make them convey any idea to the audience.

【6】 But notwithstanding this frequent confusion of interests, it is easy to attain what natural philosophers, after Lord Bacon, have affected to call the *experimentum crucis*, or that experiment, which points out the right way in any doubt or ambiguity. We have found instances, in which private interest was separate from public; in which it was even contrary: And yet we observed the moral sentiment to continue, notwithstanding this disjunction of interests.

【7】 But farther, if we consider rightly of the matter, we shall find, that the hypothesis, which allows of a disinterested benevolence, distinct from self-love, has really more *simplicity* in it, and is more conformable to the analogy of nature, than that which pretends to resolve all friendship and humanity into this latter principle.

【8】 whatever affection one may feel, or imagine he feels for others, no passion is, or can be disinterested; that the most generous friendship, however sincere, is a modification of self-love; and that, even unknown to ourselves, we seek only our own gratification, while we appear the most deeply engaged in schemes for the liberty and happiness of mankind.

【9】 An Epicurean or a Hobbist readily allows, that there is such a thing as a friendship in the world, without hypocrisy or disguise; though he may attempt, by a philosophical chymistry, to resolve the elements of this passion, if I may so speak, into those of another, and explain every affection to be self-love, twisted and moulded, by a particular turn of imagination, into a variety of appearances.

【10】 Now where is the difficulty in conceiving, that this may likewise be the case with benevolence and friendship, and that, from the original frame of our temper, we may feel a desire of another's happiness or good, which, by means of that affection, becomes our own good, and is afterwards pursued, from the combined motives of benevolence and self-enjoyment?

【11】 For when a definition of *property* is required, that relation is found to resolve itself into any possession acquired by occupation, by industry, by prescription, by inheritance, by contract, &c. Can we think, that nature, by an original instinct, instructs us in all these methods of acquisition?... Have we original, innate ideas of praetors and chancellors and juries?

【12】 For what if he be my enemy, and has given me just cause to hate him? What if he be a vicious man, and deserves the hatred of all mankind? What if he be a miser, and can make no use of what I wou'd deprive him of? What if he be a profligate debauchee, and wou'd rather receive harm than benefit from large possessions? What if I be in necessity, and have urgent motives to acquire something to my family? In all these cases, the original motive to justice wou'd fail; and consequently the justice itself, and along with it all property, right, and obligation.

【13】 From all this it follows, that we have naturally no real or universal motive for observing the laws of equity, but the very equity and merit of that observance; and as no action can be equitable or meritorious, where it cannot arise from some separate motive, there is here an evident sophistry and reasoning in a circle. Unless, therefore, we will allow, that nature has establish'd a sophistry, and render'd it necessary and unavoidable, we must allow, that the sense of justice and injustice is not deriv'd from nature, but arises artificially, tho' necessarily from education, and human conventions.

【14】 Society provides a remedy for these *three* inconveniences. By the conjunction of forces, our power is augmented: By the partition of employments, our ability encreases: And by mutual succour we are less expos'd to fortune and accidents. 'Tis by this additional *force*, *ability*, and *security*, that society becomes advantageous.

【15】 'Tis by society alone he is able to supply his defects, and raise himself up to an equality with his fellow-creatures, and even acquire a superiority above them. By society all his infirmities are compensated; and tho' in that situation his wants multiply every moment upon him, yet his abilities are still more augmented, and leave him in every respect more satisfied and happy than 'tis possible for him, in his savage and solitary condition, ever to become.

【16】 But tho' this generosity must be acknowledg'd to the honour of human nature, we may at the same time remark, that so noble an affection, instead of fitting men for large societies, is almost as contrary to them, as the most narrow selfishness. For while each person loves himself better than any other single person, and in his love to others bears the greatest affection to his relations and acquaintance, this must necessarily produce an opposition of passions, and a consequent opposition of actions; which cannot but be dangerous to the new-establish'd union.

【17】 The remedy, then, is not deriv'd from nature, but from *artifice*; or more properly speaking, nature provides a remedy in the judgment and understanding, for what is irregular and incommodious in the affections. For when men, from their early education in society, have become sensible of the infinite advantages that result from it, and have besides acquir'd a new affection to company and conversation; and when they have observ'd, that the principal disturbance in society arises from those goods, which we call external, and from their looseness and easy transition from one person to another; they must seek for a remedy, by putting these goods, as far as possible, on the same footing with the fix'd and constant advantages of the mind and body. This can be done after no other manner, than by a convention enter'd into by all the members of the society to bestow stability on the possession of those external goods, and leave every one in the peaceable enjoyment of what he may acquire by his fortune and industry. By this means, every one knows what he may safely possess; and the passions are restrain'd in their partial and contradictory motions. Nor is such a restraint contrary to these passions; for if so, it cou'd never be enter'd into, nor maintain'd; but it is only contrary to their heedless and impetuous movement. Instead of departing from our own interest, or from that of our nearest friends, by abstaining from the possessions of others, we cannot better consult both these interests, than by such a convention; because it is by that means we maintain society, which is so necessary to their well-being and subsistence, as well as to our own.

【18】 A single act of justice is frequently contrary to *public interest*; and were it to stand alone, without being follow'd by other acts, may, in itself, be very prejudicial to society...Nor is every single act of justice, consider'd apart, more conducive to private interest, than to public...But...'tis certain, that the whole plan or scheme is highly conducive, or indeed absolutely requisite, both to the support of society, and the well-being of every individual.

【19】 Now as every thing, that is contiguous to us, either in space or time, strikes upon us with such an idea, it has a proportional effect on the will and passions, and commonly operates with more force than any object, that lies in a more distant and obscure light. Tho' we may be fully convinc'd, that the latter object excels the former, we are not able to regulate our actions by this judgment; but yield to the solicitations of our passions, which always plead in favour of whatever is near and contiguous.

【20】 Here then is the origin of civil government and allegiance. Men are not able radically to cure, either in themselves or others, that narrowness of soul, which makes them prefer the present to the remote. They cannot change their natures. All they can do is to change their situation, and render the observance of justice the immediate interest of some particular persons, and its violation their more remote. These persons, then, are not only induc'd to observe those rules in their own conduct, but also to constrain others to a like regularity, and inforce the dictates of equity thro' the whole society.

【21】 Public utility requires, that property should be regulated by general inflexible rules; and though such rules are adopted as best serve the same end of public utility, it is impossible for them to prevent all particular hardships, or make beneficial consequences result from every individual case. It is sufficient, if the whole plan or scheme be necessary to the support of civil society, and if the balance of good, in the main, do thereby preponderate much above that of evil.

【22】 There are three different species of goods, which we are possess'd of; the internal satisfaction of our mind, the external advantages of our body, and the enjoyment of such possessions as we have acquir'd by our industry and good fortune. We are perfectly secure in the enjoyment of the first. The second may be ravish'd from us, but can be of no advantage to him who deprives us of them. The last only are both expos'd to the violence of others, and may be transferr'd without suffering any loss or alteration.

【23】 Were there a species of creatures, intermingled with men, which, though rational, were possessed of such inferior strength, both of body and mind, that they were incapable of all resistance, and could never, upon the highest provocation, make us feel the effects of their resentment; the necessary consequence, I think, is, that we should be bound, by the laws of humanity, to give gentle usage to these creatures, but should not, properly speaking, lie under any restraint of justice with regard to them, nor could they possess any right or property, exclusive of such arbitrary lords. Our intercourse with them could not be called society, which supposes a degree of equality.

【24】 Two men, who pull the oars of a boat, do it by an agreement or convention, tho' they have never given promises to each other. Nor is the rule concerning the stability of possession the less deriv'd from human conventions, that it arises gradually, and acquires force by a slow progression, and by our repeated experience of the inconveniences of transgressing it. On the contrary, this experience assures us still more, that the sense of interest has become common to all our fellows, and gives us a confidence of the future regularity of their conduct: And 'tis only on the expectation of this, that our moderation and abstinence are founded. In like manner are languages gradually establish'd by human conventions without any promise.

【25】 After this convention, concerning abstinence from the possessions of others, is enter'd into, and every one has acquir'd a stability in his possessions, there immediately arise the ideas of justice and injustice; as also those of *property*, *right*, and *obligation*. The latter are altogether unintelligible without first understanding the former. Our property is nothing but those goods, whose constant possession is establish'd by the laws of society; that is, by the laws of justice. Those, therefore, who make use of the words *property*, or *right*, or *obligation*, before they have explain'd the origin of justice, or even make use of them in that explication, are guilty of a very gross fallacy.

【26】 Here then is a proposition, which, I think, may be regarded as certain, *that 'tis only from the selfishness and confin'd generosity of men, along with the scanty provision nature has made for his wants, that justice derives its origin*...[and that] *those impressions, which give rise to this sense of justice, are not natural to the mind of man, but arise from artifice and human conventions*.

【27】 Why raise land-marks between my neighbour's field and mine, when my heart has made no division between our interests; but shares all his joys and sorrows with the same force and vivacity as if originally my own? Every man, upon this supposition, being a second self to another, would trust all his interests to the discretion of every man; without jealousy, without partition, without distinction.

【28】 For what purpose make a partition of goods, where every one has already more than enough? Why give rise to property, where there cannot possibly be any injury? Why call this object mine, when, upon the seizing of it by another, I need but stretch out my hand to possess myself of what is equally valuable? Justice, in that case, being totally useless, would be an idle ceremonial, and could never possibly have place in the catalogue of virtues.

【29】 The use and tendency of that virtue is to procure happiness and security, by preserving order in society: But where the society is ready to perish from extreme necessity, no greater evil can be dreaded from violence and injustice; and every man may now provide for himself by all the means, which prudence can dictate, or humanity permit.

【30】 Thus, the rules of equity or justice depend entirely on the particular state and condition, in which men are placed, and owe their origin and existence to that utility, which results to the public from their strict and regular observance. Reverse, in any considerable circumstance, the condition of men: Produce extreme abundance or extreme necessity: Implant in the human breast perfect moderation and humanity, or perfect rapaciousness and malice: By rendering justice totally useless, you thereby totally destroy its essence, and suspend its obligation upon mankind.

The common situation of society is a medium amidst all these extremes. We are naturally partial to ourselves, and to our friends; but are capable of learning the advantage resulting from a more equitable conduct. Few enjoyments are given us from the open and liberal hand of nature; but by art, labour, and industry, we can extract them in great abundance. Hence the ideas of property become necessary in all civil society: Hence justice derives its usefulness to the public: And hence alone arises its merit and moral obligation.

【31】 every one continue to enjoy what he is at present master of, and that property or constant possession be conjoin'd to the immediate possession. Such is the effect of custom, that it not only reconciles us to any thing we have long enjoy'd, but even gives us an affection for it, and makes us prefer it to other objects, which may be more valuable, but are less known to us.

【32】 Sometimes both *utility* and *analogy* fail, and leave the laws of justice in total uncertainty. Thus, it is highly requisite, that prescription or long possession should convey property; but what number of days or months or years should be sufficient for that purpose, it is impossible for reason alone to determine.

【33】 These reflections are far from weakening the obligations of justice, or diminishing any thing from the most sacred attention to property. On the contrary, such sentiments must acquire new force from the present reasoning. For what stronger foundation can be desired or conceived for any duty, than to observe, that human society, or even human nature could not subsist, without the establishment of it.

【34】 That the rule of morality, which enjoins the performance of promises, is not *natural*, will sufficiently appear from these two propositions, which I proceed to prove, viz. *that a promise wou'd not be intelligible, before human conventions had establish'd it; and that even if it were intelligible, it wou'd not be attended with any moral obligation.*

【35】 there is a certain *form of words* invented...by which we bind ourselves to the performance of any action. This form of words constitutes what we call a *promise*, which is the sanction of the interested commerce of mankind. When a man says *he promises any thing*, he in effect expresses a *resolution* of performing it; and along with that, by making use of this *form of words*, subjects himself to the penalty of never being trusted again in case of failure. A resolution is the natural act of the mind, which promises express: But were there no more than a resolution in the case, promises wou'd only declare our former motives, and wou'd not create any new motive or obligation. They are the conventions of men, which create a new motive, when experience has taught us, that human affairs wou'd be conducted much more for mutual advantage, were there certain *symbols* or *signs* instituted, by which we might give each other security of our conduct in any particular incident. After these signs are instituted, whoever uses them is immediately bound by his interest to execute his engagements, and must never expect to be trusted any more, if he refuse to perform what he promis'd.

【36】 *All men...are born free and equal: Government and superiority can only be establish'd by consent: The consent of men, in establishing government, imposes on them a new obligation, unknown to the laws of nature. Men, therefore, are bound to obey their magistrates, only because they promise it; and if they had not given their word, either expressly or tacitly, to preserve allegiance, it would never have become a part of their moral duty.*

【37】 it seems a reasonable presumption, that systems and hypotheses have perverted our natural understanding; when a theory, so simple and obvious, could so long have escaped the most elaborate examination...If we observe men, in every intercourse of business or pleasure, in every discourse and conversation; we shall find them no where, except in the schools, at any loss upon this subject.

【38】 And as every quality, which is useful or agreeable to ourselves or others, is, in common life, allowed to be a part of personal merit; so no other will ever be received, where men judge of things by their natural, unprejudiced reason, without the delusive glosses of superstition and false religion. Celibacy, fasting, penance, mortification, self-denial, humility, silence, solitude, and the whole train of monkish virtues; for what reason are they every where rejected by men of sense, but because they serve to no manner of purpose; neither advance a man's fortune in the world, nor render him a more valuable member of society; neither qualify him for the entertainment of company, nor encrease his power of self-enjoyment? We observe, on the contrary, that they cross all these desirable ends; stupify the understanding and harden the heart, obscure the fancy and sour the temper. We justly, therefore, transfer them to the opposite column, and place them in the catalogue of vices; nor has any superstition force sufficient among men of the world, to pervert entirely these natural sentiments. A gloomy, hair-brained enthusiast, after his death, may have a place in the calendar; but will scarcely ever be admitted, when alive, into intimacy and society, except by those who are as delirious and dismal as himself.

【39】 let a man suppose that he has full power of modelling his own disposition, and let him deliberate what appetite or desire he would choose for the foundation of his happiness and enjoyment. Every affection, he would observe, when gratified by success, gives a satisfaction proportioned to its force and violence; but besides this advantage, common to all, the immediate feeling of benevolence and friendship, humanity and kindness, is sweet, smooth, tender, and agreeable, independent of all fortune and accidents. These virtues are besides attended with a pleasing consciousness or remembrance, and keep us in humour with ourselves as well as others; while we retain the agreeable reflection of having done our part towards mankind and society. And though all men show a jealousy of our success in the pursuits of avarice and ambition; yet are we almost sure of their good-will and good-wishes, so long as we persevere in the paths of virtue, and employ ourselves in the execution of generous plans and purposes. What other passion is there where we shall find so many advantages united; an agreeable sentiment, a pleasing consciousness, a good reputation?

【40】 But were they ever so secret and successful, the honest man, if he has any tincture of philosophy, or even common observation and reflection, will discover that they themselves are, in the end, the greatest dupes, and have sacrificed the invaluable enjoyment of a character, with themselves at least, for the acquisition of worthless toys and gewgaws. How little is requisite to supply the *necessities* of nature? And in a view to *pleasure*, what comparison between the unbought satisfaction of conversation, society, study, even health and the common beauties of nature, but above all the peaceful reflection on one's own conduct: What comparison, I say, between these, and the feverish, empty amusements of luxury and expence? These natural pleasures, indeed, are really without price; both because they are below all price in their attainment, and above it in their enjoyment.

第七章　道德立場

【1】 The mind of all men are similar in their feelings and operations, nor can any one be actuated by any affection, of which all others are not, in some degree, susceptible. As in strings equally wound up, the motion of one communicates itself to the rest; so all the affections readily pass from one person to another, and beget correspondent movements in every human creature. When I see the effects of passion in the voice and gesture of any person, my mind immediately passes from these effects to their causes, and from such a lively idea of the passion, as is presently conceived into the passion itself. In like manner, when I perceive the causes of any emotion, my mind is convey'd to the effects, and is actuated with a like emotion.

【2】 Sympathy, we shall allow, is much fainter than our concern for ourselves, and sympathy with persons remote from us much fainter than that with persons near and contiguous; but for this very reason it is necessary for us, in our calm judgements and discourse concerning the characters of men, to neglect all these differences, and render our sentiments more public and social. Besides, that we ourselves often change our situation in this particular, we every day meet with persons who are in a situation different from us, and who could never converse with us were we to remain constantly in that position and point of view, which is peculiar to ourselves. The intercourse of sentiments, therefore, in society and conversation, makes us form some general unalterable standard, by which we may approve or disapprove of characters and manners.

【3】 Our situation, with regard both to persons and things, is in constant fluctuation; and a man, that lies at a distance from us, may, in a little time, become a familiar acquaintance. Besides, every particular man has a peculiar position with regard to others; and 'tis impossible we could ever converse together on any reasonable terms, were each of us to consider characters and persons, only as they appear from his peculiar point of view. In order, therefore, to prevent those continual *contradictions*, and arrive at a more *stable* judgment of things, we fix on some *steady* and *general* points of view; and always, in our thoughts, place ourselves in them, whatever may be our present situation. In like manner, external beauty is determin'd merely by pleasure; and 'tis evident, a beautiful countenance cannot give so much pleasure, when seen at a distance of twenty paces, as when it is brought nearer us. We say not, however, that it appears to us less beautiful: Because we know what effect it will have in such a position, and by that reflexion we correct its momentary appearance....Such corrections are common with regard to all the senses; and indeed 'twere impossible we cou'd ever make use of language, or communicate our sentiments to one another, did we not correct the momentary appearances of things, and overlook our present situation.

【4】 bestows on any man the epithets of *vicious* or *odious* or *depraved*, he then speaks another language, and expresses sentiments, in which he expects all his audience are to concur with him. He must here, therefore, depart from his private and particular situation, and must choose a point of view, common to him with others.

【5】 What wonder then, that moral sentiments are found of such influence in life; though springing from principles, which may appear, at first sight, somewhat small and delicate? But these principles, we may remark, are social and universal; the form, in a manner, the *party* of humankind against vice or disorder, its common enemy. As the benevolent concern for others is diffused, in a greater or less degree, over all men, and is the same in all, it appears more frequently in discourse, is cherished by society and conversation, and the blame and approbation, consequent on it, are thereby roused from that lethargy into which they are probably lulled, in solitary and uncultivated nature. Other passions, although perhaps originally stronger, yet being selfish and private, are often overpowered by its force, and yield the denomination of our breast to these social and public principles.

【6】 But though reason, when fully assisted and improved, be sufficient to instruct us in the pernicious or useful tendency of qualities and actions; it is not alone sufficient to produce any moral blame or approbation. Utility is only a tendency to a certain end; and were the end totally indifferent to us, we should feel the same indifference towards the means. It is requisite a *sentiment* should here display itself, in order to give a preference to the useful above the pernicious tendencies. The sentiment can be no other than a feeling for the happiness of mankind, and a resentment of their misery; since there are the different ends which virtue and vice have a tendency to promote. Here therefore *reason* instruct us in the several tendencies of actions, and *humanity* makes a distinction in favour of those which are useful and beneficial.

【7】 All sentiment is right; because sentiment has a reference to nothing beyond itself, and is always real, wherever a man is conscious of it. But all determinations of the understanding are not right; because they have a reference to something beyond themselves, to wit, real matter of fact; and are not always conformable to that standard. Among a thousand different opinions which different men may entertain of the same subject, there is one, and but one, that is just and true; and the only difficulty is to fix and ascertain it. On the contrary, a thousand different sentiments, excited by the same object, are all right: Because no sentiment represents what is really in the object. It only marks a certain conformity or relation between the object and the organs or faculties of the mind; and if that conformity did not really exist, the sentiment could never possibly have being.

【8】 It is evident that none of the rules of composition are fixed by reasonings *a priori*, or can be esteemed abstract conclusions of the understanding, from comparing those habitudes and relations of ideas, which are eternal and immutable. Their foundation is the same with that of all the practical sciences, experience; nor are they any thing but general observations, concerning what has been universally found to please in all countries and in all ages.

【9】 It appears then, that, amidst all the variety and caprice of taste, there are certain general principles of approbation or blame, whose influence a careful eye may trace in all operations of the mind. Some particular forms or qualities, from the original structure of the internal fabric, are calculated to please, and others to displease.

【10】 Those finer emotions of the mind are of a very tender and delicate nature, and require the concurrence of many favourable circumstances to make them play with facility and exactness, according to their general and established principles.

【11】 Authority or prejudice may give a temporary vogue to a bad poet or orator; but his reputation will never be durable or general... On the contrary, a real genius, the longer his works endure, and the more wide they are spread, the more sincere is the admiration which he meets with. Envy and jealousy have too much place in a narrow circle; and even familiar acquaintance with his person may diminish the applause due to his performances: But when these obstructions are removed, the beauties, which are naturally fitted to excite agreeable sentiments, immediately display their energy; and while the world endures, they maintain their authority over the minds of men.

【12】 Though it be certain, that beauty and deformity, more than sweet and bitter, are not qualities in objects, but belong entirely to the sentiment, internal or external; it must be allowed, that there are certain qualities in objects, which are fitted by nature to produce those particular feelings. Now as these qualities may be found in a small degree, or may be mixed and confounded with each other, it often happens, that the taste is not affected with such minute qualities, or is not able to distinguish all the particular flavours, amidst the disorder, in which they are presented. Where the organs are so fine, as to allow nothing to escape them; and at the same time so exact as to perceive every ingredient in the composition: This we call delicacy of taste, whether we employ these terms in the literal or metaphorical sense. Here then the general rules of beauty are of use; being drawn from established models, and from the observation of what pleases or displeases, when presented singly and in a high degree: And if the same qualities, in a continued composition and in a smaller degree, affect not the organs with a sensible delight or uneasiness, we exclude the person from all pretensions to this delicacy.

【13】 Thus, though the principles of taste be universal, and, nearly, if not entirely the same in all men; yet few are qualified to give judgment on any work of art, or establish their own sentiment as the standard of beauty. The organs of internal sensation are seldom so perfect as to allow the general principles their full play, and produce a feeling correspondent to those principles. They either labour under some defect, or are vitiated by some disorder; and by that means, excite a sentiment, which may be pronounced erroneous. When the critic has no delicacy, he judges without any distinction, and is only affected by the grosser and more palpable qualities of the object: The finer touches pass unnoticed and disregarded. Where he is not aided by practice, his verdict is attended with confusion and hesitation. Where no comparison has been employed, the most frivolous beauties, such as rather merit the name of defects, are the object of his admiration. Where he lies under the influence of prejudice, all his natural sentiments are perverted. Where good sense is wanting, he is not qualified to discern the beauties of design and reasoning, which are the highest and most excellent. Under some or other of these imperfections, the generality of men labour; and hence a true judge in the finer arts is observed, even during the most polished ages, to be so rare a character: Strong sense, united to delicate sentiment, improved by practice, perfected by comparison, and cleared of all prejudice, can alone entitle critics to this valuable character; and the joint verdict of such, wherever they are to be found, is the true standard of taste and beauty.

【14】 A young man, whose passions are warm, will be more sensibly touched with amorous and tender images, than a man more advanced in years, who takes pleasure in wise, philosophical reflections concerning the conduct of life and moderation of the passions. At twenty, Ovid may be the favourite author; Horace at forty; and perhaps

Tacitus at fifty. Vainly would we, in such cases, endeavour to enter into the sentiments of others, and divest ourselves of those propensities, which are natural to us. We choose our favourite author as we do our friend, from a conformity of humour and disposition. Mirth or passion, sentiment or reflection; whichever of these most predominates in our temper, it gives us a peculiar sympathy with the writer who resembles us.

索 引

I

J

K

L

N

P

Q

1BAY

休姆與《人性論》

作者　詹姆斯・貝利(James Baillie)
譯者　李政賢
發行人　楊榮川
總編輯　王翠華
主編　陳姿穎
責任編輯　邱紫綾
出 版 者　五南圖書出版股份有限公司
地址：106台北市大安區和平東路二段339號4樓
電話：(02)2705-5066
傳真：(02)2706-6100
網址：http://www.wunan.com.tw
電子郵件：wunan@wunan.com.tw
劃撥帳號：01068953
法律顧問　林勝安律師事務所　林勝安律師
出版日期　2016年5月初版一刷
定價　新臺幣450元

國家圖書館出版品預行編目資料

休姆與《人性論》 / 詹姆斯・貝利著 ； 李政賢譯. －－初版. －－臺北市：五南，2016.05
面； 公分
譯自 : Routledge Philosophy Guidebook to Hume on Morality
ISBN 978-957-11-8292-6(平裝)

1.休姆(Hume, David, 1711-1776)
2.學術思想　3.哲學

144.47　104016914